众筹的
价值与风险

汤珂 张博然
钟伟强◎著

清华大学出版社
北京

内 容 简 介

本书从经济的角度对众筹的价值与风险进行阐述，对产品众筹和股权众筹等分别从发起人和支持人的角度进行研究，以详尽的案例加以说明。

本书对后众筹、众筹平台及众筹监管等广受关注的话题也进行了讨论，并对众包进行了分析。希望能为从业者（众筹的发起人、支持人、平台方和监管者）提供一定的启示，也希望成为大众了解众筹的科普读物和高校"互联网金融"课程的参考书目。

图书在版编目(CIP)数据

众筹的价值与风险 / 汤珂，张博然，钟伟强著. — 北京：清华大学出版社，2017
ISBN 978-7-302-46370-2

Ⅰ.①众… Ⅱ.①汤… ②张… ③钟… Ⅲ.①融资模式—研究 Ⅳ.①F830.45

中国版本图书馆 CIP 数据核字(2017)第 021607 号

责任编辑：杜　星
封面设计：汉风唐韵
版式设计：方加青
责任校对：王荣静
责任印制：杨　艳

出版发行：清华大学出版社
　　　　网　　　址：http://www.tup.com.cn，http://www.wqbook.com
　　　　地　　　址：北京清华大学学研大厦 A 座　　　　　　邮　　编：100084
　　　　社 总 机：010-62770175　　　　　　　　　　　　邮　　购：010-62786544
　　　　投稿与读者服务：010-62776969，c-service@tup.tsinghua.edu.cn
　　　　质 量 反 馈：010-62772015，zhiliang@tup.tsinghua.edu.cn
印 装 者：三河市金元印装有限公司
经　　销：全国新华书店
开　　本：170mm×240mm　　　印　　张：17.25　　　字　　数：310 千字
版　　次：2017 年 8 月第 1 版　　　印　　次：2017 年 8 月第 1 次印刷
印　　数：1～3000
定　　价：59.00 元

产品编号：074211-01

创新创业是这个时代这个国家的主旋律，而创新创业的启动离不开资金的筹集，众筹作为互联网时代时髦的一种筹资模式，对广大创新企业来说有着不可估量的价值。从 2009 年美国知名众筹平台 Kickstarter 成立以来，众筹这个概念就在世界范围内逐渐传播，在 2011 年传入中国，国内第一家众筹平台"点名时间"创立，随后京东、阿里、苏宁等电商又陆续涉足众筹业务，直到现在各式各样的众筹平台在我国已经遍地开花，累计帮助上万个项目筹集资金几十亿元。融资难一直是制约我国初创企业发展的重要因素，但是随着众筹的发展，对资金渴求已久的初创企业通过互联网不仅可以让更多的人了解自己的企业、自己的项目和自己的产品，还可以获得自己需要的资金。可以说，众筹同时解决了初创企业的融资和营销问题，所以众筹才会在我国乃至世界受到如此大的关注和肯定。

笔者在众筹出现之始就持续关注这种互联网金融的最新业态，但是萌生书写一本比较全面的众筹读物还是源于切身感受了同学们对于众筹的"感兴趣"。从 2015 年开始，汤珂教授在清华大学为本科生和研究生讲授《互联网金融创新》这门课程，以及后续在清华继续教育学院为政府官员和企业家讲授《互联网众筹》的课程，在讲课过程中发现大家对众筹的好奇心很大，想了解更多对于众筹这种创新模式的价值和风险。特别是作为全国大学生互联网金融大赛专家委员会主任，汤珂教授在评奖中看到了大量关于众筹的参赛作品。这些作品反映了大学生对众筹这种融资模式的喜爱。

虽然市面上也有一些众筹的书籍，但是多为介绍国外案例，没有更多地结合近些年我国的众筹实践情况；另外，比较多地介绍众筹的好处，对于众筹可能带来的风险却考虑不足，所以本书希望尽可能全面地为大家呈现众筹的相关知识，在一定程度上填补市面上众筹读物的空白。特别是证监会《关于对通过互联网开展股权融资活动的机构进行专项检查的通知》中重新明确了股权众筹的定义。2016 年 10 月 13 日，国务院下发的《国务院办公厅关于印发互联网金融风险专项整治工作实施方案的通知》，以及证监会等15部门联合公布的《股权众筹风险专项整治工作实施方案》进一步阐明了股权众筹及相关领域的规范。因而，也需要一本书在新的监管框架下从优点和缺点两个角度来中性地梳理众筹这样一种面向大众的筹资活动的方方面面。同时，近年来众筹的发展也需要一本书系统地将众筹地概念、理论、功能、风险、监管等呈现给读者，使读者既了解众筹的价值源泉，又明确众筹的风险出处。而这本书希望能够做到这一点。

本书的一大特色是并不泛泛地谈价值和风险，而是落实到众筹中每一类主体可以获取的价值及面对的风险上来。我们主要考察产品众筹和股权众筹，并且分别介绍两类众筹中发起人有何价值，有何风险；支持人有何价值，有何风险。另外，我们还以平台的视角和监管者的视角介绍了相关内容，这样做是为了能够让我们的读物尽可能兼顾所有众筹中角色主体的信息需求。与众筹有关的各种主体，不论是发起人，还是支持人，哪怕是平台经营者，或是众筹监管者，都可以直接先翻到最适合自己的那一章来了解自己所扮演的角色最该关心的问题。本书还在最后一章介绍了比众筹更广泛的一个概念——众包，这是为了让全书的知识体系更全面，给感兴趣的读者介绍一些基础知识。本书可以作为了解众筹的科普读物，也可以作为本科生或研究生的"互联网金融"课程的参考书目。

众筹作为一个新生事物，在发展中会遇到各种各样的障碍，但是希望所有理论研究者和实践从业者能够齐心协力，精诚合作不断推动众筹在我国的发展，让其能更有效地服务所有的利益相关者，保护参与者的各项权益，在未来争取成为我国创新创业的发动机，帮助更多初创企业有条件去追求自己的梦想，创造出更多有创意的产品来满足消费者，提升我们整个社会的福利。

在本书写作过程中，得到了许多朋友的帮助，在这里要感谢清华大学社科学院经济学研究所的刘涛雄、王勇教授，以及博士生姜婷凤与笔者多次探讨众筹的问题；也感谢清华大学创新研究院对本书的热情支持。

汤 珂 张博然 钟伟强

2016 年 10 月 16 日

目 录

第八章　支持人+股权众筹 ⋯⋯⋯⋯⋯⋯⋯⋯⋯⋯⋯⋯⋯153

第一章
走进众筹之门

一、什么是众筹

众筹有两层含义。第一层是广义的含义，即"大家一起来筹划一件事情"，众指众人，筹指筹划，人们在很多时候谈到的众筹都指这个意义上的"众筹"。众筹还有一个狭义的含义，是指利用互联网公开向大众募集资金并给予回报的一种筹资模式。

众筹作为一种新型筹资模式，与以往筹资模式的不同之处也体现在"众"这个字上。"众"字意味着：筹资来源不是一个有钱人或者少数几个有钱人，而是筹资者根据自己的社交范围所能向外辐射到的一个又一个圈子。一般来说，"众"由亲属圈、朋友圈、粉丝圈、社交网络、一般大众五部分构成，如图 1-1 所示。

图 1-1 "众"的五部分构成

互联网众筹平台最早出现于欧美国家，2006 年在荷兰成立的线上音乐众筹平台 Sellaband 可以说是最早的探索者，2009 年在美国成立的众筹平台 Kickstarter 是业内口碑最好的几家平台之一。虽然国内互联网众筹行业起步较欧美稍晚一些，但是从 2011 年以来，陆续出现了一些优秀的众筹平台，如"点名时间""追梦网""天使汇""大家投"等。京东、淘宝等规模较大的平台企业也在 2015 年开始在众筹领域发力。

众筹符合中国的熟人社会、圈子社会所具有的特征。自古以来，我国的众筹案例就有很多，比如要建一座庙，和尚去各家各户化缘，寺庙建成后大家一起使用寺庙，这就是寺庙的众筹。类似的众筹还包括古代办婚宴，左邻右舍会送份子钱，这样结婚的人会得到第一桶金，很多人拿这笔份子钱开始人生的第一次创业，这就是早期的婚宴众筹。总而言之，众筹的核心是协同合作，精髓是"大家一起做"。

众筹除了适合我国的文化传统，还符合目前我国的时代特征。李克强总理在夏季达沃斯论坛上指出，"在 960 万平方公里土地上掀起一个'大众创业''草根创业'的新浪潮，中国人民勤劳智慧的'自然禀赋'就会充分发挥，中国经济持续发展的'发动机'就会更新换代升级"。往往很多创新产品和创新企业在初创期没有好的资金来源，因而需要某种机制设计进行解决，而众筹恰好是一个有效的融资机制。

如下笔者用一个假想的例子来简述众筹的模式。假定笔者有一个"脚踏鼠标"的创业想法，即制作一个用脚来控制的鼠标借以解放双手，因而想募集 10 万元钱。接下来就可以在淘宝众筹网上发起一个众筹项目，如果能够募集到 100 个人，每人支持 1 000 元，那么一共可以集齐 10 万元钱，笔者就可以开办脚踏鼠标的工厂。作为对大家的回报，笔者可以给每一个支持者一个脚踏鼠标。

从这个例子中我们看到众筹的流程可以分解为四个环节（见图 1-2）：第一，发起人发布信息；第二，支持人提供资金；第三，众筹平台将信息和资金有机地结合起来，成为连接发起人和支持人的纽带；第四，是否达到目标金额，或者说是否达到众筹门槛。在以上的例子中，10 万元钱就是众筹的门槛，如果众筹金额达到 10 万元钱则众筹成功，脚踏鼠标工厂就可以开设，每个支持者可以获得一个脚踏鼠标作为回报。如果没有募集到 10 万元钱，即众筹不成功，众筹平台要将这些钱退还给支持者，相当于众筹没有进行。

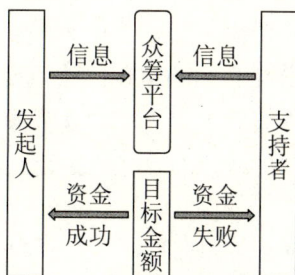

图 1-2　众筹的流程

二、众筹的分类

形形色色的众筹可以根据支持者的支持目的划分为两大类（见图1-3）：投资性众筹（financial return crowdfunding）与共同体众筹（community crowdfunding）①。

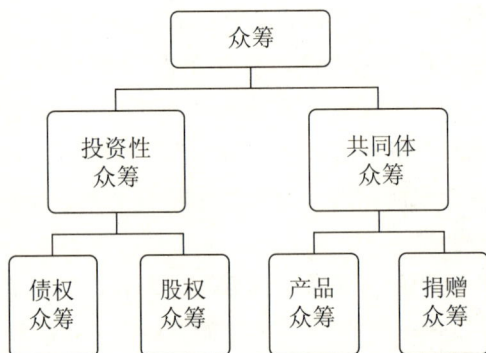

图 1-3 众筹的分类

（一）投资性众筹

当支持人用资金支持某个众筹项目时，如果他的目的是想利用这笔资金赚取未来更多的资金，那么这种主观愿望就决定该行为具有投资属性，他所参与的众筹就属于投资性众筹。投资性众筹又根据所投资标的不同可以分为债权众筹（debt crowdfunding）和股权众筹（equity crowdfunding）。

1. 债权众筹

债权众筹，是指支持者借钱给发起人，并希望发起人能按期支付利息、到期归还本金。近些年国内外层出不穷的 P2P 网贷都是债权众筹的具体表现形式。2014 年美国的 P2P 平台 LendingClub 登陆纽交所成为上市公司，这种新型互联网借贷模式在传入我国后也获得了快速发展，2015 年全国 P2P 网贷成交额突破万亿元，达到 11 805.65 亿元，同比增长 258.62%；历史累计成交

---

① 在国际证监会组织 IOSCO（International Organization of Securities Commissions）出具的报告 *Crowdfunding: An Infant Industry Growing Fast* 中，笔者将其分为 financial return crowdfunding、community crowdfunding，本书将其分别译为投资性众筹、共同体众筹。

额 16 312.15 亿元。^① 如此蓬勃的发展引来众多学者的关注，已经有大量书籍对 P2P（即债权众筹）进行专门介绍，所以本书不再强调债权众筹，感兴趣的读者可以寻找 P2P 的相关书籍来了解债权众筹。

2. 股权众筹

本书将在第六章、第七章、第八章重点介绍投资性众筹中的另一种模式——股权众筹。股权众筹，是指支持者对发起人的项目进行股权投资，期望能在众多的初创企业中发现"下一个阿里巴巴"，从而分享明星公司未来上市升值的"火箭式"收益。股权众筹之所以更为重要，是因为在全球鼓励创新创业的时代，我国也提出大众创业、万众创新的"众创"理念。其精髓未必是让每一个人都去单干创业，而是每个人都可以用不同的方式参与到创业和创造的过程中。而投资支持其他正在创业的人，属于间接地参与创业、这正是股权众筹有魅力的地方：可以让一个创业项目获得大家的资金支持，大家成为这个项目的股东，与创始人一起去冒险，一起去帮助这个创业项目取得成功。比如，英国最知名的股权众筹平台 crowdcube，在英国的法律和监管环境下，一个小企业通过 crowdcube 这个互联网平台可以面向所有人发布股权融资信息，任何人都可以浏览这些公开信息，如果感兴趣就可以向该项目提供资金，最少投资10 英镑就可以成为该公司的股东，这就是股权众筹的典型情况。

然而目前我国还没有类似这样的真正意义上的股权众筹，因为我们国家的法律和政策还不允许一个小企业在未经审批的情况下就利用股权公开融资。取而代之的是，在我国如果一个小企业想吸引新的股东，只能采取私募的方式，融资时人数是有限制的，而且融资对象也有要求。成为投资人并不是没有门槛，而是需要满足法律所确认的一系列标准后，筛选出一个特定的群体（即特定对象，又叫合格投资者），只有这个特定的群体才有资格成为投资人。当这个小企业利用股权对外融资时，只能向这些符合特定条件的投资者吸收资金，而且人数不能超过 200 人。

（二）共同体众筹

共同体众筹是与投资性众筹相对的一类众筹。所谓"共同体"，是指若干成员基于某种共同的规则、共同的价值观或共同的信念等能够产生共鸣和归属

---

① 　详见 http://baike.baidu.com/link?url=BbyPyvWQ-ojpYMVBILcX11ohufLNh13AXyak3HQpXJ3c VXHi5wB_44WSpEEF3CJdOqwqSfaBRtpoIly3-mwy-K#reference-[1]-4821755-wrap。

感的东西而形成的一个整体。这类众筹之所以用"共同体"命名，是因为众筹活动发生于某个共同体中，共同体的成员之间可以相互交流，并且相互支持彼此发起的项目，无论是发起人还是支持人都必须是这个共同体中的一员，在现实生活中表现为大家通过注册成为某个互联网平台的会员，而所有该平台的会员就构成了一个线上共同体。比如，美国知名的众筹平台 Kickstarter 就有注册会员 1 000 多万人[①]，在这些会员中，有些项目的发起人同时也是其他许多项目的支持人。也就是说，这些会员既会发起自己的项目，也会支持许多其他成员发起的项目，而且曾经支持过自己的成员在未来也更容易获得自己的支持。同时，某个项目的发起人和支持者之间也形成了一个共同体，发起人和支持者为既定的目标（如生产某个产品，或帮助某个人）而共同努力。可见共同体众筹具有成员之间的互助属性，即成员之间的互相帮助或礼尚往来，而并非像投资性众筹一样是纯粹的经济利益关系。

而根据支持者提供资金时回报的种类又可以将共同体众筹划分为捐赠众筹（没有回报或象征性回报）和产品众筹（以发起人生产的产品作为回报）。在以下六个共同体众筹中，例1、例2、例3属于捐赠众筹，例4、例5、例6属于产品众筹。

1. 捐赠众筹

捐赠众筹是支持者支持一笔资金去帮助发起人或者某些需要帮助的人，支持的主要目的是帮助他人，是为了满足他人的需要，本质是利他。有些捐赠众筹项目，支持者在支持后会收到发起人发来的一些纪念品（象征性回报），如感谢信、纪念衫、照片等；也有一些捐赠项目如红十字会等在线捐款平台，支持人在支持后几乎不会收到任何纪念品，可能只有一份电子收据。

【例1】某位白血病患者为自己众筹医疗费用，支持者出于对该患者的同情而支持资金。

【例2】两个小女孩想去迪士尼乐园游玩，于是计划众筹两张门票，作为回报会将在迪士尼乐园游玩的照片寄给支持人。某些人在浏览了该众筹项目后，被两个小女孩的天真可爱所打动，于是决定支持一笔资金。

【例3】某人为自己扮演超人去慰问住院病童进行经费众筹。支持者如果被这个创意和善举打动就会支持资金，在项目结束后，发起人会根据支持金额的大小给予支持者如下回报：在其 facebook 主页上写出名字并感谢；亲笔签

---

① 详见 https://www.kickstarter.com/help/stats?ref=footer。

名照；手写感谢信；活动现场照片；个人录制的感谢视频；手工定制 T 恤；请支持者吃一顿晚餐。（本例的详细介绍请见"案例 1-1"）

由于人们天生存在帮助他人的内心需要，一些爱心人士会选择在这些公益众筹平台上关注打动自己的项目并给予资金上的帮助，以求志愿者或者求助者能够利用自己提供的资金去改善生活状况，所以捐赠众筹有其存在的意义。

2. 产品众筹

在产品众筹中，商家可以将各种各样的产品拿到网上众筹，凡是对该产品感兴趣的人都可以预付资金，商家拿到大家的资金后启动生产，后续再将产品发送给大家。可以进行产品众筹的东西很广，大家能够想到的几乎都可以在网上进行众筹，比如，电影可以众筹，旅游可以众筹，甚至羊肉、蜂蜜等农产品也可以众筹，但是产品众筹中的大量项目集中在新产品的众筹上。发起人设计出一款新产品，在此产品尚未量产前对外进行宣传，如果有人对这个产品感兴趣，希望在未来拥有并消费它，就可以提供资金支持这个产品的研制，发起人在众筹成功后，将筹集到的资金用于新产品的研制和生产，在这个过程中如果研制成功则需要在约定的时间将产品发送给支持人，如果研制失败则需要根据众筹时的协议与支持者协商解决或者补偿支持者。

【例 4】某人为自己发明的脚踏鼠标项目众筹（本章开篇所举的假想例子），支持者支持资金后有机会获得发起人承诺的实物产品——脚踏鼠标。

【例 5】知名手机听书 "喜马拉雅" APP 设计了一款 "3D 音效" 耳机，进行众筹，支持者支持资金后，在众筹结束后，会在约定的时间获得这款耳机。

【例 6】某个创业团队开发了一款智能尿不湿，可以实时向父母的手机上发送信号，提示宝宝是否尿裤子。该创业团队为这款新产品进行众筹，那些渴望得到这款产品的父母就会资助这个项目的研发，如果研制成功就会第一时间获得该产品。（本例的详细介绍请见案例 1-2）

产品众筹作为一种新颖的商业模式，在创新创业领域具有不可估量的商业价值，不仅可以帮助发起人筹措资金、检测市场、宣传品牌，还能帮助支持者获得自己需要的新产品，并且在新产品的研制过程中获得发言权。本书在第三章、第四章、第五章会重点介绍产品众筹的特点，以及产品众筹对于发起人和支持人各自的价值与风险。

📷 **案例 1-1   儿童医院的"超人叔叔"**①

在美国知名众筹网站 Indiegogo 上有这样一个项目，2012 年发起人 Dustin Dorough 为自己要做的一个十分有意义并且有趣的项目筹款 6 500 美元，简单来说，他要扮演成超人的形象去全国各地的儿童医院表演，为病床上的儿童们带来欢乐，最后共获得了 149 位支持人的资助，实现了 100% 的众筹成功。

发起人 Dustin 是一位 25 岁的小伙子，他既是一个动漫的爱好者，又是一个慈善的实践者。在他喜爱的众多动漫形象中，穿着蓝色紧身衣披着红色斗篷的超人 Superman 是其最爱（图 1-4），因为超人不仅拥有超能力可以保护弱小，而且还散发着一种英雄般的气质来鼓舞他人点燃希望。而超人能为他人带来希望这个特点或许正是医院里与病魔们挣扎的小朋友们所迫切需要的，所以 Dustin 萌生出了将超人扮演和探望患病小朋友两个点子结合起来的想法。

图 1-4　发起人 Dustin 的超人扮相

在他的计划中，准备开着自己心爱的公羊牌汽车，在美国本土的 48 个州每个州去一家儿童医院，另外还要去加拿大的两个省，一共 50 家医院（见图 1-5）。全程 15 000 英里，按照每英里耗油 0.04 加仑计算，共需要燃料 600 加仑左右，而每加仑汽油按 3.75 美元计算，总计汽油费用需要 2 250 美元。除了燃料费，Dustin 给自己每日的伙食费预算为 25 美元，100 天的行程共需要 2 500 美元。在住宿费方面他也十分节省，计划就住在自己的汽车里，太令人感动了。最后要给小朋友们带去一些礼物需要 1 000 美元的采购费，再加上要付给众筹平台 Indiegogo 和付给支付平台 Paypal 的服务费，总共需要 6 500 美元。

---

① 详见 https://www.indiegogo.com/projects/superman-s-hospital-heroes-tour#/ 。

图 1-5　Dustin 规划要去的全美儿童医院线路

案例 1-2　　　　知了智能纸尿裤的众筹

在淘宝众筹平台上有一款产品众筹项目叫作"知了智能纸尿裤——给宝宝极致干爽和舒适"（见图 1-6）。这个众筹项目的筹款目的主要是开发一款携带智能硬件的纸尿裤，宝宝一旦尿裤子，智能纸尿裤就可以感知并且通知父母的手机，这不仅是一个完美的创意，而且充分体现了新技术在老问题上的巧妙应用。传统的纸尿裤的弊端是没有感知功能，而知了纸尿裤的智能之处就在于能够做到实时提醒和即尿即换，关键在于增加了一个智能硬件和一个手机APP。该智能硬件是一个一元硬币大小的湿度传感器，可以放在纸尿裤侧面的小口袋里，当检测到一定湿度时会用蓝牙信号的方式发送给手机，手机接收到信号后 APP 就会响起音乐或者以消息推送的方式提醒家长，为宝宝及时更换纸尿布以保证宝宝的皮肤干爽。

该项目的支持者一般都是头疼宝宝拉尿的父母们，因为如果没有急时为宝宝更换尿布，常会出现把宝宝屁股捂红的现象，让父母们心疼不已。此时，如果在该项目中选择适合自己需要的支持档位就可以在项目结束后收到相应的尿裤产品。该项目设置了 9 个支持档位（见表 1-1），比如，支持 199 元就可以得到智能纸尿裤 2 包和尿尿提醒智能硬件 1 个；同时还为代理商准备了高金额的档位，支持 33 999 元就可以获得 500 包纸尿裤和 80 个智能硬件。这很好地说明了产品众筹的模型就是潜在消费者预先支持资金给生产者，项目结束后生产者向支持者发送纸尿裤、智能硬件等产品作为回报。

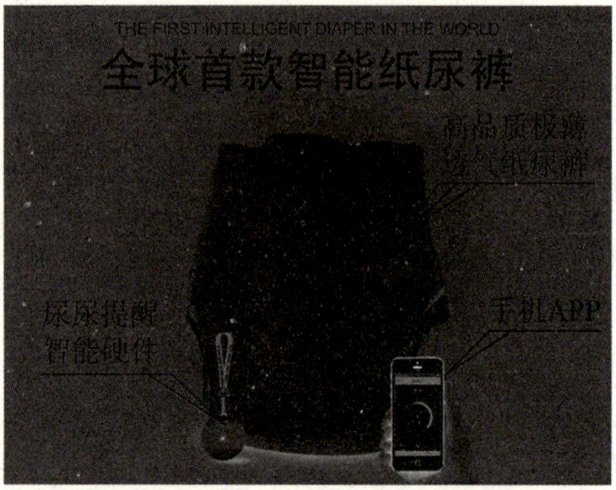

图 1-6　知了智能纸尿裤的众筹

表 1-1　知了智能纸尿裤的支持方案

档位	支持方案 / 元	回 报 内 容	宣传亮点
一	9.90	纸尿裤 4 片装	试用秒杀
二	129.00	纸尿裤 1 包 + 尿尿智能提醒硬件 1 个	超值体验
三	199.00	纸尿裤 2 包 + 尿尿智能提醒硬件 1 个	超值体验
四	399.00	纸尿裤 4 包 + 尿尿智能提醒硬件 1 个	月度专供
五	699.00	纸尿裤 10 包 + 尿尿智能提醒硬件 1 个	月度专供
六	1 199.00	纸尿裤 16 包 + 尿尿智能提醒硬件 2 个	季度专供
七	4 899.00	纸尿裤 80 包 + 尿尿智能提醒硬件 3 个	两年专供
八	8 999.00	纸尿裤 130 包 + 尿尿智能提醒硬件 20 个	代理专供
九	33 999.00	纸尿裤 500 包 + 尿尿智能提醒硬件 80 个	代理专供

三、众筹的三要素

（一）发起人

任何人都可以基于一个筹款理由在众筹网站上发起一个众筹项目，面向大众传播自己想传达的信息，然后提出自己希望得到的金额，向大家寻求资金上的支持。发起人既包括个人，也包括组织。

个人可以基于个人生活上遇到的困难来通过发起众筹向大家求助，比如，瞿患重病需要支付高昂医疗费、孤寡老人需要生活费援助、贫困儿童求助学费等。个人也可以是基于个人的梦想而发起众筹，向大家寻求资金援助。比如，个人的梦想是骑自行车环游中国，或者去乡村进行支教等。此外，有创意的个人还可以通过发起众筹来募集资金，用来创造出一些新的艺术产品与商业产品。艺术产品包括电影、音乐、图书等；商业产品包括智能硬件、手机 APP、日常用品等。

除了个人，一个组织也可以成为众筹的发起人。这个组织可以是非营利组织，比如，公益事业团体募集资金帮助贫困山区的孩子们建造学校；也可以是营利性组织，比如，公司利用自己的新产品来众筹基石用户，或者公司出让部分股权来众筹投资人。

（二）支持人

支持人是浏览发起人的众筹项目，并通过单击鼠标完成资金在线支付的人群。支持人按照与发起人关系的远近，大致可以划分为熟人和生人两类。熟人包括父母、兄弟姐妹、远亲、近邻、同学、朋友、粉丝等。生人包括以前不认识的老乡、校友、纯粹陌生的网友等。由于熟人对发起人更加了解和信任，所以一般熟人会最先支持一个众筹项目，随着项目进度发展到 20% 以后，渐渐地会有陌生人跟进支持，而且会由于跟随效应和扩散效应，越来越多的人知道项目，慢慢会有更多陌生人前来支持项目。

由于众筹的特点就是通过互联网面向所有人筹集资金，所以无论是产品众筹还是股权众筹，所有人都应该有资格成为支持人。关于产品众筹，各国目前情况一致，所有人都有资格成为某个产品众筹项目的支持人。但是对于股权众筹，各国对于支持人的资格限制却松紧不同。英国监管环境最为宽松，每个人都有资格支持某个股权众筹项目而且没有金额限制；美国的监管松紧居中，虽然每个人都有资格成为支持人，但是一年内的支持总金额有一定限额，该限额与支持人的年收入挂钩[①]；我国还没有放开股权众筹试点，未经批准任何人不得开展股权众筹，因此大家也都没有机会成为股权众筹的支持人。

---

① 美国 2012 年出台的《JOBS 法案》中关于股权众筹的第三章 "Title Ⅲ" 在 2015 年 10 月 30 日通过，并于 2016 年 5 月 16 日正式生效，其中规定：①年收入或净资产任意一项低于 10 万美元的投资者，用年收入与净资产两项指标中较低那项的 5% 与 2 000 美元做比较，二者中较大的那个金额就是该投资者一年内可以投资股权众筹的最高金额。②年收入和净资产两项指标都超过 10 万美元的投资者，年收入与净资产两项指标中较低那项的 10% 就是该投资者一年内可以投资股权众筹的最高金额。③但是不论如何，任何投资者一年内的投资金额不得超过 10 万美元。详见 https://www.sec.gov/info/smallbus/secg/rccomplianceguide-051316.htm#4。

但是在我国目前股权众筹的"兄弟"——互联网私募是允许开展的，对于这类活动，我国的监管办法是依据一定条件将投资者划分为两类：合格投资者与非合格投资者。在我国只有金融资产达 100 万元，或者年收入超 30 万元的个人才属于合格投资者，才有资格参与互联网私募，而非合格投资者目前在我国是无法参与互联网私募投资的，比如京东东家这样的互联网私募股权平台就采用了合格投资人认证制度，只有通过平台审核的个人才有资格浏览项目信息细节并且缴款投资，没有经过认证的普通网民是没有机会了解具体信息的。

（三）平台

作为发起人和支持人的连接纽带，平台是众筹的十分关键的要素。平台是一家正式注册的经营互联网业务的公司，通过搭建众筹网站，允许发起人通过自己的网站发起众筹项目，然后向大众开放项目信息的浏览，允许感兴趣的网民对某个项目进行线上支付，成为该项目的支持人。

平台根据自身的市场定位会选择特定类型的众筹项目。有些平台专门发布产品众筹类项目信息，如苏宁众筹、京东众筹、Kickstarter；有些平台专门做股权众筹类项目，如英国的 Crowdcube、美国的 StartEngine；还有些平台在做互联网私募类项目，如天使汇、蚂蚁达客、京东东家。

平台的赚钱模式也各有不同。对产品众筹平台来说，通常会根据是否筹款成功来收费，不成功不收费，成功后按照实际筹款金额的某个百分比来收取佣金。对于股权众筹平台或互联网私募平台，一种做法是按照实际筹款金额的百分比收取佣金；还有一种做法是用筹款公司的股权来抵偿应收取的佣金，将应收的佣金折成等值股权入股发起人的公司。京东东家目前就是这种做法，将实际筹资额的 5% 作为投资额入股被投企业，这样做不仅减轻了被投企业的融资成本，而且对京东东家来说也可以分享有潜力企业的后续成长。

四、众筹的价值

（一）资金价值

众筹最直接的价值是资金价值，发起人通过众筹募集到资金，而且不需要支付利息，众筹成功后要么发送产品，要么给予股权，几乎没有资金流出的压力，所以是很好的融资办法。但是众筹之所以有别于传统的融资活动而备受大家关注，是因为在互联网时代，众筹除了融资功能外，还承载着更多的功能。

（二）广告价值

广告价值是众筹一个十分重要的价值，即通过众筹可以宣传企业的产品、发布广告。此处的宣传有两层含义：首先，众筹是比较热门的概念，大家看到好的众筹都愿意报道，都愿意去看一看；其次，现在是以互联网为基础的自媒体时代，通过自媒体的传播可以更好地宣传企业的产品。以智能纸尿裤项目为例，如果你是正在照顾宝宝的父母，并且希望得到这款高科技尿不湿，你会怎么做呢？你很有可能将项目信息通过微信向亲戚、同学、朋友圈各发一遍，让大家都来关注参加众筹，因为只有众筹成功了你才会得到产品而受益。另外，有宝宝的父母都喜欢在自己的朋友圈里面晒自己的宝宝照，在众筹成功、收到产品后，你可能还会发一张宝宝穿着高科技尿不湿的美图，随后就可能收到源源不断的询问和点赞，无形中又起到进一步宣传智能纸尿裤的作用。在互联网自媒体时代，这种作用就变得非常重要，因为我们每一个人都是一个媒体和广告的发源地。

此外，正因为众筹有广告价值，很多企业可以通过众筹寻找合作者和朋友，因为众筹项目发布后很多支持者会跟你互动,这时候众筹又可以看作在筹朋友、筹合作者。比如，在看到纸尿裤项目后，很多有意向经销该产品的人就会主动联系企业，希望进一步洽谈区域代理的相关事宜，这样就解决了寻找潜在合作者的问题。

（三）市场调查价值

众筹还有一个很重要的价值，就是市场调查价值或者需求测试价值，可以让发起人在项目投产之前就能预先了解市场的反应如何。比如，发起人想开一家有特色的茶馆，虽然他有计划，但他想发起众筹看一看社会对于这个众筹产品的反应如何，如果很好他就会去开这个茶馆。再以知了尿不湿为例，本来目标是筹集 10 万元钱，结果累计筹款高达 102 万元，经过众筹的测试，发现市场的热度很高，于是可以大规模投产。相反，如果目标是筹集 10 万元钱，最后只筹集到 1 万元，发起人估计不太会继续投资这个项目，因为市场反应过于冷漠。因此，众筹另一个重要价值就是市场调查价值。

（四）预售价值

最后，众筹还具有预售价值，通过预售实现以销定产。以众筹茶叶为例，在众筹时茶叶还没有采摘，支持者通过预售的模式先把茶叶买下来，发起人生产出来后再将茶叶快递给支持者。电影的众筹也一样，支持者先支持一部分钱用于电影的拍摄，将来得到电影票。通过预售，发起人可以提前锁定一部分产品销售的利润。以知了智能尿不湿为例，产品还没有进入生产阶段，厂家就通过众筹将未来的生产计划确定下来。可见，众筹的预售价值可以帮助企业实现订购式生产，不仅能全额收到客户的预付货款，而且还能明确生产数量，降低生产中的不确定性，用来自市场的一手信息指挥生产进度。

五、众筹的风险

讲完了众筹的价值，不得不说众筹也是有风险的。众筹发起人和支持人之间的信息不对称会导致逆向选择风险与道德风险；另外，众筹一般发生在经营管理不太成熟的初创企业，因此还会出现产品风险及后续管理风险等。

（一）逆向选择风险及道德风险

逆向选择风险是众筹的第一个风险，也是最大的风险，它来自信息的不对称。众筹本质上是一个发起人和支持人之间的协同合作，即发起人和支持人通过互联网平台交换信息。发起人很多时候不愿意过多地泄露自己的产品信息，因为要保护自己的知识产权，正所谓"行家伸伸手，便知有没有"，如果信息披露过多，竞争对手很快就可以模仿出来。由于产品信息的精髓被发起人有意隐藏，真正优秀的项目难以全面展示出来，在潜在支持者眼中该项目就显得不怎么好。相反，有一些本身不怎么好的项目，为了骗取资金就可能对自己包装粉饰，把自己宣传得神乎其神，可是之后却无法按时交付产品，或者产品质量与宣传极度不符，因而很多时候支持者看好的项目反而是不好的项目。美国的一项研究显示[①]，大约有一半项目在众筹之后无法交付所承诺的产品，应该说主要原因是信息不对称带来了逆向选择，众多支持者被亦真亦假的信息干扰了自己的双眼，更多地选择了较差的项目。

如何避免逆向选择？在互联网时代有个非常重要的规律就是依赖第三方，比如，以淘宝网为代表的电子商务就借助第三方支付取得了巨大的成功。当我们在线下买东西时往往是一手交钱一手交货，而在淘宝网上买东西货和款总有先后之分。以买鞋为例，是买者先给卖者钱，还是卖者先给买者鞋呢？作为第三方的支付宝在问世后解决了这个问题，支付宝首先把买者的付款进行冻结，买者收到卖者发出的鞋之后，支付宝再把钱付给卖者，支付宝的存在监督了买卖的发生。同理，对于众筹的逆向选择问题也可以依靠第三方来解决，尤其在股权众筹中，由领投人[②]作为第三方的投资机制非常重要。普通支持者由于没有专业投资经验，对项目也没有深入了解，所以需要依赖专门从事投资工作的领投人，来评判某个项目的好坏，这样一来，领投人对某个项目的认可就相当于一种第三方认证机制。

在众筹中还有一个重要的风险就是道德风险。比如，众筹结束后，发起人把收到的钱用于职务消费，每天随便吃大餐，不好好工作，这就是发起人的道德风险。同时，支持者也会不道德。作为一个支持者，其最大的不道德就是克隆发起人的项目，也就是说，当支持者了解发起人的项目后把发起人的技术进行复制。解决道德风险的主要办法是设立黑名单机制。如果发起人或支持者做了不道德的事就会被列入黑名单，甚至追究法律责任；同时黑名单在各个平台应实现共享，让不道德的人以后难以再发起或者参与众筹。当然，除了黑名单外还要有白名单，对于做得好的、诚信的人要给予好评，让这些人有机会多次发起或支持众筹。

（二）产品风险和后续管理风险

众筹的另一个风险是产品风险。产品风险对产品众筹来说十分常见，因为很多项目可能还只是一个设想，在众筹时并不知道如何生产，也没有详细的生产计划，支持者无法预判产品的样式和造型，因而产品风险就产生了。以创新

---

① 美国宾州大学沃顿商学院的学者 Mollick（2014）发现 Kickstarter 上的众筹项目的成功率只有 48%。

② 领投人，即带领大家一起投资的人，往往是社会名人或非常了解该行业的人。

性产品为例，支持者在众筹时预想的产品与最终实际收到的产品可能有很大差距，而这个差距往往很难界定，因为在众筹条款中提到的产品可能只处于试验期。

除了产品风险，还有项目的后续管理风险。也就是说，众筹成功只是一个企业万里长征的第一步，之后这个企业如何发展是更为艰巨的任务。尽管很多企业通过众筹成功筹到款项，但很多企业在众筹成功后便销声匿迹了，说明众筹是有风险的。因而，很多众筹平台会愿意帮助企业继续保持一定的公众关注度：如 Indiegogo 在平台上多了一个 InDemand 功能，把众筹成功的企业继续放在平台上推广，相当于做一个免费的广告；Ebay 也做了类似的服务，推出了一个 Innovators Collective 的项目，把众筹成功的项目继续放在网页上展示。

（三）平台风险

众筹平台的风险一样值得关注。互联网平台有一个非常重要的特点就是"赢家通吃"。对于一个有公信力的众筹平台，更多的支持者会愿意加入这个平台，向更多的项目投资。同时，如果这个平台有更多的支持者进入，更多的项目方也愿意进入这个平台，也就是说，好的平台会越做越大，而差的平台很可能会越来越小甚至死掉。目前，我国众筹平台的数量超过 200 家，增长速度依然很快，众筹平台间的竞争非常激烈。按照赢家通吃的规律，很多平台将被淘汰，最终众筹平台的数量应该不会太多，因而平台风险是存在的，有可能你在某个平台参与了众筹，但平台倒闭了，众筹项目因而得不到很好的后续管理。

（四）退出风险

股权众筹还有一个风险是退出风险，或者说是资金无法变现的风险。众筹时，支持者应在众筹条款中寻找退出变现的方法，目前有几种退出机制可以选择：第一，公司回购，就是公司回购股权，比如 1 元钱的股权 5 年后以 1.5 元回购；第二，并购，支持者可以把股权卖给那些并购公司的企业或个人，或者再融资的时候把股权卖给第二轮、第三轮的风险投资人；第三，交易转让，一些众筹的合同提到在持有股权一段时间后可以将其交易转让，一些地方性产权交易中心目前就具有股权交易的功能，当然如果企业能够公开发行上市，支持者还可以在二级市场上实现退出。

六、众筹与非法吸收公众存款罪

根据以上对众筹的分类，众筹可分为共同体众筹和投资性众筹，而本书重点介绍共同体众筹中的产品众筹，以及投资性众筹中的股权众筹。由于产品众筹对支持者来说没有投资属性，仅涉及商品买卖属性或赠与属性，而非法集资罪名主要针对投融资行为，不针对商品交易行为或赠予行为，所以产品众筹不涉及非法集资问题，我们仅需要讨论具有投资属性的股权众筹与非法集资之间的关系。

大家通常所说的非法集资更详细的名称是非法吸收公众存款罪。2010年最高人民法院出台了一份关于非法集资的司法解释，即《最高人民法院关于审理非法集资刑事案件具体应用法律若干问题的解释》（以下简称《解释》），这份解释是目前界定非法集资的主要依据。其中规定非法吸收公众存款罪必须同时具备四个要素：自作主张、公开宣传、承诺回报、面向公众。这四个要素缺少任意一个都无法构成非法吸收公众存款罪，因而必须同时满足。

《解释》中具体规定如下。

要素1 **自作主张**：未经有关部门依法批准或者借用合法经营的形式吸收资金。

要素2 **公开宣传**：通过媒体、推介会、传单、手机短信等途径向社会公开宣传。

要素3 **承诺回报**：承诺在一定期限内以货币、实物、股权等方式还本付息或者给付回报。

要素4 **面向公众**：向社会公众即社会不特定对象吸收资金。

对股权众筹来说，由于众筹本身就具有大众属性，而且是通过互联网平台进行信息的传播和交易的撮合，所以要素2（公开宣传）和要素4（面向大众）的满足毋庸置疑。对于要素3（承诺回报）也是满足的，因为股权众筹的确是以股权方式给付回报。虽然要素2、要素3、要素4都满足了，但是只有这三个要素对于非法吸收公众存款罪的判定并不充分，我们还需要判断是否具备要素1。发起人应把自己打算做的事情向有关部门进行咨询，根据该部门的意见和答复再进行众筹。因为只要得到监管部门的批准，"自作主张"这个要素就不成立，无法构成非法吸收公众存款罪。但目前我国还没有一例真正的股权众筹得以批准。

目前我国规模较大的几家互联网私募平台（如京东东家、阿里蚂蚁达客）都比较规范，通过对网站布局的特殊设计和交易流程的仔细梳理，严格规避上述要素2（公开宣传）和要素4（面向公众），在合法范围内积极开展互联网私募业务。首先，京东东家等平台对于融资信息的公开性严格把关，并非对所有人开放信息的浏览权限，只有经过平台审核达到一定资质的群体才有机会浏览该信息，这就不会构成公开宣传（要素2）。其次，京东东家等平台上面的每一个融资项目最终吸收的投资者都并非来自社会不特定对象，而是来自之前审核过资质的潜在投资者群体，即来自特定对象，所以也没有构成面向社会公众吸收资金（要素4）。但由于互联网私募业务的火爆，越来越多的新平台挤入互联网私募行业，在操作过程中鱼龙混杂，难免有些平台会违反上述不得公开宣传和不得面向公众吸收资金的要求。这种涉嫌非法吸收公众存款的做法既会给平台自身带来巨大的法律风险，也不利于整个行业的健康发展，所以开展互联网私募业务的平台务必要严守上述两道"警戒线"，对自己的网站进行合理的布局不要公开宣传融资信息，同时确保只向特定对象吸收资金。

七、为什么各国政府鼓励众筹

每个政府都在考虑发展经济，政府希望看到在自己的领导下国家实现繁荣，人民的生活水平得到提高。而就业是每个政府要考虑的重要问题，因为只有更多的就业机会才会给民众带来更多的收入。那么政府该怎么创造更多的就业机会呢？要知道所有的就业机会都是由公司的招聘活动创造的，而公司的招聘计划是由公司的成长决定的。随着公司的逐渐壮大，规模扩大，就会增加新的就业机会，所以政府需要出台各种政策来帮助在市场中的公司快速成长壮大。放眼全球，中小企业就是市场中增长最快的一支主力军，政府对这支力量的关注和扶持，将对就业做出十分重大的贡献。

虽然中小企业问题历来是政府要考虑的，政府也陆续出台了多项政策，但始终不够。尽管众筹不是解决中小企业问题的灵丹妙药，却是政府一揽子解决方案中不可或缺的一味良药，所以总理才在各种讲话中确立了众筹的重要地位。2015年9月16日，李克强在国务院常务会议中指出"要利用'互联网+'，积极发展众创、众包、众扶、众筹等新模式，形成创新驱动发展新格局"。而在2016年《政府工作报告中》也提出"打造众创、众包、众扶、众筹平台，构建大中小企业、高校、科研机构、创客多方协同的新型创业创新机制"。具体而言，站在政策制定者的角度看，众筹可以带来多项好处。

（一）留住人才和技术

企业的成长需要资金，而如果一个国家的资金市场缺乏有效的资金流动，很多"种子"小微企业就难以得到资金的灌溉，于是，那些有商业天赋的创业者就会去其他国家寻找能够获得的资金。比如，许多加拿大企业会去美国寻求资金资源，因为在美国更容易获得。在 2013 年之前，仅仅 2% 的美国人口可以合法地给小企业进行投资，但是现在随着众筹投资的兴起，几乎每一个美国人都可以把自己的钱拿出来，滋养那些有绝妙想法的创业人士。

这样一来，如果一个国家资金资源难以获得，有能力有创意的人就会被迫迁移到别国进行融资，那些新技术新思想作为知识资源就会流出这个国家，那么长久来看，这个国家的人力资源、知识资源、技术资源就会枯竭，更别提长期的繁荣了。况且，一旦这些资源流出国外，在国外与资金资源相结合以后，一般就会将经营主体注册在国外，并且很少会将创造的价值带回国内。

众筹投资有助于创造更大的中产阶级群体，进而维护稳定。一个国家的人群结构如果是"哑铃型"的则难以保证社会和政局的稳定。所谓哑铃型，就是富人和穷人都特别多，而中间的中产阶层特别少。理想的结构应该是"梭子型"，即中间多两头少。而众筹作为小微企业发动机的火花塞，具有启动引擎的功能。通过让民众之间的相互支持，给底层有创意有想法的人们一个与资金结合的机会，来逐步改善自己的收入状态，进而减少底层人群，增加中产阶层，进而有利于社会的结构稳定。

（二）促进大众就业

创意创造就业。当大家都在谈论创业热时，大家对创业两个字都有不同的理解，比如，站在创业者的角度看，创业就意味着一种自由、一种冒险，不用在体制内按部就班地生活，而是去自己当老板，自己说了算。然而，如果站在政府的角度看，创业似乎是根据字面意思将其拆开：创 + 业 = 创造 + 就业。

根据国家工商总局 2014 年发布的《全国小型微型企业发展报告》，在中国 7.67 亿人的就业人口中，小微企业解决的就业人数已达到 1.5 亿人，而且新增就业和再就业人口的 70% 以上集中在小微企业。另外，对于同样的资金投入，小型微型企业可吸纳就业人员平均比大中型企业多 4～5 倍。

同时，由于众筹投资可以滋养孵化更多的小微企业，而更多的小微企业成长之后就会创造出更多的就业岗位。更多的就业岗位意味着更多的人有机会工作，拿到工资。一旦拿到工资，大家就会去超市、餐馆、电影院、健身房消费，购买食物、衣服等日用品，那么超市、餐馆、电影院、健身房等员工也会拿到工资，然后进行下一轮消费。如此良性循环下去，就会让社会中的成员源源不断地产生工资收入。

（三）增加政府税收

就业创造税收。如上所述，更多就业岗位给工作者带来工资收入的同时，政府就会有更多的税源来征收个人所得税，充盈国库。同时我国企业要为员工缴纳社会保险，于是就会更多地积累社会保障基金。而且，更多的小微企业会获得利润，政府还可以收取企业所得税。

众筹可以让资金资源不外流，这个要点除了在国家层面需要考虑外，在国内各个地方政府之间的竞争中也要高度重视。比如，内蒙古的一家火锅店在运营中就会在内蒙古当地发生各种开销，如在当地租赁房屋，在当地购买水电燃气，在当地购买法律、会计服务，在当地进行广告制作，在当地缴纳网费、电话费、银行服务费，同时在当地聘用几百名服务员。所有这些被聘用人员的生计都依赖于这家火锅店的正常经营，而且刚才也讲到其正常经营还会进一步刺激经济链条中的后续环节，并且增加当地政府税收，所有这些效应可以称为"整体良性循环效应"。

目前网络如此便利，虽然我国不允许百姓跨国投资，但是在本国的不同省市之间资金可以自由流动，那么就会构成各省之间竞争的一个重要环节。如果一个省市不重视小额资金的保护和争取，不设计好的政策让小额资金在本省内进行投资，那么积少成多的小额资金就会流到其他省市，为其他省市的繁荣做出贡献。所以，有眼光的政府就会提早在众筹投资领域进行布局，争取吸引更多的优质创意资源来到本省，并且让本省的资金资源就近与创意资源相结合，在本地"开花结果，生儿育女"，从而繁荣本省的经济。

第二章
数说众筹

一、俯瞰全球众筹

Massolution 与 Corwdsourcing.org 是两个独立运行的品牌，二者均隶属于 Crowdsourcing，LLC 这家公司，公司总部位于美国加州洛杉矶。Massolution 负责对众包和众筹进行研究，并且提供咨询服务。公司的创始人兼 CEO 叫 Carl Esposti，致力于在全球推广众包和众筹模式。公司每隔两年会出具全球众筹行业的研究报告，在业内十分权威。本节数据引自 Massolution 在 2015 年发布的研究报告，包括 2014 年以前的数据以及对 2015 年的预测数据，如图 2-1 所示。

图 2-1　Massolution 公司发布的 2015 年众筹报告封面

从表 2-1、图 2-2 中可见：2011 年和 2012 年全球众筹业都在高速增长，增长率为 60% ~ 80%，但是 2013 年实现了一个跨越式的增长，增长率高达

125%。更令人吃惊的是，2014 年又刷新了 2013 年的纪录，实现了 167% 的提速，提交了众筹交易总额 162 亿美元的成绩单。预计 2015 年全球众筹市场将完成筹款额 344 亿美元。

表 2-1　历年全球众筹交易总额及增长率

年份	交易额 / 亿美元	增长率 /%
2011	14.8	64
2012	26.7	81（在加速）
2013	61	125
2014	162	167
2015	344	112

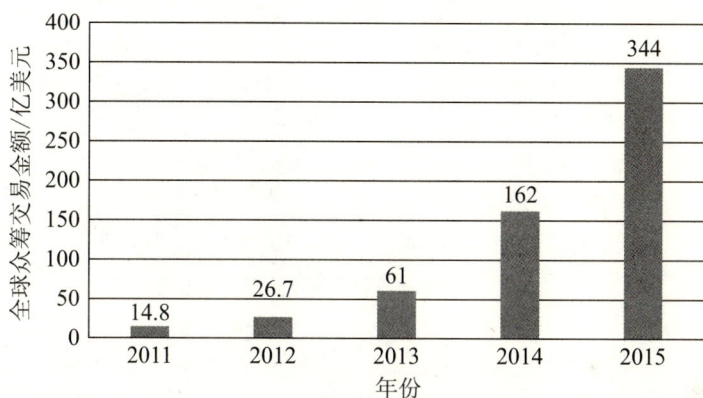

图 2-2　历年全球众筹交易金额

（一）众筹交易金额的区域分布

尽管众筹在理论上可以让发起人从全球各地筹集资金，但是由于各国监管政策不一样，有些允许外国项目在本国筹集，有些不允许；有些允许外国居民支持本国的项目，有些不允许，因此，世界各大陆的众筹发展情况也不尽相同。

如表 2-2、图 2-3 所示，2013 年众筹的世界市场份额有 86% 都出自北美洲和欧洲，而 2014 年下降为 78%。亚洲后起居上，占据 21%。第二梯队南美洲、大洋洲、非洲共计市场份额少于 1%，但是其各自的发展速度却都很快。2013 年，亚洲众筹交易总额约 8 亿美元，到 2014 年时，亚洲全年交易总额已经飙升为 34 亿美元，增长近四成。也正是因为这一年的涨幅猛增，亚洲的市场份额才超过欧洲，跃居世界第二名。

表 2-2　2013 年世界各大陆的众筹份额

地区	市场份额 /%	交易额 / 亿美元
北美洲	63.5	38.6
亚洲	13.3	8.10
欧洲	22.3	13.5
南美洲	0.4	0.214
大洋洲	0.4	0.272
非洲	0.1	0.06
合计	100	61

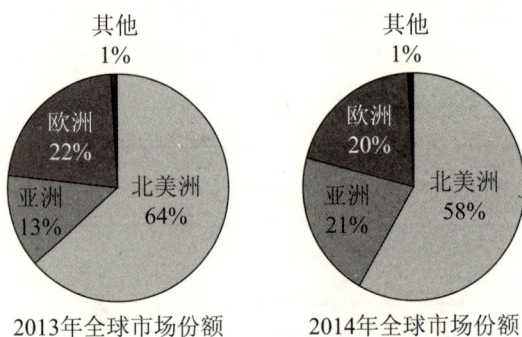

2013年全球市场份额　　2014年全球市场份额

图 2-3　2013 年及 2014 年全球市场份额

　　如表 2-3 所示，2014 年北美洲众筹交易总额位于 6 大洲之首，筹款 94.6 亿美元，增长率为 145%。从 2011 年开始，北美洲的交易额增长速度就逐年递增，2011 年增速 89%（8.37 亿美元），2012 年增速 92%（16 亿美元），2013 增速 140%（38.6 亿美元）。与此同时，欧洲 2013 年的增速为 43%，而 2014 年的增速却提高到 141%，筹款 32.6 亿美元。其他三个区域虽然份额较小，但是增速也很可观。南美洲筹款 5 720 万美元，增速 167%；非洲筹款 1 200 万美元，增速 101%；大洋洲筹款 4 320 万美元，增速 59%。

表 2-3　2014 年世界各大陆的众筹份额

地区	市场份额 /%	交易额 / 亿美元	增长率 /%
北美洲	58.3	94.6	145
亚洲	20.9	34	320
欧洲	20.1	32.6	141
南美洲	0.4	0.572	167
大洋洲	0.3	0.432	59
非洲	0.1	0.12	101
合计	100	162	

　　总的来看，称雄世界众筹的三巨头主要是北美洲、亚洲、欧洲。亚洲由于中国众筹的崛起，已经超过欧洲排在世界第二。而作为第二梯队的南美洲、大洋洲、非洲三者合计起来也不足世界市场份额的 1%，可见第一梯队与第二梯队之间的发展极为悬殊。

（二）众筹类型

　　如表 2-4、图 2-4 所示，2014 年，产品众筹的交易额继续增加，较 2013 年增长了 84%，全球产品众筹交易总额实现 13.3 亿美元。其中，北美市场 2014 年为 12.3 亿美元，增长 80.5%；欧洲市场 2014 年为 7 500 万美元，增长 166%。

　　2014 年，世界范围内的股权众筹交易总额几乎比 2013 年翻了 3 倍（2.82倍），达到 11.1 亿美元。其中，北美市场的贡献最大，交易总额为 7.87 亿美元，增长了 301%；欧洲市场贡献较低，交易总额为 1.77 亿美元，增长了 145%。

　　预计在 2015 年，产品众筹将实现交易总额 26.8 亿美元，股权众筹将实现交易总额 25.6 亿美元。

表 2-4　两类众筹的历年全球交易金额

单位：亿美元

年份	产品众筹	股权众筹
2012	3.91	1.18
2013	7.26	3.95
2014	13.3	11.1
2015（预测）	26.8	25.6

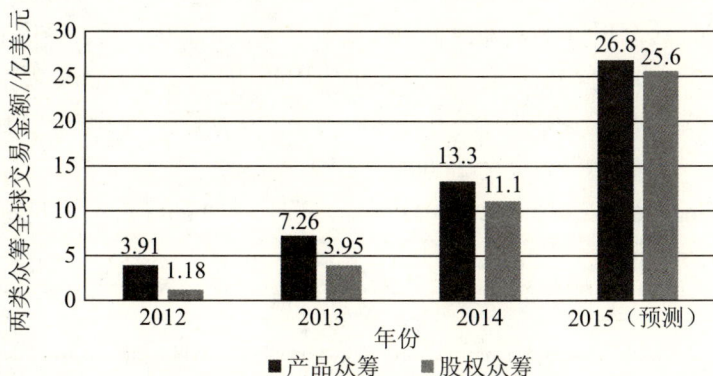

图 2-4　两类众筹的历年全球交易金额

（三）项目统计信息

1. 平均项目金额

在 Massolution 出具的报告中还给出了 2012—2014 年单个项目筹款金额的平均值。从表 2-5 中可以看出：

（1）产品众筹的项目规模逐年递增，从 2013 年的平均 2 300 美元增长到 2014 年的 3 189 美元。

（2）股权众筹的项目规模也逐年递增，从 2012 年的平均 19 万美元增长到 2014 年的平均 27 万美元。

（3）股权众筹的平均金额要远大于产品众筹的单个项目筹款金额，以 2014 年数据为例，前者约为后者的 86 倍！

表 2-5　两类众筹的平均项目金额

单位：美元

年份	产品众筹	股权众筹
2012	2 300	190 000
2013	3 601	248 035
2014	3 189	275 461

2. 项目筹款金额

一个众筹项目的目标金额是发起人预先设定的，但是项目上线后到底能筹集到多少资金却是一个未知数。有可能达不到目标金额；也有可能超额募集，远远超过目标金额，产生一系列明星级的项目。

在 Kickstarter 上 2014 年的明星项目中，Coolest Cooler 这个项目[1] 筹集到了 1 300 万美元（按 1 美元 =6.5 元人民币换算，合 8 450 万元人民币），Ouya game console 这个项目[2] 筹集到了 860 万美元（合 5 590 万元人民币），Pono Music 项目[3] 筹集到 620 万美金（合 4 030 万元人民币）。Pebble 项目在 2012 年创造的成功筹款记录是 1 026 万美元，其第二次众筹打破了前一次纪录，共从 78741 个支持者处得到资金 2 000 万美元。

在 Indiegogo 上还有一个比较知名的项目叫 Ubuntu Edge，目标是筹集

---

[1]　详见 https://www.kickstarter.com/projects/ryangrepper/coolest-cooler-21st-century-cooler-thats-actually/description。

[2]　详见 https://www.kickstarter.com/projects/ouya/ouya-a-new-kind-of-video-game-console/description。

[3]　详见 https://www.kickstarter.com/projects/1003614822/ponomusic-where-your-soul-rediscovers-music/description。

3 200 万美元。虽然它最终没有成功（仅筹集了约 1/3，共 1 200 万美元），但即便如此，1 200 万美元也是个巨大的数字，可见众筹的力量有多么强大。

3. 众筹成功率

对产品众筹来说，根据 Kickstarter 的网站，其成功率是 38.9%；根据网络上的报告，Indiegogo 的成功率约为 33%。许多较新的平台成功率一般在 5% ~ 12%。另外，根据 Massolution 的报告，如果一个产品众筹项目能够在上线的第一周就获得 25% ~ 30% 的目标金额，那么最后的募集成功率会超过 80%。而股权众筹的成功率大约在 24%。

（四）领域分布

2012 年，从全球范围来看，众筹资金用于商业创业项目所占的比例是 16.9%，在社会公益之后，排名第二。2013 年，商业创业项目一跃成为排名第一的众筹领域，众筹交易金额为 18.6 亿美元，约占当年总交易金额 61 亿美元的三成。2014 年，商业项目的众筹金额上升为 67 亿美元，约占总交易额 162 亿美元的四成。

从 2013 年开始，社会公益类项目从第一名变成了第二名。2013 年时 12 亿美元，占 20.1%，2014 年为 30.6 亿美元，占 18.9%。其次是电影类众筹项目从 2013 年的 11.97%（7.27 亿美元）上升为 2014 年的 12.13%（19.7 亿美元）。排名第四的是不动产众筹项目，房地产众筹起步晚但是发展非常快，从 2013 年的 3.96 亿美元（6.23%）快速上升到 2014 年的 10.1 亿美元（6.25%）

排名第五的是音乐类，占比从 2013 年的 4.95% 略微下降到 2014 年的 4.54%，金额分别为 3.01 亿美元和 7.36 亿美元。科技类众筹的名次在 2013 年和 2014 年变动比较大，2013 年排名第四，交易金额为 6.03 亿美元，占比 9.93%；在 2014 年排名下降为第六，交易金额为 7.08 亿美元，占比 4.36%。从第七名开始，各类众筹所占份额都不太高，基本都在 1% ~ 2%。

表 2-6 列示了众筹项目在各领域之间的分布。

表 2-6　众筹项目在各领域之间的分布

领　　域	英 文 名 称	2013 年	2014 年
商业与创业 /%	Business & Entrepreneurship	30.66	41.26
社会公益 /%	Social Causes	20.08	18.85
电影 /%	Films&Performing Arts	11.97	12.13

领　域	英 文 名 称	2013 年	2014 年
音乐 /%	Music & Recording Arts	4.95	4.54
科技 /%	Science & Tech	9.93	4.36
不动产 /%	Real Estate & Property	6.23	6.25
能源 /%	Energy & Environment	1.33	1.61
时尚 /%	Fashion	1.24	1.20
艺术 /%	Art （general）	1.81	1.68
出版 /%	Publishing	1.77	1.62
其他 /%	Others	8.87	5.5
总交易金额 / 亿美元		61	162

（五）行业格局

Massolution 的报告对全年众筹交易总额在各个平台上的分布也做了统计，其结果再次印证了经典的 80/20 规则：大约 80% 的收益由 20% 的平台所创造。

2011 年，全年众筹交易金额为 14.8 亿美元，其中 67% 的交易额是由全球最大的 5 家众筹平台完成，83% 的交易金额是在全球最大的 10 家众筹平台上完成。但是 2013 年时，全球众筹金额为 35.4 亿美元，前五大平台的市场份额下降了大约 8%，降到 59% 左右。前十大平台的市场份额下降了 11%，降为 72%。2014 年，前五大平台和前十大平台的市场份额继续下降，前五大平台下降为 52%，前十大平台下降为 67%。总的来看，这三年中前五大和前十大平台的市场占有率连年下降，分别下降了 15% 和 16%，如表 2-7 所示。

虽然前五大平台的市场份额连年下降，但始终还是占据着半壁江山。同时也说明不断涌现的新平台在不断创新，吸引更多的众筹项目上线，不断蚕食着巨头的市场份额。

表 2-7　前五名市场份额及前十名市场份额

年份	前五名 / 亿美元	市场份额 /%	前十名 / 亿美元	市场份额 /%
2011	9.85	67	12	83
2012	16.7	62	20.5	76
2013	35.4	59	43.6	72
2014	86	52	110	67

但是如果将视野缩小到某一个大洲来看，情况又不一样，北美洲的市场变化和欧洲的市场变化就截然不同（见表2-8、表2-9）。近几年来北美洲巨头的市场份额几乎没有大的波动，市场地位稳固，然而欧洲巨头的市场份额却逐年递减，下降非常快。

表 2-8　北美洲的前五名及前十名市场份额

年份	前五名 / 亿美元	市场份额 /%	前十名 / 亿美元	市场份额 /%
2011	6.11	73	7.45	89
2012	12.5	78	14.4	89.5
2013	31.3	81	34.7	90
2014	75.8	79.5	83.8	88

表 2-9　欧洲的前五名及前十名市场份额

年份	前五名 / 亿美元	市场份额 /%	前十名 / 亿美元	市场份额 /%
2011	5.55	95	5.66	97
2012	7.84	83	8.60	91
2013	10.2	75	11.7	86
2014	20.7	64	24.5	75

（六）行业容量

如表2-10、图2-5所示，据Massolution的统计数字，截至2014年，全球共有1 250家众筹平台，而在2007年仅有100家，从2008年开始每年都在增加，在2012年平台数量增加速度达到最快，共增加了80%的平台数量，随后开始放缓，2014年较2013年平台数量仅增加了21%。

表 2-10　历年平台数量

年份	平台数量 / 家	增加速度 /%
2007	100	25
2008	138	38
2009	200	45
2010	294	47
2011	452	54
2012	813	80
2013	1013	27
2014	1250	21

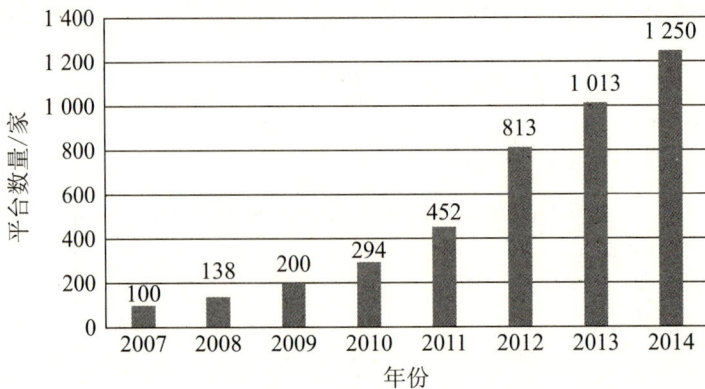

图 2-5　历年平台数量

如表 2-11 所示，具体到 2014 年，1 250 家众筹平台主要分布在欧洲、北美洲和亚洲，共计 1 144 家，其余 106 家平台分布在南美洲、大洋洲和非洲。在这 1250 家众筹平台中，产品众筹平台有 645 家，股权众筹平台有 236 家。

表 2-11　众筹平台的地理分布情况

地域	平台数量 /家	众筹金额占比 /%
欧洲	600	48
北美洲	375	30
亚洲	169	13.5
南美洲	50	4
大洋洲	37	3
非洲	19	1.5
汇总	1250	100

（七）行业巨头

2014 年产品众筹平台全球排名前五的如表 2-12 所示。

表 2-12　2014 年产品众筹平台排名

	平台	众筹金额 / 亿美元	国家
1	GoFundMe	4.5 ～ 5.5	美国
2	Kickstarter	4 ～ 4.5	美国
3	Indiegogo	2 ～ 2.5	美国
4	Ululu	0.25	法国
5	Fundrazr	＜ 0.25	加拿大

2014 年股权众筹平台全球排名前七的如表 2-13 所示。

表 2-13 2014 年股权众筹平台排名

	平台	众筹金额 / 亿美元	国家
1	EquityNet	2.5 ~ 3	美国
2	Fundable	1.5	美国
3	Angelist	1	美国
4	Crowdfunder	0.75 ~ 1	美国
5	CrowdCube	0.75 ~ 1	英国
6	WeAreCrowdfunding	0.5 ~ 0.75	美国
7	OurCrowd	0.5 ~ 0.75	以色列

二、中国国内众筹

（一）总体概况

清科研究中心于 2015 年 7 月发布的《2015 年中国众筹市场发展报告》对 2014 年全年我国众筹市场上发生的众筹情况做出了概括，如表 2-14 所示。

表 2-14 2014 年国内 13 家主要众筹平台

	众筹项目数 / 家	筹款金额 / 万元	目标金额 / 万元
产品众筹	4 906（61%）	30 488（22%）	28 089
互联网私募股权[①]	3 096（39%）	110 612（78%）	356 329
合计	8 002（100%）	141 100（100%）	384 418

注：5 家互联网私募股权平台：天使汇、原始会、大家投、天使客、众投邦；8 家产品众筹平台：众筹网、追梦网、淘宝众筹、乐童音乐、觉、京东众筹、中国梦网、淘梦网。

表 2-14 表明，2014 年我国主流众筹平台上共计发起项目 8002 起，目标金额合计 38.44 亿元人民币，实际筹款 14.11 亿元人民币（实际筹款金额小于

---

① 重要说明：由于我国还没有出现真正意义上的股权众筹平台，所以利用股权通过互联网进行融资主要是以"互联网私募股权"的形式进行，这一点在第一章已经做过说明。

目标金额是因为并非每个项目都会顺利筹集到自己设定的金额目标，有些项目只会筹集到一部分，有些无人问津的项目甚至一分钱都筹不到）。在这总共 8 000 多起项目中，产品众筹项目共 4 906 起，占 61%，然而其筹款金额却远远小于私募股权项目，其筹款金额仅占总金额的 22%。可见，我国众筹在 2014 年时的情况是：两类众筹项目的上线项目数量相差不大，但是在融资金额上差距悬殊，私募股权的筹款金额显著高于产品众筹。

另外，零壹财经旗下的零壹研究院数据中心也在 2016 年 2 月 24 日发布了《2015 年中国互联网众筹年度报告》。报告给出了我国众筹行业从 2011—2015 年的统计数据：我国众筹行业从 2011 年正式开始发展，当年成立了 4 家平台。之后 2012 年和 2013 年平台数量陆续增加，但是发展速度不愠不火，每年仅增加 10 ～ 20 家平台。然而，从 2014 年开始，众筹平台增加数量开始井喷，连续两年每年都会新增 160 家平台左右。至 2015 年时我国已经存在众筹平台 365 家，其中超过一半（193 家）平台存在于北京、广东、上海三所城市。具体情况如图 2-6 所示。

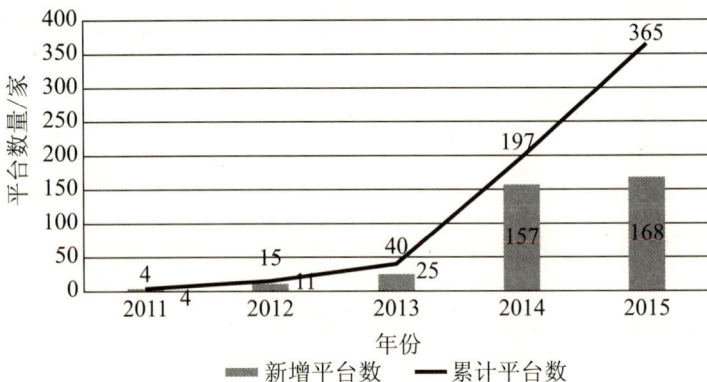

图 2-6　平台数量趋势

虽然 2014 年和 2015 年众筹平台数量急速增加，但是火爆的发展也意味着竞争的加剧，所以在 365 家平台中，零壹研究院观察到已经有 84 家处于倒闭或者停业状态，因此实际上正常运营的平台数量大致在 281 家左右。在这 281 家正常运营的平台中，超过一半平台是互联网私募股权平台（约 146 家）。在剩余的 135 家平台中，产品众筹平台占据 6 成，约 87 家，其他几十家平台为混合式众筹平台（兼做产品众筹和私募股权），如图 2-7 所示。

平台数量

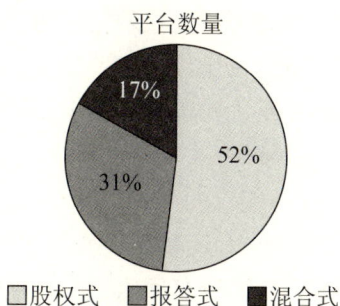

图 2-7　我国众筹平台分布格局

（二）主流产品众筹平台

1. 2014 年情况

根据清科研究中心的报告，对当时国内 8 家主流产品众筹平台（众筹网、追梦网、淘宝众筹、乐童音乐、觉、京东众筹、中国梦网、淘梦网）的数据进行统计，共发生项目 4 906 起，具体每一家平台的详细情况，如表 2-15 所示。

表 2-15　2014 年各家众筹平台数据

平台	项目数 / 个	筹款金额 / 万元	支持人数 / 人
众筹网	1 964	6 149	165 137
追梦网	871	1 622	54 803
淘宝众筹	544	6 354	585 933
乐童音乐	400	419	35 961
觉	329	132	3 434
京东众筹	301	14 716	591 742
中国梦网	291	824	42 217
淘梦网	206	271	2 207
合计	4 906	30 488	1 664 946

由表 2-15 可见，2014 年在项目总数 4 906 个中仅众筹网就发起了 1 964 个项目，几乎占总项目数的 40%，从发起项目个数这个指标上看当年众筹网一家独大，占据着市场的领先地位。但值得关注的是在支持人数这项指标中，众筹网仅有 16 万人次，而淘宝网和京东众筹的支持人次均接近 60 万，远远高于众筹网。另外在筹款金额当中，京东众筹当年筹款 1.4 亿元，远远超过其他

任何平台。以上数据表明，总体来说，众筹网、淘宝众筹、京东众筹三家平台名列前茅，但是各有优势。众筹网虽然上线项目多，但是支持人较少，筹款金额也不多；淘宝众筹、京东众筹上的项目虽然少，但是支持人数巨大，说明项目质量较高，比较受支持者的欢迎。

2. 2015 年情况

根据零壹财经旗下的零壹研究院数据中心发布的《2015 中国互联网众筹年度报告》，2015 年全年累计筹款 27 亿元人民币，大约是 2014 年金额的 10 倍。各家平台的明细数据如表 2-16 所示。

表 2-16　2015 年各家众筹平台数据

平台	项目数 / 个	筹款金额 / 万元	支持人数 / 人
京东众筹	2 216	113 622	6 372 635
淘宝众筹	2 207	93 346	5 363 756
苏宁众筹	341	31 338	878 647
众筹网	2 221	7 981	381 678
DREAMORE	9 943	1 833	180 681
观众筹	23	860	97 662
优酷众筹	20	188	84 131
摩点网	116	779	71 195
乐童音乐	316	408	40 995
开始众筹	53	1 609	24 880
创客星球	58	1 986	18 834

2015 年与 2014 年相比最大的看点是：①电商巨头苏宁进入产品众筹领域，成为新的搅局者，并且表现不俗，当年获支持人数 87 万人，名列第三。②电商系平台大举发力远远超过 2014 年领先的众筹网，尤其是京东众筹和淘宝众筹合计全年筹款 20 亿元，支持人数超过 1 千万人次。在电商系的猛烈进攻之下，众筹网昔日的辉煌很难继续保持。③追梦网关闭电脑端平台，调整业务模式为手机端平台，并更名为 DREAMORE。转型之后，在项目个数上遥遥领先，全年上线项目 9 943 个，是第二名众筹网的近 5 倍。这是因为其专注于手机端，所以便于大家发起项目，而且项目更加亲民，每个项目金额较小，平均每个项目筹集金额在 1 800 元左右。

3. 2016 年情况

据零壹研究院数据中心统计显示，2016 年第一季度我国产品众筹已经成功筹款约 8 亿元。从表 2-17 的明细数据中可以看出，产品众筹平台第一梯队的组成已经比较稳定，基本上是淘宝、京东、苏宁三家。这三家众筹平台在筹款金额和支持人数两个指标上合计可以占到整个市场的 90%。 另外，开始众筹和众筹网基本上属于第二梯队，第一季度已经完成筹款金额近千万元。可见，目前产品众筹市场的竞争格局分化十分严重，第一梯队与第二梯队之间的差距是 10 倍的数量级。

表 2-17　2016 年各家众筹平台数据

单位：万元

平台	筹款金额
淘宝众筹	31 969
京东众筹	26 591
苏宁众筹	15 981
开始众筹	2 330
众筹网	1 298
DREAMORE	300
优酷众筹	45

（三）主流互联网私募股权平台

1.2014 年情况

根据清科中心的数据，2014 年国内 5 家主流股权众筹平台的数据如表 2-18 所示。

表 2-18　2014 年各家股权众筹平台数据

平台	项目数 / 个	筹款金额 / 万元	支持人数 / 人
天使汇	2 607	76 900	2 000
原始会	281	19 404	1 526
大家投	185	3 933	932
天使客	18	2 875	556
众投邦	5	7 500	59
合计	3 096	110 612	5 073

全年共发生项目个数 3 096 个，共筹集资金 11 亿元，但是支持人数较少，仅 5 073 人，平均每位支持者支持 22 万元。这样的情况与产品众筹形成鲜明

对比，产品众筹在当年有超过 166 万人参与，而互联网私募股权仅有 5 000 多人参与。这是因为互联网私募股权的项目筹款金额较大，而且对支持者设置了财富准入门槛，即只有个人财富达到一定水平才允许参与支持，因此参与者基本上财富实力雄厚，单笔支持金额也更高。另外，在这些支持者中也有一些不是自然人，而是法人形式的投资类公司，主业就是股权投资，所以单笔支持金额会很高。

另外在行业格局上，可以看到在 2014 年，天使汇在各项指标上均遥遥领先，筹款金额更是一家独大，独揽 7.6 亿元筹款额。由于天使汇起步较早，而且在 2014 年其他电商巨头还没有进入股权众筹领域，所以天使汇在当年毫无疑问是互联网私募股权的领导者。

2. 2015 年情况

根据零壹财经的数据显示，2015 年互联网私募股权领域发生的最重大事件就是京东的进入，京东给自己的互联网私募股权平台起了一个恰如其分的名字，叫作"京东东家"。由于京东的品牌深入人心，而且访问流量巨大，东家上线后就受到了大家的关注，全年完成筹款金额 7 亿元。同时，由于京东东家、人人投、爱就投的崛起，将互联网私募股权市场中的客流大量分流，使去年叱咤风云的天使汇、原始会、大家投等平台都被甩在后面（见表 2-19）。

表 2-19　2015 年各家互联网私募股权平台数据

单位：亿元

平台	筹款金额
京东东家	7
人人投	4
爱就投	3.56
众投邦	3.05
天使汇	1.4
大家投	0.87
原始会	0.59

3. 2016 年情况

根据零壹财经发布的《互联网众筹 2016 年一季度报告》，2016 年第一季度已经完成筹资约 18 亿元。有互联网巨头背景的互联网私募股权平台越来越多地进入大家的视野，除了毫无悬念的京东东家仍然名列第一以外，还有阿里巴巴旗下的蚂蚁达客冲刺到第三名，筹款 1.35 亿元，以及奇虎 360 旗下的 360

淘金在一季度实现筹资 5 500 万元（见表 2-20）。另外，报告中还提到 2016 年第一季度筹款成功的项目达到 209 个，其中近一半项目的筹款金额不超过 300 万元，而也有 39 个项目筹款金额超过 1 000 万元，最后平均下来，每个项目的平均筹款金额在 700 万元左右。

表 2-20　2016 年各家互联网私募股权平台数据

单位：亿元

平台	筹款金额
京东东家	3.45
众投邦	1.73
蚂蚁达客	1.35
爱就投	1.31
人人投	0.68
360 淘金	0.55
天使汇	0.35

第三章

产品众筹

一、产品众筹简介

产品众筹是共同体众筹中的一种，是指发起人会以自己的产品（或服务）作为回报在约定时间发送给支持者，从生产前的筹款，到生产中的调试，再到生产后的客服。在这一整套流程中发起人与支持者被互联网凝聚成一个紧密的整体，共同决定着一个产品的发展走向，具有产销合一和互帮互助的特点。虽然产品众筹可以众筹的对象范围很广，但是在当前创新创业的大环境下，大多数项目都集中于新产品的众筹。发起人设计出一款新产品，在此产品尚未量产前对外进行宣传，如果有人对这个产品感兴趣，希望在未来拥有并消费它，就可以提供资金支持这个产品的研制，发起人在众筹成功后，将筹集到的资金用于新产品的研制和生产，在这个过程中，如果研制成功则需要在约定的时间将产品发送给支持人，如果研制失败则需要按照众筹时所签订的协议进行友好协商解决方案或者补偿支持者。产品众筹作为一种新颖的商业模式，在创新创业领域具有不可估量的商业价值，不仅可以帮助发起人筹措资金、检测市场、宣传品牌，还能帮助支持者获得自己需要的新产品，并且在新产品的研制过程中获得发言权。

二、产品众筹的要素

（一）筹款模式

当你决定发起一项产品众筹时，需要知道在资金筹集模式上有两种类型：

固定型（fixed）与灵活型（flexible）。所谓固定型，是指你要在筹款时公布自己的目标金额和目标时间，只有在目标时间内实际筹集金额触及目标金额或者超过目标金额时，你才有资格将这些款项收入囊中，如果在规定时间内，网民们的热情不足以达到目标金额，整个筹款就宣告失败，并且在这期间已经约定的出资，你一分也不能拿，要悉数退还给出资人。所以固定型在欧美还有一种称呼叫"all-or-nothing"，十分形象，意思是"要么全拿走，要么一分不留"。这种"不成功则成仁"的游戏规则非常具有挑战，比如你宣布要在 30 天内募集 1 万元，在最后一刻实际募集到 9 999 元，虽然只差 1 元但也不算成功，要把钱全部原路退回。听起来很残忍？但这就是游戏规则。另外一种类型就温和许多，灵活型筹款模式是即使最后一刻实际筹款没有达到目标金额也没关系，无论募集是多是少，你都有资格来使用这笔钱。

（二）目标金额

目标金额是发起人需要筹集的金额，是需要在一定时间内完成的一个终点金额。产品众筹项目的目标金额没有什么要求，从几百元到上百万元的项目都有，这要根据发起人想干的事情和所需的资金决定。

（三）筹款时限

这个要素是指这场众筹的时间限制，因为筹款不能一直无期限地进行下去，而是要在一定期限内结束。对于固定型筹款模式，从项目上线第一天开始，所筹目标金额一定要在规定的时间内（如 30 日）筹集完毕，否则该项目会在一个固定时间点截止，到时候如果实际筹集到的金额大于等于目标金额，众筹项目才宣告成功，发起人才能获得支持者支持的金额，否则要把筹集来的资金原封不动地退换给支持者。

（四）回报内容

所谓回报内容，是指发起人从支持人处获得资金用于生产后对支持人给予的回报是什么。产品众筹顾名思义给予支持人的回报就是资金所用于研制和生产出的产品，该产品一般是市面上没有销售的、由发起人创新开发的、对支持人有使用价值的物品，如智能硬件、软件 APP、一张唱片、一张电影票、一本书等。除了这种常规的产品回报以外，发起人为了能够加快筹款进度，使筹款进度能够提前达到某个目标节点，还可以设置一些辅助性的趣味回报，让支持人更愿意支持你的项目，比如，①恶作剧老板。如果众筹能够超过 100% 则让公司老板带着红色的假发去坐地铁上班，并找记者跟拍。如果众筹能够超过 200% 就让公司老板带着副总们集体男扮女装在写作楼前跳"小苹果"，并找记者报道。试想一下这些画面，人都喜欢看别人出洋相，那么在这些趣味性刺激下是否会加快支持者的支持呢？②将做某个动作与支持人数挂钩。比如项目发起人可以设置这样的回报，如果 1 元的支持能够积满 1 000 个，那么发起人就在线直播连做 1 000 个仰卧起坐。支持得越多，发起人一次性需要做的个数就越多。总之，产品众筹作为一种互动性较强的互联网行为，主要回报内容是具体的产品，此外，还可以辅助以更多有新意的回报内容，为发起人增加营销上的亮点。

（五）产品交付时间

许多产品众筹都会设定一个产品交付的时间，即在众筹结束之后的多长时间内，发起人可以把产品交付给支持人。比如，京东众筹上的许多项目都是在项目成功结束后的 30 天内向支持者交付，这是因为京东上目前上线的众筹项目已经基本试产成功，众筹成功后开启量产就基本上可以发货，所以时间较短。

然而，在国际上，Kickstarter 或者 Indiegogo 上的项目，许多项目在众筹时只是一个想法，或者仅仅自己做了一个硬件的样品，众筹成功后，发起人面对大量的订单，需要去寻找工厂、组织生产、检查货品、组织发货等进行一系列工作，所以时间往往需要很长，许多项目的交付时间都是半年或者 1 年。

（六）文案

文案是众筹中发起人与支持人间沟通最重要的信息载体，是发起人用来打动支持人的宣传材料。一般以图文并茂的形式出现，要将发起人想要表达的想法通过图片、文字、视频等形式展现出来。国外众筹项目的文案一般都会有一段精心录制的视频；国内众筹早期是有视频的，可是发展到现在视频很少出现，主要是以图片形式出现。

文案要把发起人要做的事情说清楚，这件事有什么意义，发起人发明创造的东西有什么功能特点等，这些事情要在文案中交代清楚，而且要用心去排版，让支持人看出你的认真，这样才会增加对你的信任。根据沃顿商学院教授 Mollick 的研究，文案中出现错别字会影响众筹成功的概率。[①]

三、产品众筹的工作原理

（一）产品众筹从 0 到 1 的力量在哪

众筹可以让你周围爱你的人、支持你的人为你做力所能及的事情，正是他们的支持可以让你的众筹实现从 0 到 1 的转变。在你发起一场众筹之前，也许你的生活中身边有许多人都想支持你想做的事情，但是他们却很少能够帮得上忙。因为他们可能不知道你的人生使命是什么，你的计划是什么，比如你的父母和长辈，他们和你由于年龄和接触的事物都不一样，有时候很难理解你打算要做的事情，就算你跟他们说了，他们也可能不理解，但是他们有一颗爱你的心和准备帮助你的力量。另外，你还有许多老同学、老朋友，大家也都是互相关心、互相支持的，他们也愿意支持你，但是很可能无法跟着你出来创业，或者为你出谋划策，但是他们也在那里随时等待着支持你。

然而，这一切等待帮助你的贵人们在你正式启动一场众筹之前都只能默默等待，没有一个合适的机会让他们对你伸出援手。然而，当你深思良久准备开启一场属于自己的众筹后，这一切都变得不一样了，所有这些亲友团、后援军都似乎找了清晰的办法来支持你要做的事情。你通过众筹平台，提交自己的文案，搭建自己的众筹页面，把自己的心声、愿景、计划、求助都写得清清楚楚，这时所有关心你的人都可以通过众筹页面来了解你的内心世界，知道你到底要做什么，此时亲友团们直接用资金支持你，或者开动自己的人脉帮你转发网址，将你的众筹页面带到更多人面前，让更多的人了解你，剩下的事情就看你的文案能否打动那些看到页面的陌生人了。

[①] 详见 Ethan Mollick 发表在 *Journal of Business Venturing*（2013）上的文章 "the dynamics of crowdfunding: an exploratory study"。

（二）亲友在产品众筹中的助推作用

你难道在怀疑这种亲友团的助力作用吗？那么请想想以下几个例子来打消你的疑虑。在几年前湖南电视台举办的《超级女声》《快乐男声》等节目打开了民众选秀的先河，当时每位选手上台时，台下都会有亲友团在现场支持，最后在选手晋级的过程中，还有一个电视观众投票的机制，这时亲友团都会为支持的选手奔走相告、到处拉票，希望更多的人把票投给自己的选手。那时好不热闹，一个选手的晋级，不仅包括选手在台上的竞争，更大的战场还在亲友团的支持拉票战中。另外一个例子是，现在随着微信的推广，大家使用微信的频率越来越高，在微信群中，现在谁没收到过几条朋友发出的帮忙投票的消息？类似的短消息我们几乎经常收到，有时是朋友孩子的学校在进行英语演讲比赛，要由网友来投票支持决出最后的胜利者，有时是朋友的朋友在参加最美金融工作者评选，这时我们几乎都会毫不犹豫地随手一点帮助投票，要么帮助转发。这就是亲友团向外辐射传播的威力，虽然我们不认识被投票的人，但是我们之间有一个都认识的人作为中介，我们就会更愿意帮助传播。

（三）产品众筹中的大众传播链条

众筹中一件很重要的事情就是把你自己推销出去，让人们知道你能给这个世界带来什么样的"礼物"，让他们知道如果他们刚好想要，他们可以在你这里得到，另外，如果他们自己不需要但认识一些需要的人，那么，他们在有机会时也会把你的"礼物"推荐给需要的人。

众筹有魅力，其中一点就是不仅可以让你把自己认为有价值、有意义的事情告诉别人，而且可以让别人把你做的事情替你传播出去。当别人替你传播你的信息时，一旦消息传播链条开启，这种传播的威力就会以指数级的形式扩张起来，最后传到巨大的受众那里。比如你将自己的众筹告诉了 3 个朋友，这 3 个朋友又将你的众筹告诉了 3 个他们的朋友，接着这些朋友的朋友又分别告诉各自的朋友，试想一下，每经过一次信息的转播，人数就会增长一大截，这个传播速度会越来越快。$3×3×3×3×3×3×3×3×3×3=59\,049$ 人，如果信息能够转载 10 层，最终接收到你众筹信息的人数将达到约 6 万人！多么惊人的数字。

试想一下，你认识的人都在和他们所认识的人谈论你的计划、你的产品、你的创意，那是多么美妙的一种感觉。要知道，你现在身边这些关心你的亲朋好友都希望帮助你，只是他们以前不知道该怎么做，也没有合适的渠道和途径让其可以贡献自己的力量。但是众筹却给了他们这个机会，他们哪怕不出钱，仅仅是将你众筹的信息转发给他们的亲戚朋友就是在为你提供巨大的帮助，因为刚才我们已经描述了指数型递增的模型，在传播的链条中，越靠后的环节，每转发一次都会带来巨大的人数增量。通过亲友们的传播，实现了大规模的受众人数，接下来这些人在浏览你的众筹页面和文案时，就会有一部分转化为愿意为你埋的支持者，真正支持你的愿景和事业。

（四）产品众筹中的信任是怎样建立起来的

最后，在这个从大规模信息接收者向真正买单的支持者转化的过程中，有一个转化率的问题。亲友的支持属于早期支持，几乎能够帮助你完成目标金额的 15% ～ 25%，剩下的部分就需要靠亲友向外传播辐射而带来的浏览人群了。这时要知道，互联网上交易的达成，一个重中之重的环节就是——信任！如何能够增加浏览者对你项目的信任，如何增加浏览者对你这个人的信任，在极大程度上决定了最后众筹的成功。可以增加信任的途径主要有以下三条。

1. 熟人搭桥

这就是上面我们说的，有可能某个人 A 并不认识我，但是却认识我的大学同学 B，那么当我众筹时，我的大学同学把我的众筹项目推荐给了 A。如果是一个陌生人的项目，A 有可能不会考虑支持，但是由于 B 是 A 发小，A 认为 B 信得过，所以间接地认为我也信得过，所以就会考虑支持我的众筹项目。这种现象，在当前的互联网话语体系中喜欢用一个词叫作"背书"，即 B 在 A 那里为我的信用提供背书，其实就是提供一种担保。

2. 明星效应

由于明星稀少，而且粉丝基础广泛，所以明星似乎天生就具有一种号召力。一般我们听说某个众筹项目是黄晓明投资的项目或 Angelababy 入股的项目，就会和其他同类项目产生一个不一般的感觉，这也是为什么各厂商要请明星做广告为自家产品代言。明星的存在的确会让受众对一个项目的信任感增强。

3. 大数定律

另外，当一个陌生人并不是朋友介绍过来看到你的项目，也不是冲着明星效应来浏览你的项目，而是恰巧打开了京东众筹的网站，一个一个地浏览众筹项目，那么此时这个浏览者会怎么进行决策呢？当然，这个浏览者在最终决策前要考虑的因素很多，但是的确会出现一种跟随现象，就是当一个众筹项目已经有很多的支持人数时，这个浏览者更容易做出支持的选择。因为通常一个众筹项目的界面都会把每一时刻的支持人数列在项目首页，当一个浏览者看到此时已经有 1 000 人支持过该项目，另外一个类似的项目仅有 3 个人支持过，那么在同等条件下，这个浏览者更可能支持前者，因为似乎人数中"1 000"这个"大数"带给这个浏览者一种信任感。

（五）产品众筹的成人之美效应

笔者在对追梦网的 961 个众筹项目的研究中发现，在一个众筹项目的筹款晚期，有很显著的成人之美效应，即如果大家看到一个筹款项目的筹款进度快接近 100% 时，出于帮助发起人实现筹款目标的动机，会有很多人支持资金帮助那些临近筹款成功的项目完成众筹。比如，当某个人看到一个项目还有 3% 的金额没完成时，会觉得这时自己伸出援手更有分量和决定性意义，可能稍微帮助一下就可以把一个计划变成现实，而如果没有支持，整个项目之前积累的努力就付之东流了，所以会觉得自己举足轻重。

四、产品众筹与团购的关系

产品众筹涵盖的范围较广，既有某个人发起的项目，也有某个企业发起的项目。那些个人发起的项目，显然不会与团购产生混淆，因为团购的发起人一般是一个商家，只有当某个商业组织发起产品众筹项目时，才会与团购产生辨析的需要。

（一）二者的相似之处

首先，二者都不属于金融行为，这一点与股权众筹有所区别。其次，二者都是"一对多"的模式，产品众筹是"面向众人筹集资金"；团购是"大家组团一起购买"，发起人所面对的都是一个由许多人构成的群体。

（二）二者的区别

1. 发起人的地理属性不同

团购的发起人基本上是本地商户，一旦登录团购网站，一般先会自动定位浏览者所在的城市，然后给出当地美食、酒店、电影、KTV、休闲等消费场所的打折信息（见图 3-1）。然而产品众筹的发起人却不必非得是本地企业，可以是全球各地的商业组织，没有地理上的限制。

图 3-1　团购网站的界面（左上角会显示当前城市）

2. 发起人所处的阶段不同

产品众筹的发起人一般处于创意研发阶段，其产品和服务还没有完全成熟、成形，其发起众筹更像商家的预售行为。然而，团购发起人的产品和服务已经成形，比较成熟，其发起团购更像一种批发行为。在团购中，大多数产品和服务是已经存在的商品，而产品众筹中的东西大多数都尚不存在，需要大家支持才有可能出现。

3. 发起人的目的不同

产品众筹的发起人众筹的目的包括测试需求，判断是否有必要进行量产。如果市场反响强烈，则顺便获取流动资金用来组织生产进行交付。然而，团购则没有测试需求这种目的，其主要目的是将已经比较受市场认可的产品进行大量的营销，扩大销售成果。

4. 团购没有情感上的内容，仅仅是买卖关系

团购没有使命感和灵魂层面的交流。在团购中，商家不会告诉你自己企业的使命是什么，不会跟你交流一些人生意义上面的东西。因为没有这种深层次的交流，很难实现那种情感上的连接。团购现在基本上已经变成一个"打折集

中营"的代名词，当你消费想到打折时，第一反应是看看大众点评或者美团上有没有打折的信息。然而在产品众筹中，支持人和发起人之间是存在情感联系的，他们认同发起人所描述的梦想，认可发起人所分享的人生价值和商业理念。

五、什么项目适合产品众筹

虽然现在整个众筹行业在不断发展壮大，但是由于还处于摸索阶段，大部分众筹项目都有可能失败。美国沃顿商学院的学者 Mollick（2014）发现，Kickstarter 上众筹项目的成功率不到 48%。这就自然引发我们思考什么样的项目适合众筹，什么样的项目不适合众筹？要知道众筹并不等于提款机，众筹只是借助互联网让创意能够接触众多潜在资助者的更有效的方式，这是相对于过去所采取的电话营销或者亲自会面的方法而言。因此，要做众筹，首先要判断众筹项目适合与否。通过分析众多案例，我们发现能从众筹活动中获得大笔资金的初创公司通常具有以下五个特点。

（一）项目要具有独特性

众筹很重要的特点就是要打动大家，怎么打动别人呢？要么你的产品是创新性的，让人耳目一新，比如，宝宝排尿后马上通知你的智能纸尿裤就属于闻所未闻的创新品，要么就是具有地理和文化的独特性，比如，镇江有金山寺，这就是独特的文化，如果开发金山寺的旅游众筹，这就是独一无二的地理文化众筹。

（二）众筹的产品要具有易复制性

对产品众筹来说，发起人需要在给定时间内向支持人发送相应的产品，如果产品不易复制，需要个性化逐一定制，则会延长交付时间，就会导致后续交付的产品风险。相反，如果产品易于复制，易于量产，给支持人的回报就会容易，这样就比较适合众筹。比如，做音乐的歌手发起众筹，粉丝们支持他资金用来灌制唱片，作为回报他将录制好的 CD 发送给支持者，CD 的复制成本太低了，这样也就使回报变得简单。还有就是电影的众筹，前段时间阿里的娱乐宝，投资一点钱之后，拍完电影作为回报给你一张电影票，你就可以看了。另外是教育类的众筹，为了孩子的教育大家众筹一堂课，每一个人出一点钱请一个老师来讲课，这些有极好复制性的产品就十分适合众筹。

（三）众筹产品一定要有极强的可感知性

众筹的产品要直观明了，直击消费者的痛点，让消费者通过你的视频、图片和文案就能马上明白你是做什么的，能为消费者带来什么价值，帮助消费者解决什么麻烦。因为众筹毕竟是让支持者来支持你的，如果你是生产轴承的，可能很难打动别人。和老百姓"衣食住行用"息息相关的项目可能更容易众筹，比如，智能纸尿裤的场景感就非常强，让在该场景中捉襟见肘的父母们立刻产生遇到知音的感觉，觉得该产品就是来拯救自己的一样。

（四）某些众筹物品要具有不可分割性

像房屋、汽车、土地这类物品都属于金额大且不易分割的整体物，这样的产品大家在众筹时，每个人只需要出很少的钱，就可以参与金额庞大的项目，这样充分体现了众筹中"团结的力量"，让单个人无法参与的大额项目在集体的力量下参与进来。前段时间青岛市旅游集团也发起了一个众筹，如果你喜欢海钓，不会因为每年出去钓几次鱼就买一条海钓船，但如果大家一起众筹，每人每年用三天，这样就可以很好地使用海钓船了，而每个人只需要出很少的钱。

（五）自带"粉丝"的产品更容易众筹

许多成功的项目，本身都是拥有追随者的初创公司或艺术家，他们可以向追随者发布进行众筹的消息。比如，乐视网有一个很有名的众筹营销案例"我签 C 罗你做主"。当时正值世界杯热播，乐视网说只要在规定期限内，集齐 1 万人支持（每人投资 1 元），项目就宣告成功。项目一旦成功，乐视网就会签约 C 罗作为世界杯代言人，所有支持者也会成为乐视网免费会员，并有机会参与一系列的后续活动。由于 C 罗作为顶级球星本身就自带了若干粉丝，所以这种众筹一旦推出，这些粉丝就会前来助阵，想不成功都难。

但是也有几类项目不适合众筹。第一类是筹资量过大的项目。如果资金需求量太大，最后可能没有办法成功，因为在互联网上人和人很难建立很强的信任关系，资金需求量较少大家可能会投，但很大可能就不会投了，要通过线下私募或者其他的方式。第二类是不面对最终消费者的项目，大家感知不到你的产品在干什么，很难理解你的产品，这样不太适合众筹，也很难成功。第三类是过于复杂的产品，如火箭发射器或者某个高科技产品很难众筹，因为大家不了解，或者消费者难以认定的高精尖技术，大众的知识结构难以做出准确评判。第四类是从发起到得到回报时间过长的项目，因为消费者的忍耐力是有限的。

六、形形色色的产品众筹门户

（一）综合类产品众筹门户

这类门户网站的优点是点击量大，浏览人数众多；而且互联网媒体会经常光顾，并且给予持续报道，容易引起更多人关注。

1. GoFundMe

GoFundMe 这家众筹平台成立于 2010 年 5 月 10 日，位于美国加州的圣迭戈。经过 5 年的发展，这家平台目前已经成为全世界最大的一家产品众筹平台，在 2015 年在该平台上完成的众筹金额高达 20 亿美元，平均每天筹集 400 万美元左右。这家平台的众筹理念是开放式的，在这里项目没有截止日期，也没有目标金额，如果有人愿意支持，项目可以一直继续下去。由于该平台没有采用 "all-or-nothing" 的筹款模式，所以众筹项目没有成功失败一说，每一笔支持款项发起人都可以马上使用，只需要将其中的 5% 付给平台作为服务费用。目前该平台上最受欢迎的众筹项目集中在医疗、教育、志愿者、体育几个领域。

2. Kickstarter

从字面上理解，Kickstarter 包括 kick 和 starter。starter 就是我们所说的创业者、创始人；kick 就是踢。这个名字很形象地给我们展现了一幅画面：有个创业者由于资金受限停滞不前，我们想帮助他所以抬起脚狠狠地踢他屁股一脚，然后他就跑了起来。虽然画面很滑稽，却十分符合这个网站所做的事情。上面有各种有创意的人、有奇思妙想的项目等待启动，只要资金到位就能启动，所以对项目感兴趣的人就可以投出小额的资金，来推动项目的发展。

该网站坚持"all-or-nothing"的筹款模式，如果你的筹款没有达到目标，则无法获得资金，同时也不需要缴纳平台费用。如果达到目标要缴纳筹款额的5%作为平台服务费。

3. Indiegogo

从字面理解，一开始您可能会以为 Indie 是与印度有关的网站，或者是印度人开的网站，其实不然，通过查阅字典我们发现 Indie 是 Independent 的缩写，最早是指独立音乐人，独立电影人这类艺术工作者，后来含义逐渐丰富，包括各种自由职业者、独立工作人士。名字的寓意似乎是在对这类独立工作者说："快跑，快点跑起来。"其实也是要支持这类人的意思。

针对筹款模式不同，平台设计了不同的收费模式。对于灵活型筹款模式，如果筹集到目标金额则收取 4% 的服务费，如果没有实现则需要按 9% 收取。比如，你的目标金额时 1 万元，如果在结束时只筹集了 5 000 元，对灵活型筹款来说，你可以取得这 5 000 元的使用权，但是现在由于没有完成筹款目标，所以按 9% 收取服务费，你需要向平台缴纳 450 元。如果你完成了筹款目标并且超额完成，比如共筹集 1 100 元，此时平台只收取 4% 的服务费，即向你收取440 元。可见这样的机制是为了刺激发起人努力宣传自己的项目争取完成目标。

对于固定型筹款模式，没有完成目标不收任何费用，但是完成目标时会收取 4% 的服务费，相比 Kickstarter 来说便宜 1 个百分点。

（二）垂直类产品众筹门户

1. 淘梦网——专注于网络微电影项目 [①]

淘梦网在 2012 年 2 月上线，于同年 6 月开始专注于微电影项目的垂直型众筹。淘梦网建立的是一个电影人的线上社区，目前有制片人、导演等 2 000多位电影创作者，共计完成电影作品接近 4 000 部，这些作品会在多家合作渠道上发行，包括知名视频网站优酷、土豆、爱奇艺等，其在所有发行渠道上的视频点击量已经超过 50 亿次。

首先，淘梦网可以帮助电影团队解决其各种需求，除了资金需求以外，还可以发布剧本、演员、场地、设备等需求，不仅可以筹钱，还可以筹剧本、筹演员。在资金筹集方面，目前其网站上公布的成绩单位累计支持金额 540 万元，单项支持最高金额 153 万元，累计支持人数 4293 人。

---

① 　http://www.tmeng.cn.

2. 摩点网——专注于游戏动漫类项目①

2014 年 4 月摩点网成立于北京，是一家专注于以动漫、游戏、卡通为主的创意文化产品的众筹平台（见图 3-2）。其创始人黄胜利之前曾担任 TMT 投行华兴资本的董事总经理一职，参与帮助京东、滴滴打车、美丽说等多家知名企业获得过私募投资。黄胜利在创办摩点网的时候希望能够将其打造为一个"为有诚意的作品说话"的平台，希望让更多的人了解那些相对小众、但品质上丝毫不妥协的创意作品。发起人在摩点网可以众筹自己即将出版的漫画单行本，可以众筹自己研发的桌游卡牌，甚至还可以众筹资金去支援自己的偶像等。

图 3-2　在摩点网上众筹的漫画

3. 乐童音乐——专注于音乐类项目②

乐童音乐是国内最大的一家服务音乐事业的众筹平台，只要喜欢音乐的人都可以来这个平台上发起项目或者支持项目。发起人既可以在平台为自己的唱片制作众筹，也可以为自己的现场演出众筹。支持者支持唱片类众筹后可以得到相应的歌曲 mp3 或者实体专辑，支持演出类众筹后可以得到相应的演出门票。乐童音乐目前有两种筹款模式可以供发起人选择：固定型筹款如果达到筹款目标则收取 10% 的服务费；灵活型筹款如果没有达到筹款目标则收取 15% 的服务费。

4. Rallyme——专注于体育类项目③

Rallyme 是一家志在促进体育事业发展的众筹网站（见图 3-3），网站创

---

①　http://zhongchou.modian.com.

②　http://www.geekpark.net/topics/207720.

③　https://www.rallyme.com/.

始人的愿景是希望运动员和热爱运动的人不再因为经费上的限制而无法参与体育运动，希望为更多的人创造条件能够接触体育运动，从中体会到体育运动带给人生的种种美好。只要是与体育相关的项目都可以在该网站上进行众筹，发起人不仅包括运动员、教练等个人，还包括各种运动协会、俱乐部等组织。

该网站已经帮助许多项目成功完成了筹款，比如，一个叫 Caroline 的 15 岁小姑娘就筹集了 925 美元的路费，让她有路费前往西班牙接受皇家马德里俱乐部的足球训练。一个叫 MRU Elite 的青年足球队，在队员父母和球队工作人员的帮助下，通过该网站筹集了 4 010 美元的路费，进而能够前往西班牙进行比赛。2014 冬季索契奥运会的速滑选手 Brittany 也在网站上筹到了 8 626 美元，用来带着自己的家庭一起前往索契参赛。另外，一个足球俱乐部还筹集了 2 万美元用于帮助某个贫困地区的孩子建设足球场。

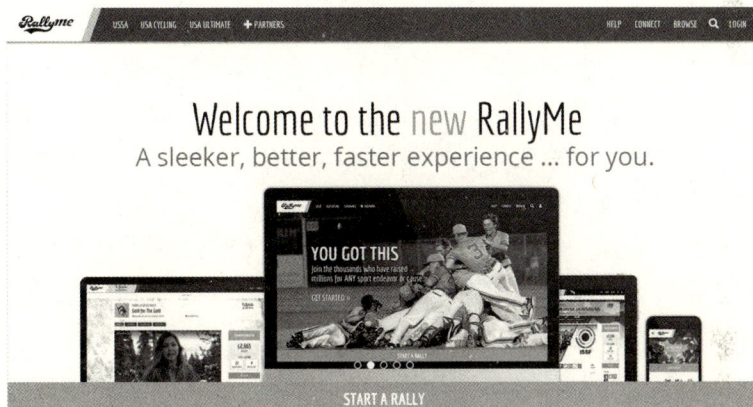

图 3-3　RallyMe 的众筹网页

5. Experiment——专注于科学实验项目 [①]

Experiment 是一个倡导科学研究民主化的众筹平台（见图 3-4），科研人员通过该网站可以寻求大众来资助自己感兴趣的科研项目，并且在实验过程中尽可能地公布自己的数据、实验记录和研究成果。网站创始人团队也是由一些科学家组成，他们认为科研成果属于公共用品，所以应该拿出来与公众分享，同时开展科研的经费也可以向公众寻求支持。在该网站上不仅有关于恐龙化石的挖掘项目，还有关于中世纪修道院的历史研究项目，甚至还有国际空间站的相关实验项目。截至目前，该网站有注册的科研人员 6 589 人，成功筹款的项目 478 个，累计筹款 626 万美元，累计支持人数 2.6 万人，公开发表学术论文 31 篇。

① 　https://experiment.com/.

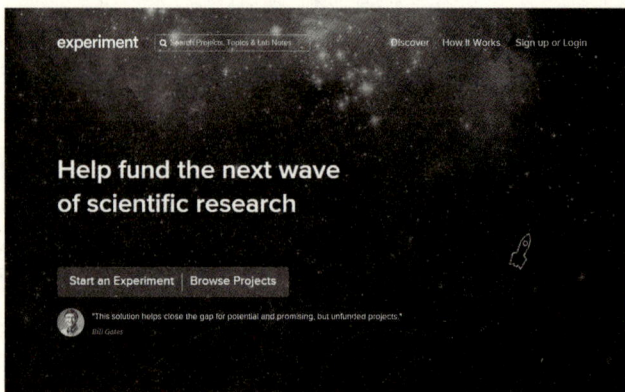

图 3-4　Experiment 的众筹网页

6. ArtistShare——专注于音乐类项目 [1]

ArtistShare 是一家专注于音乐录制的众筹平台。早在 2003 年 10 月，该平台就推出了第一个筹款项目，当时还没有"众筹"这个概念，创始人 Brian Camelio 当时给平台的定位是一个能让粉丝资助偶像录制音乐，并能够在音乐创造过程中与偶像互动的平台。在这个众筹平台上，粉丝们可以用资金支持自己喜欢的歌手、乐队录制新的专辑，而且有机会与自己的偶像见面，或者有机会去录音棚参与录制，或者将自己的名字印刷在专辑的封面上（见图 3-5）。到现在为止，在 ArtistShare 上众筹的音乐专辑已经获得过 10 次格莱美大奖以及 29 次提名。

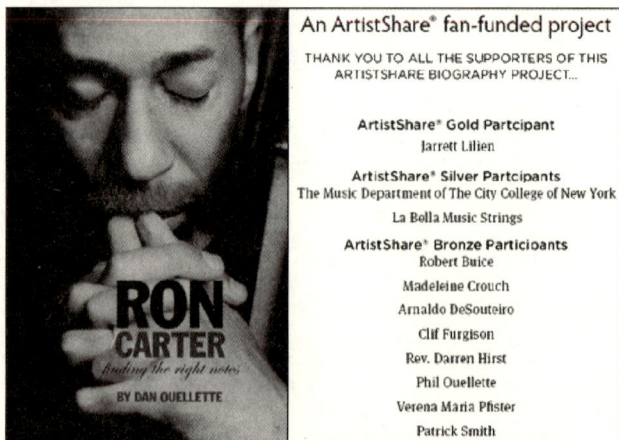

图 3-5　获奖专辑的封面上印有支持者的名字

① http://www.artistshare.com/v4/.

54

第四章

发起人+产品众筹

一、哪些人会发起

（一）有点子的人

这是最原始、最朴素的众筹情况，某个人有一天脑海中闪出一个金光闪闪的点子，作为人类，人们喜欢将脑子里的点子在现实中重现出来。然而将点子转换为现实的这个旅程却需要若干资源，资源的支配权要靠金钱来换得，所以需要解决的问题就是要找到钱。而这时，有好点子的人就可以去众筹平台上大喊一声"请帮助我！"希望通过众筹让金钱"蜂拥而至"。

（二）电影人、作家、音乐家

这一类人统称为艺术家或者更通俗地说是"音体美"，即音乐、体育、美术等文艺类人士。

（三）社会企业家

首先说一下什么是社会企业家，这一类人首先关心的是某个与人们生活有关的问题，然后将自己人生的意义赋予到对该问题的解决上，为自己带来一种使命感。在同一使命感的号召下，团结一些志同道合之士，用商业运作的手段来解决该问题，经营的目标是在盈利的前提下持续履行自己的使命，而不是为了给股东赚钱的同时让自己获得期权奖励。

社会企业家的一个典型代表是"穷人银行家"尤努斯，在孟加拉为穷人们开展小额贷款服务；还有许多社会企业家致力于解决非洲人们的饮水问题、营养不良问题等。

（四）已经试产成功的企业

这样的企业在京东众筹和苏宁众筹平台上比比皆是。从每个众筹页面的自我介绍中可以清楚地看到每个项目的进度，一般在登录众筹平台时都已经将模具建造完成，并且已经小批量试产成功了。但是这样的企业依然需要众筹，因为众筹不仅仅可以筹集资金，而且可以帮助企业进行新产品发布和市场推广。这时，众筹平台对于发起人就是一个新产品的首发平台，就像电影上映前的首映式一样。而这些推广活动与传统推广方式相比，费用大大降低。

（五）已经成熟的企业

众筹就像一把瑞士军刀，是一个具有多种应用的工具，能实现什么样的效果，完全在于谁在用它。所以说，众筹并不局限于企业发展的某个特定阶段，而是任何企业在任何阶段都可以使用的工具，只要会使用它，善于开发它的新功能就行。比如，成熟的企业甚至上市公司都会发起一些众筹活动，醉翁之意不在酒，其主要目的是推销自己的品牌，在特定的受众中树立自己希望传达的某种形象，其实是在做企业形象管理。对这些成熟的企业来说，众筹平台在他们眼中已经变成了吸引公众眼球和免费打广告的"秀场"了，如中国国航曾经在京东众筹上发起过一次航班众筹等。

二、发起人为什么发起

（一）众筹可以让个人有能力开始创业

经济学分析的基本单位是个人，分析个人在特定情形下所做出的选择。那么我们这里也不例外，首先让我们从一个活生生的个人的故事开始，看看故事的主人公面临什么样的处境和选择。

📷 **案例 4-1   Patty Lennon 的众筹"逆袭"** [1]

Patty Lennon，是一本英文众筹电子书籍 *The crowdfunding book：a how-to book for entrepreneurs，writers，and inventors* 的作者。但是在这之前它的故事是这样的：许多人都有自己对事业的梦想，并且希望有一天能够亲手实现自己的梦想，让梦想照进现实，Lennon 也不例外，她的梦想是帮助和她一样的女同胞，在照顾家人的同时也能够一点一点建立起自己的事业。然而她所面临的现实是，随着金融危机对欧美造成的严重影响，她的丈夫在 2011 年丢掉了工作，同时她的母亲被诊断出了肺癌，所以需要大量的时间来照顾母亲，另外她还有两个孩子，一个三岁，一个五岁。这样的情形我们以为只有在中国才会遇到，没想到我们心目中富足的西方也会遇到"上有老下有小"的情况。原本双职工家庭带来的两份收入供养 5 个家庭成员就已经捉襟见肘，现在随着丈夫的失业，整个家庭的重担都落在了她一个人头上。况且母亲的医药费，两个子女的教育费都是大头开销，她虽然一直有自己的小生意，但是也只能精打细算。

就是在这样的情形下，试问作为 Lennon 还有资格让自己的梦想发光发热吗？梦想一定要输给现实吗？似乎是这样，现实往往是残酷的。当时她在事业上特别想筹办一次有模有样的现场会议，主题是"让妈妈们的事业起步"，估算了一下场地费、服务费算下来需要 4.5 万美元。这样的会议往往是一种营销活动以及客户维护活动，一旦举办成功可能就会带来若干潜在客户，但是这都具有不确定性，如果没有预计的客户数目，那么举办会议的 4.5 万美元就会打水漂了。所以，这样的行为本质上也是一种商业冒险。然而，以她当时的家庭状况、财务状况都不允许她从家用资金中抽出一部分来资助她的冒险行为。那么我们来推演一下她的人生，长久的财务困境会让她无法进行更多的商业尝试，进而丧失事业扩大的机会，收入难以扩大，而家庭开销却有可能越来越多，最终进入一个恶性循环，可能一家都要去领政府补助，连基本的生活品质都难以保障，更何谈实现自己的人生梦想。

Lennon 自己也知道从家用开销中拿出 4.5 万美元来冒险不是一个正确的选择，但又不知道该如何解决自己的窘境，于是在一次朋友聚会中她与朋友分享了自己的挣扎。这时，其中一个好友说你为什么不试试众筹呢？此前她根本没听说过有一种东西叫作众筹，也并不知道这个叫作众筹的东西在未来会给她和她的人生带来多大的转变。借助众筹的帮助 Lennon 把自己的事业逐步带上

---

[1] 详见 http://www.pattylennon.com/。

正轨，2012 年成功举办了以"让妈妈们的事业起步"（Mom Gets a Business）为名的交流会议。并且由于从众筹中尝到了甜头，2013 年 Lennon 又成立了一家培训性质的公司，为想发起众筹的人们提供咨询和建议，帮助客户借助众筹发展自己的事业。现在 Lennon 已经是一名有名的演讲者、作者，尽其所能鼓励更多的人进行创业并且使用众筹这种创新方式，如图 4-1 所示。

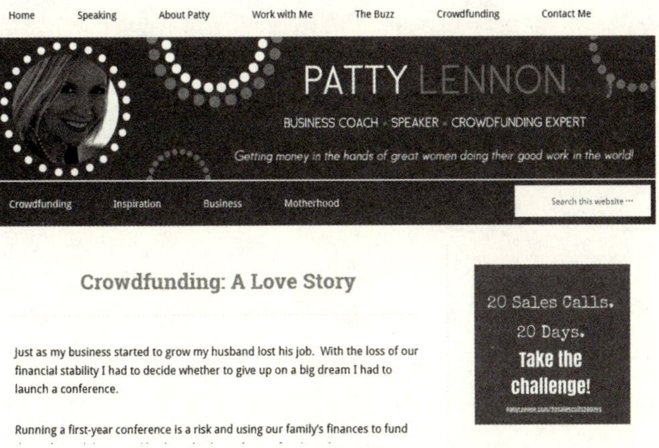

图 4-1　Lennon 的个人主页

（二）众筹可以帮助发起人进行市场测试

发起人有了一个点子后，会出现两种心态：一种是过分乐观，觉得自己的点子肯定绝无仅有，一定会得到市场的认可；另一种是犹豫不决，觉得自己的点子未必会受到大家的喜欢，因此不敢去创业。实践是检验真理的唯一标准。对于上述两种心态，以前要想知道市场的实际情况只有去做市场调研或者实际创业才行。然而市场调研准确性不高，实际创业风险又很大，有没有更好的方法呢？现在通过众筹就完全可以解决这个问题，不论是哪种心态都可以从众筹的过程中，得到令自己信服的答案，进而指导自己进一步采取相应的行动。

1. 众筹可以帮激进的你及时刹车

众筹的好处之一就是帮你对自己想法或者创意的市场认可程度进行检测。在众筹出现以前，一个人想创业，通常是这样的套路。某一天夜里突然产生了一个自认为足以改变世界的点子，而且认为绝对不可能出错，任何人的反对都不能打倒这个点子的伟大。然后开始辞职动用积蓄向家人借钱准备付诸行动，租赁房屋，购买设备，聘用员工，不仅耗时而且耗钱，不过终于开业了，可是开业后市场反响并不如预期，问津者寥寥无几。随着时间的推移，支出无法被足够的收入弥补，多干一天就是多赔一天，于是最后选择关门，心灰意冷，赔了夫人又折兵。

然而有了众筹之后，你可以先通过众筹平台这个强大的媒介渠道来与市场进行交流，先推销你的想法和产品的原型，如果得到认可再进行投资。就是营销在前，投资再后。这样让投资决策更加科学，更加基于市场，而不是主观臆断。避免把大笔资金浪费在并不产生收益的投资上。而且这样的做法还能做到包销和零库存，确保只要是生产出来的一定是有人需要的，而且预订过的。防止出现之前房地产投资热潮中大量空置房屋卖不出去那样的问题，那些都是想当然的决策所造成的生产过剩。

2. 众筹可以帮犹豫的你打消疑虑

当我们有一个想法的时候，我们经常会异常兴奋，于是我们就会和身边的亲人或者朋友去说，然后被一通乱批，索然无趣，这时我们往往会觉得特别孤独，我们本来已经就走在一个没人走过的路上，还被身边的人一顿恐吓，让我们本就弱小的心灵更加颤抖，对于自己的未来更加忐忑，心中对自己的想法各种恐惧各种不自信。

其实我们犯了一个统计上的错误，要知道我们经常问的人都是身边的人，然后我们以这些人为样本来推断总体是否会赞成我们的点子，那么是有很大偏差的。这时如果你能将自己的创意放在众筹网站上，在一段时间中，让分布在全国各地的网民们来投票决定你的点子是否有前景，相比之下更加科学。每个网站的流量是可以估计的，然后通过统计支持人数，就会大致得出我们潜在支持群体的多少。

试想一下，当你感到孤独时，而线上素不相识的人给你极其热烈的反馈，有成百上千的人看好你的项目，而且一旦你的产品被制造出来，人们会希望拥有一个。这时你还会感到孤独和焦虑吗？当然不会，你肯定会马上满血复活，想着如何实现自己的计划，把产品做出来，送到那些希望拥这个产品的人手中。

（三）众筹可以帮助发起人进行市场营销

对发起人来说，众筹最大的好处是其强大的营销功能。首先我们来明确一下什么是营销？英文 marketing，牛津词典中给出的解释是"The action or business of promoting and selling products or services, including market research and advertising"。翻译过来，就是"对产品及服务的宣传推广与销售，内容也包括市场调研以及广告宣传"。从中可见营销除了促销以外，还有两个我们常常忽略的部分：市场调研和广告宣传。我们在上文中已经介绍了众筹的市场测试功能，该功能很好地解决了市场调研所要解决的问题，接下来我们来看营销中广告宣传这部分在众筹中是如何实现的。

众筹不仅能告诉别人你在想什么，你在做什么，还能让听到的人再次作为代言人替你进行扩散式发声。当这种机制打开之后，就会产生指数式增长，你让 10 个人知道你为世界带来的新东西，10 个人又会告诉 10 个人，于是 10 的 n 次方就出现了。其实这种扩散方式我们并不陌生，平常估计大部分人都遇到过这样的情形，我们的朋友在微信圈中要求为某个亲友投票，然后看到的人又会帮忙转发。正是因为众筹中会体现出这种强大的广告宣传功能，所以众筹称得上是有史以来最有效的营销工具之一。

另外，众筹中的营销与传统的营销方式相比更加有效。因为传统的营销方式是"示强式地进攻"，告诉你你有若干问题，所以你需要得到它的帮助，似乎你没有它的帮助生活就会一团糟，总之给你的感觉是自己像个 loser。而众筹的营销方式完全相反，是"示弱式地防守反击"，告诉你他有一个愿望，现在需要得到你的帮助，如果没有你的帮助，就会变得如何不堪，这样一来提高了你对自己价值的认知，让你感觉自己像个圣人。所以众筹中的营销与传统营销相比，会给营销对象带来更加正面的个人认知，让营销对象自我感觉更加良好。

📷 案例 4-2 国航玩众筹——"名为众筹，实为营销"

由于众筹是一款营销利器，所以无论是小公司还是大公司，无论是商业企业还是众筹平台，在进行宣传推广时，众筹都是不得不考虑的一个重要选项。

2014 年 1 月在京东众筹平台上出现了这样一个项目"全球首个众筹互联网专机"，是由世界 500 强的中国国航与京东众筹联手推出的一项众筹活动（见图 4-2），具体内容是在春节前从北京飞往成都和重庆的两班飞机，分别是 2 月 15 日 16:00～19:10 从北京飞往成都的 CA1407 航班和 2 月 16 日 16:00～18:45 从北京飞往重庆的 CA1409 航班。项目上线后十分火爆，最后共从 8 671 名支持者手中筹集了 14.2 万多元的人民币。支持档位共分为 4 档：支持 1 元就可以有机会参与抽奖，最终有 20 个名额能够免费获得一张回家过年的机票；支持 9 元就有机会参与头等舱机票的抽奖活动，共有 36 个名额能够中奖；另外两个档位分别是以 8 折左右的价格获得 1 张机票和 2 张机票。

图 4-2　国航在京东众筹时的广告

　　这款众筹火爆过后留给我们的思考是：国航这种量级的公司为什么要来众筹？目标金额仅为 1 万元，而就算最后募集了 14 倍的资金，但是 14 万元的资金对国航来说又算得上什么？难道国航来发起众筹真的是为了钱吗？显然不是。让我们来看看那国航团队的人是怎么说的？负责本次众筹的王淼这样解释，"此次国航与京东众筹合作并不是图个名声这么简单，这一次真的给我们省不少广告费"。原来当时国航在飞机上开发了上网服务，在高空飞行时也能让乘客收发邮件、更新微博、网络购物，这项新服务作为一个很好的卖点可以为乘客带来更好的乘机体验，但是如何进一步向乘客推广这一服务项目，营销成本是横在航空公司面前的一大难题。这时，国航团队用众筹就巧妙地解决了推广的问题。

　　不仅仅是对发起人国航，对于京东众筹这个平台，当时决定与国航一起组织这场众筹活动，也起到了推广自己平台的作用，让更多人知道和了解自己的平台。因为在众筹活动中设计了诱人的奖项，比如"1 元钱就有机会坐飞机，9 元钱就有机会坐头等舱"，这种奖励会吸引许多人参与进来，而且参与进来的人还会借助微博、微信等自媒体手段向身边的朋友转发，再加上媒体的报道和宣传，很容易就造成一个当时的话题热点。最终，无论是国航还是京东都从中得到了人气和关注度，可谓是"双赢"。

（四）众筹可以让被传统投资者拒绝的项目获得支持

　　在创业者创业之初，传统的做法是去寻找专业的投资机构，由这些机构中的个别"精英"对其创业项目进行判断，进而决定是否要支持这个项目。然而这种机制存在的问题是：个别精英的个人判断虽然比较专业，但是仍然难以代表全部真相，难以100%保证未来产品上市后市场的反响与其判断完全一致。有可能精英认为好的项目未来上市后消费者并不埋单，也有可能被精英否决的项目一旦上市后却异常火爆供不应求。

所以众筹为创业者提供了一条全新的融资渠道，在得不到传统渠道中精英的认可时，可以直接去众筹平台进行众筹，谁都说不准你的项目会不会得到大众的认可，一旦获得认可，就可以筹集到一大笔启动资金。这时，创业者不必再去取悦天使投资人或者风险投资家，而是直接取悦其未来的顾客。创业者能否成功不再由少数有钱人说了算，而是由广大消费者群体说得算。

比如下面这个案例，Ubooly这家团队当初去找风险投资家时不被看好，没有人肯给他们投资，可是这个团队在传统筹资渠道受阻时，选择通过众筹来筹集资金。在Kickstarter网站上的众筹十分成功，从161位支持者手中拿到最初的2.8万美元，然后生产出了饱受好评的智能娃娃玩具。

📷 案例4-3　Ubooly传统渠道融资受阻后的成功众筹

Ubooly是一个儿童玩具团队。他们有一个奇妙的玩具点子，做了一款布娃娃的外套，当人们将iPhone手机插到这个外套后，手机屏幕上显示的卡通脸部就可以和布娃娃的外形组合成一个完整的电子娃娃。而且由于里面的手机有音响和麦克风，就能与玩它的小朋友进行语音互动。娃娃会用有趣的声音跟小朋友对话，问小朋友喜欢什么颜色，能跳多高，而且小朋友还可以命令它为其讲故事唱歌（见图4-3）。就是这么一个简单的想法把一个手机一下子变成一个有着毛绒外形的机器人。

图4-3　Ubooly的结构图及正在与Ubooly互动的小女孩

然而，当初 Ubooly 团队去找风险投资家时却不被看好，认为这个项目不值得投入。这个团队的夫妻档成员 Carly 和 Isaac 不信邪，偏要证明自己的创意有群众基础，会受到大家的喜爱，于是去 Kickstater 平台上发起了众筹，目标金额 2.5 万美元，最后成功从 161 位支持者那里获得 2.8 万美元。

（五）众筹成功有利于从传统渠道获得再融资

众筹成功这件事本身对一个要再融资的企业来说就相当于获得了一个市场认可的证书，众筹成功几乎可以等价于市场认可。无论企业今后再去发起股权众筹，还是寻找风投等专业投资机构，抑或是去银行申请贷款，这些出资人都会评估企业的过往情况。这些投资者或者银行当要把钱拿给企业使用时，最根本的是要考虑该企业产品的市场认可程度，因为产品被市场广泛接受的企业才会在未来产生足够的收入、赚取更多的利润，自己的出资才会更加安全，更有保障。所以这些传统融资渠道的出资者如果知道企业过去在某个平台上成功完成过产品众筹，那么自然会给企业加分，因为众筹成功可以直接反映出市场对该企业产品或服务的接受程度和需要程度。

同样两家公司在众筹平台上进行筹款，一个募集了 1 万元，得到了 100 人的支持，另一个募集了 10 万元，得到了 1 万人的支持，那么风投会更倾向于投资后者，此时在众筹中所积累的众筹信息（如 1 万人支持就是一个重要信息信号）就会作为风投进行估值的重要参数。所以，企业融资时似乎众筹应该先于风投，先让小企业去众筹市场上拉选票，更受市场欢迎的企业会被证明更有群众基础，而且自带用户，然后再去找风投就会更有议价能力。而且一开始在众筹时，支持者是带有帮助性质的，而不是谋取短期暴利的性质，所以不会过多干预创始人的经营思路；相反，如果过早地接触风投，风投要占有很高股份，而且要在企业的经营中进行干预，很难让创始人更好地发挥手脚。

案例 4-4　　　　Ubooly 众筹后的成功再融资

Ubooly 这个儿童玩具团队在 Kickstater 平台成功从 161 位支持者获得 2.8 万美元后，将这笔资金用在了玩具生产中，玩具广受大家的喜爱。之后该团队在参加一个商业赛事 TechStars 2012 Boulder 时，成功从风投处又获得了 33.5 万美元。可见众筹成功所蕴含的大众性会有助于从风投处获得资金。

通过众筹被大众认可，再获得风投的跟进，Ubooly 越长越大，其围绕核心玩具开发了一系列产品，比如一款可以带着孩子去度假的 GPS 应用。从他们众筹成功那天算起，已经陆续收到 1 500 万美元的投资了。可见，风投不能给你的，众筹却可以给你，这就是众筹的大众属性所具有的优势。

因为我们不仅要看金额，而且更要看人数，在众筹的时代，支持者的金额由于具有小额属性，所以我们更看重的是支持人数，人数越多意味着票数越多，代表着更广泛群体的判断。而风投虽然金额大，却代表着很少的人数，可能仅是 2～3 个投资专家的意见，所以只能代表很少的选票。然而，一个企业真正成功要由消费者群体来决定，支持人数越多，越可能成功。

（六）众筹可以去掉中间环节，直达目标群体

不知从何时起，各行各业之间出现了一种叫作中介的机构，供给和需求之间要依靠这类机构进行沟通。渐渐地，中介生长为一个庞然大物，也拥有了凌驾于买方和卖方之上的巨大权利与尊贵地位。这种现象比比皆是，在投资业务中，小企业不能直接面向各种投资者，而是要去寻找一些叫作 VC、PE、天使的中介来获得资金；作者要写书卖给读者，要经过出版商才行；歌者要卖歌给乐迷要经过唱片公司中转；一个导演想要拍一部片子给影迷要经过影视公司。

这些中介不仅常常对这些有创意的人们进行压价和盘剥，而且常以专业人士的身份来代表最终用户执行作品的生杀大权。他们这样的做法其实有一定合理性，就是由于大众人数众多，所以由他们作为大众的代表来以"专业的"标准，为大众筛选出合格的消费品。但是一个最重要的问题是，他们就一定是对的吗？他们的品位就能代表大众的品位吗？答案是否定的。我们不该再迷信中介的判断力，他们不是神，让他们做判断就是一种变相的计划经济，因为这种做法就是由个别人士的判断来决定什么值得被生产，什么应该被生产。相反，真正的市场经济应该将"什么值得被生产"这个问题的回答交给市场，由最终需求者来决定一个产品的生死。想一想当年那些没有投资马云的投资家，就会明白为什么不要迷信所谓的专业人士，并非专业人士的判断就百分百准确。

举例说明，有的作者将书稿拿去给出版社，出版社趾高气扬看都不看就说没有市场，由于出版社的审稿人个人喜好而拒绝出版该作者的作品。或者，某个出版商接到一份写某个内容的书，虽然审稿人个人喜欢该作品，但是经过判断发现市场受众很小，未来销量不高，于是出于经济利益的考虑也会否定这样

的单子，需求明明存在，只是因为很小就没有供给去满足。市场供给和需求本应该达成平衡，但是此时的情况却是：真实的需求明明存在，但是由于出版社的拒绝，供给不会被生产出来，所以造成了一种市场失灵。

再比如，许多对音乐有梦想的人，有着优美的嗓音，但是不被音乐公司认可，导致自己的作品没有办法被更多的人欣赏，于是只能落魄地做酒吧歌手，或者地铁歌手。难道说他们的歌曲真的没有现在当红的一些歌曲好听吗？之前西单女孩一首《翅膀》，打动了多少人的心弦，至少笔者被感动了。如果在和当红歌星的某些歌曲放在一起让笔者同样出一元钱来购买时，笔者宁可买西单女孩的歌曲。因为艺术这种商品本身就是因人而异，每一个听众都有自己独特的喜好，对你不是需求但对别人可能就是需求。然而既然西单女孩唱得好听，那么为什么不能出唱片，而是要在地下通道卖唱呢？因为首先她要生活，要养活自己；其次就是因为要将作品发行出去让大家听到，就需要唱片公司的帮助，而目前的唱片发行制度不能保证其歌曲的发行。

所以，如果你是一个被中间环节拦住的人，那么你一定要去众筹。众筹作为一种新的生产方式，可以帮助你绕过中间的"拦路虎"，直达那些真正需要的人群。只要你的产品的确有市场，通过众筹你就能直接联系到这些需求，让你的作品在这些需求中发光发热。

（七）众筹可以帮你获得第一批基石消费者

一个好的创意往往能为发起人带来成千上万的支持人，由于众筹是在产品问世前与市场所进行的互动，因此这几千位支持人还没见到实实在在的产品就掏钱支持了，可见他们对发起人产品的感情非同一般。发起人众筹时很重要的一个收获就是能从硕大的市场中甄别出这上千位"知音"，这些"知音"就是发起人的第一批基石消费者，会在很多方面推动发起人的成长，比如，会帮助发起人反馈产品和服务的改进建议，会自发地帮助发起人进行宣传推广等。

（八）产品众筹发起人不需要让渡任何公司的控制权

当公司向传统的 VC、PE 寻求投资时，这些投资者通常都会获得公司的股权，并且入主董事会，对公司的运作产生一定的控制。然而产品众筹并不涉及任何公司权益的变动，其本质不牵扯股权，仅仅是为该公司的某一个项目去提供资金，所以最终会被公司确认为公司的销售收入，因此是一种经营行为，而不是权益行为。这与股权众筹不同，股权众筹会出让一部分公司的所有权，所以说在公司控制权这个层面股权众筹就不具备优势，但是会有其他方面的优势，这个我们会在专门章节陈述。

三、发起人的潜在风险

（一）被抄袭

要说在发起人面临的诸多风险中，损失最严重的要属自己辛辛苦苦开创的项目被他人抄袭和剽窃了。对创意者来说，看到自己伟大的创意瞬间被别人拿下，那种心情可想而知。

在众筹界里，最典型的案例是一款可以插在手机耳机孔里面的智能按键。如图4-4所示，这种智能按键只有螺丝钉大小，用来解决的问题是便捷手机用户能够方便迅速地实施自己想要的功能。目前我们大部分使用的手机都是触摸屏的全屏手机，平常不用时手机都属于黑屏状态，而当我们想使用某个功能时，都需要先点一个电源键，使手机屏幕变亮进入解锁界面，然后再输入密码或者用手指从屏幕上划过来解开屏幕保护锁。接下来在若干应用中找到自己想要的功能，最后单击该应用，我们想要的功能才会最终调用出来。而对于这种常规的使用途径，有些有创意的人就想到：能不能想一个办法能够"不走寻常路"，不需要一步一步完成以上步骤，而只需要一步就可以调用手机的某个功能呢？于是有人做到了。

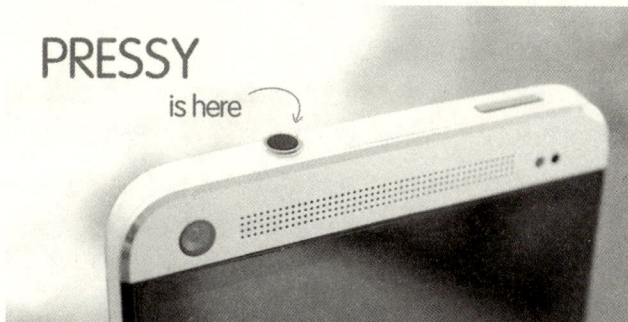

图4-4　一款可以插在耳机孔中的手机智能按钮

但是接下来事情的发展变得越来越有趣，可以用一个成语来比喻："螳螂捕蝉，黄雀在后。"最早在2013年美国Kickstarter网站上就有一个团队把自己开发出的Pressy按键项目拿到网站上众筹（见图4-5），接下来2013年12月在中国的点名时间网站出现了一款雷同的产品叫"快按钮"，而到了2014年3月中国的两家巨头纷纷发布了自己的类似产品，奇虎360公司的产品叫"智键"，小米公司的产品叫"米键"。此后，前两个团队Pressy和快按钮团队都纷纷抱怨自己的创意有被他人抄袭的可能。

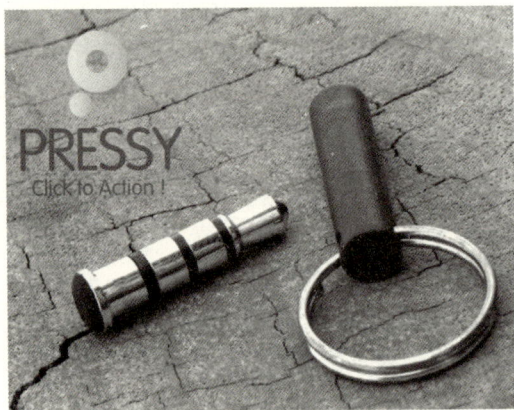

图4-5　Pressy团队智能按钮的外观

案例4-5　　　　手机智能按键的创意雷同

2013年8月29日，一位以色列小伙子Nimrod Back和他的团队在Kickstarter上发起一场目标金额为4万美元的众筹，为他们发明的手机智能快捷按钮进行筹资。[①] 众筹一共分为9个档位，分别是5美元、12美元、15美元、17美元、20美元、25美元、35美元、45美元、1000美元。在这9个档位中，除去最高的1000美元（涉及按钮的技术服务）和5美元的免费支持以外，其他各档位基本上都是会以最终产品快捷按钮为回报，金额上的区别是因为有一些按钮会使用彩色的外观，或者有一些会附带一个按钮的保护槽，但是一个最基本的快捷按钮的单品应该在17美元左右。虽然单价只有17美元，大多数人会选择支持这个档位。最终这个项目总共筹集了69万多美元，比原定计划的10倍还要多，这是因为支持的人数太多了，市场的反应太热烈了，全球

---

① 详见 https://www.kickstarter.com/projects/556341540/pressy-the-almighty-android-button/description。

有 28 818 个人支持了这个项目。

这个小小的按钮是怎么为用户带来便利的呢？首先将这个螺丝钉大小的按钮插进手机的耳机孔中，然后在为按钮特制的 APP 中设置用户想要用它实现的功能。比如你可以把"打开闪光灯"这个功能设置为"单击该按钮"，这样以后在你晚上回家在黑暗中找钥匙时就可以轻轻按一下手机然后瞬间打开闪光灯了。再比如你可以把"打开照相机并拍照"这个功能设置为"双击该按钮"，这样在你运动或者移动中看到美丽的景色时就可以瞬间抓拍下一闪而过的美景了。另外，你还可以把"录音"这个功能设置为"长时间按住该按钮"，等到在一些关键时刻想要记录一些无良商家对我们所说的出言不逊，我们为了捕捉证据，就可以偷偷拿出手机，不动声色地按住快捷按钮把对方说的话都录下来。最后这个小按钮还有急救作用，如果我们提前设置好，那么在危险的环境下，只要按一下这个按钮，就能向我们的亲人发出一条求助短信。

2013 年 12 月 19 日，即 Pressy 项目发布时间的稍晚 4 个月后，国内知名的点名时间网站上线了一款十分类似手机配件众筹项目叫作"快按钮"，30 天内成功募集到 20 多万人民币，是其目标金额 1 万元的 21 倍，支持人数多达 2254 人。[①] 这款众筹也是 9 个档位，分别是 10 元、18 元、38 元、68 元、188 元、1 499 元、6 999 元、12 999 元、21 000 元。这些档位的区别主要是发货数量，从 68 元开始的档位到 21 000 元的档位都是多个快捷按钮，为了满足有人一次希望购买多个或者有些人想做经销商一次采购上千个，而 10 元档是专门为开发者的校友们开放的最优惠档位，所以只有 18 元档和 38 元档能够代表其基本价位，38 元档是一款珍藏版的红色，18 元档是最经典的黑白两色，可见快按钮的价格是 18 元人民币左右。而刚才提到的 Pressy 团队的快捷按钮是 17 美元。虽然数字相差不多，但一个是美元，一个是人民币，价格上的差距已经显现出了明显的优势。虽然在价格上有明显的优势，但是从快按钮的宣传文案中可以看到其可以实现的功能几乎与 Pressy 没有区别，但是却自称"全球首款"手机智能快捷键（见图 4-6）。

到此您或许以为这就是故事的全部了吧，美国的一个团队在众筹网站上发布了自己一个绝妙的创意，接下来不到 4 个月在大洋彼岸出现了另一个"全球首款"的孪生兄弟。可是让人意想不到的事情发生了，更为戏剧化的情节出现了。估计是这个创意太赞了，也让众多科技界的巨头眼前一亮，凭借自己强大的研发实力和供应链生产能力，纷纷介入了这个小玩意的大市场。在 2014 年 3 月

---

① 详见 http://www.demohour.com/projects/336815/。

图 4-6 点名时间网站上线的"快按钮"众筹项目

27 日，奇虎 360 公司发布了一款同类的硬件产品叫"智键"，如图 4-7 所示，就是以上产品的翻版，但是售价仅为 3.6 元一只。更令人惊讶的是，仅在 1 天之后，2014 年 3 月 28 日，知名手机厂商小米公司也发布了自己的智能按键叫作"米键"（见图 4-8），外形与功能同样是如出一辙。这两款产品凭借大公司庞大的宣传推广能力，以及对生产加工的管控能力，不仅价格更加低廉，而且刚一上线就得到了市场的热烈欢迎。奇虎 360 公司的"智键"在首轮发售中 10 分钟抢光了 10 万只，其后又在两轮发售中共售出 20 万只。而截至本书编写时，360 智键已经开启了免费领取的模式，只需要支付 7 元的邮费，就可以免费获得一只。

图 4-7 奇虎 360 公司推出的"360 智键"　　　　图 4-8 小米公司推出的"米键"

究竟是大家异曲同工，还是后者抄袭前者，真相恐怕只有当事者才心知肚明，但是这个案例却揭示出对创意性的工作如果过早暴露在公众面前，假如得

不到足够的保护，的确有可能面临被抄袭的风险。

（二）后续管理风险

对开发者来说，即便自己项目的创意没有被他人剽窃，当其成功完成筹款这第一道关卡时，若干后续风险还在等着他们，他们还有很长的路要走。从筹款成功那一刻起，就开始考验发起人作为一个执行团队的执行能力了，也就是此时，这个团队要开始紧锣密鼓地将自己的样品开始批量生产了。那么此时这个团队能否在承诺的时间内，把承诺给众多支持者的物品生产和制造出来，并且打包发送给每一个支持者，这一整套环节操作下来才是真正考验人的地方，不知道多少优秀的众筹项目都是在这个过程中遭了殃、倒了霉。

在众筹之后一直到成功交付产品这个阶段，充满了各种困难，因此也就产生了所谓的后续管理风险。根据我们目前所观察到的情况，可以将后续管理风险归纳为三种常见类型：

（1）从样品到批量生产过渡中潜在的各种技术风险；

（2）供应链管理不善导致生产进度延误的风险；

（3）生产技术不足导致次品率高的风险 。

1. 从样品到批量生产过渡中潜在的各种技术风险

以智能硬件开发的项目团队为例，他们首先能开发出一个基本可以使用的原型，这时只是做出了一件可以用来展示的样品。但是一旦向众多支持者发送产品时，就需要将这个样品进行批量化生产，比如说 1 万件，或者 2 万件。要知道能成功做出 1 件样品，和成功做出 1 万件成品完全是两个概念。比如 2014 年 11 月在 Kickstarter 上众筹的 Zano 无人机 [①]（见图 4-9），其在众筹时所上传的视频中的确做出了令人爱不释手的样机，但是在众筹成功后，等待这个团队的是要在 6 个月内造出 12 075 架无人机（一个紧张庞大的生产任务）。令人大跌眼镜的是， 2015 年 11 月 18 日，这个团队对外宣布公司将准备进入破产清算阶段，项目宣告失败。至于原因，官方给出的解释是在原型机过渡到量产阶段存在巨大且不可预见的软硬件调校误差，不仅干扰了生产进度，也影响到了实际性能。

---

① 详见 https://www.kickstarter.com/projects/torquing/zano-autonomous-intelligent-swarming-nano-drone/description。

图 4-9　Zano 无人机的外观

2. 供应链管理不善导致生产进度延误的风险

创业团队一般人数比较少，Kickstarter 上的创业团队好多都是 3 ～ 4 个人组成，这几个人中大多数都是创意天才、技术大牛，但要是谈到管理经验、组织生产就没有几个擅长的了，更不要提对全球供应链的驾驭能力了。这些团队往往能开发出令人眼前一亮的创意产品，但是没有足够的知识和技能去把这些产品按进度生产出来。在组织安排生产的过程中，小小一个无人机可能涉及几十到上百了零部件的采购，以及生产、组装、测试、包装、发货等其他环节。在庞大的供应链中任何一个链条的松动，都有可能导致整个链条的瘫痪，造成整体生产进度的大幅度延迟。比如上述 Zano 无人机项目，在还没有宣布破产前，对于迟迟无法发货，向支持者给出的解释是"目前我们的生产过程遇到了一个特别大的瓶颈，那就是我们所需要的轻质塑料材料迟迟没有到货，所以要等到 17 天后这批塑料到货后，我们才能开工生产"。再比如，京东众筹平台上大可乐手机项目的创始人丁秀洪说"大可乐 3 手机的后续维修，由于供应链的原因，我们甚至没有充足的物料满足大可乐 3 的正常维修需求"。而且大可乐手机也曾经因为其配件三星内存的量产延迟而宣布推迟 7 ～ 10 天发货。

3. 生产技术不足导致次品率高的风险

奇虎 360 旗下的手机团队奇酷手机在京东众筹上推出的手机，诸多支持者在收到手机后，对其褒贬不一，在众筹页面的留言可以分成两派：一派认为自己收到的手机没有质量问题，比较满意；另一派认为自己收到的手机有质量问题，十分不满意。我们从两派中各搜集了 3 条列举如下。[①]

认为没有质量问题的留言：①"小手机用起来挺好的呀，信号、手感都挺

---

① 详见奇酷手机在京东众筹的筹款页面：http://z.jd.com/project/details/21803html。

好的，声音也够大，就在家里用没觉得声音小呢，挺响的。没有碰到你们说的异常情况呢。"②"大家放心买吧，手机没有问题。质量一点毛病都没有。我用多半年了。"③"我的一直在用，感觉挺好啊，而且系统做得也很人性，还有抢红包提醒。"

认为有质量问题的留言：①"搁手，通话声音小，音质差，没有背光，不能语音拨号，每次都有升级，但升级一半就死机，还手机连接不上了。电池续航力差，也就一天。"②"我也想退货，做工一般，还要这么贵。"③"奇酷小手机质量问题汇总：第一，无故断蓝牙，1米以内，主机负机有时都没声音；第二，拨打电话必须主机解屏，主机是自动锁屏的，每次打电话必须主机拨出来，拨打电话功能形同虚设；第三，送的充电宝充不进电哦，闪个两分钟不到就自动断；第四，语音拨号功能是没有的；第五，按键音无法消除。"

从以上两派的留言中我们可以推测，这批次手机的质量参差不齐，显然有一部分是质量过关的，但也有一部分质量不达标，所以才会有人觉得有问题，有人觉得没问题。这就说明当众筹项目团队对生产过程的质量控制能力十分薄弱时，就会出现这种次品率高的风险。

（三）陷入个人危机

对发起人来说，不仅仅会面对以上风险，一旦发起一场众筹，就意味着跟一众人等结上了关系，而这种与公众之间的关系是把"双刃剑"，如果用不好就会砍向自己，不仅有可能在财务上造成对支持者的一大笔经济赔偿，还有可能使自己的名誉扫地，让自己的未来都背负着骗子和欺诈的骂名。

美国在2014年有过一场对不按承诺发货的发起人的起诉。2012年9月25日，Ed Nash作为发起人在Kickstarter上发起了一款游戏纸牌的众筹项目①（见图4-10），从810位支持者手中筹集了25 146美元，承诺在3个月以后把这款纸牌发送给支持者。然而一年多过去了没有一位支持者收到当初承诺的纸牌。于是2014年5月，华盛顿州总检察官对该项目的发起人Ed Nash发起了诉讼②，因为众筹发起人多次违规使用资金，并涉嫌商业欺诈，最终判定他为每位支持者赔偿2 000美元。从这个案例中可以看出如果发起人在众筹后处理不好发货事

---

① 详见该项目的众筹页面 https://www.kickstarter.com/projects/213177064/asylum-playing-cards/description。
② 详见对这场官司的新闻报道 http://finance.yahoo.com/news/washington-sues-ed-nash-kickstarter-campaign-173707149.html。

宜，则有可能摊上官司。一旦摊上官司，就可能被处以罚款，每人 2 000 美元，810 人就需要赔偿 162 万美元！这显然对发起人来说是一个天大的损失。

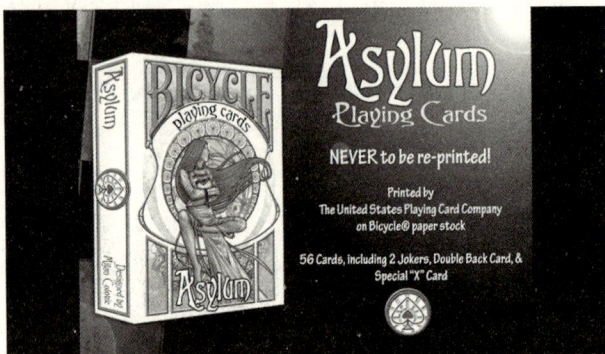

图 4-10 发起人被起诉的纸牌众筹项目

四、发起人应该怎么做

（一）选择合适的平台

随着众筹行业的快速发展，众筹平台的数量逐年递增，对发起人来说可供选择的平台也越来越多。三个知名度最高的国内的产品众筹平台京东众筹、苏宁众筹、淘宝众筹，形成三足鼎立的局面。而如果发起人有足够的国际化视野，也可以选择登陆国际化的众筹平台，如 Kickstater、Indiegogo、Ululu 等。比如深圳市众为创造科技有限公司于 2013 年 5 月在深圳成立，该团队以 UFactory 的名字在 2014 年 1 月前往 Kickstarter 为其机械臂产品进行众筹[1]，成功从来自全球的 1263 位支持者手中筹集到 25 万美元。北京蚁视科技有限公司用 "ANTVR" 的团队名字在 2014 年 5 月登陆国际众筹平台 Kickstarter，为其虚拟现实头盔项目从 681 位支持者手中筹集到 26 万美元[2]。

---

[1] 详见该公司在 Kickstarter 上的众筹页面 https://www.kickstarter.com/projects/ufactory/uarm-put-a-miniature-industrial-robot-arm-on-your/description。

[2] 详见该公司在 Kickstarter 上的众筹页面 https://www.kickstarter.com/projects/805968217/antvr-kit-all-in-one-universal-virtual-reality-kit/description。

除了综合类众筹平台，还有各类专注于某个细分市场的产品众筹平台，这种平台往往聚集了一众在该细分领域感兴趣的人，如做音乐的乐童音乐众筹平台。在这样的垂直型众筹平台上发起项目，好处多多，因为这个圈子更明确，人群都是有着共同兴趣爱好的人，在平台上筹款的同时，还可以进一步交流很多专业的问题，而且还有行业内的前辈来支持帮扶，为新人提供各种资源。

另外，在选择平台的时候，一个重要的参考指标是这个平台的流量大小。因为流量越大的平台，浏览者数量越多，发起人的项目就有机会被越多的人接触，因此也更容易获得更多的筹款。发起人希望了解某个平台的流量情况时，可以采用一些网站所提供的查询工具。如 http：//tool.chinaz.com/ 这个网站，只要输入想查询流量的平台网址，就可以显示出各项统计数据。如图 4-11 所示，国内三家众筹平台的流量排名依次为：淘宝众筹 12 名，京东众筹 55 名，苏宁众筹 750 名。有了这个名次后，发起人可以作为平台选择的重要依据，但是也不要完全依靠这个排名，因为每个平台的定位和风格都有所不同，需要发起人亲自浏览这些平台之后，选择出更加适合自己项目的平台。

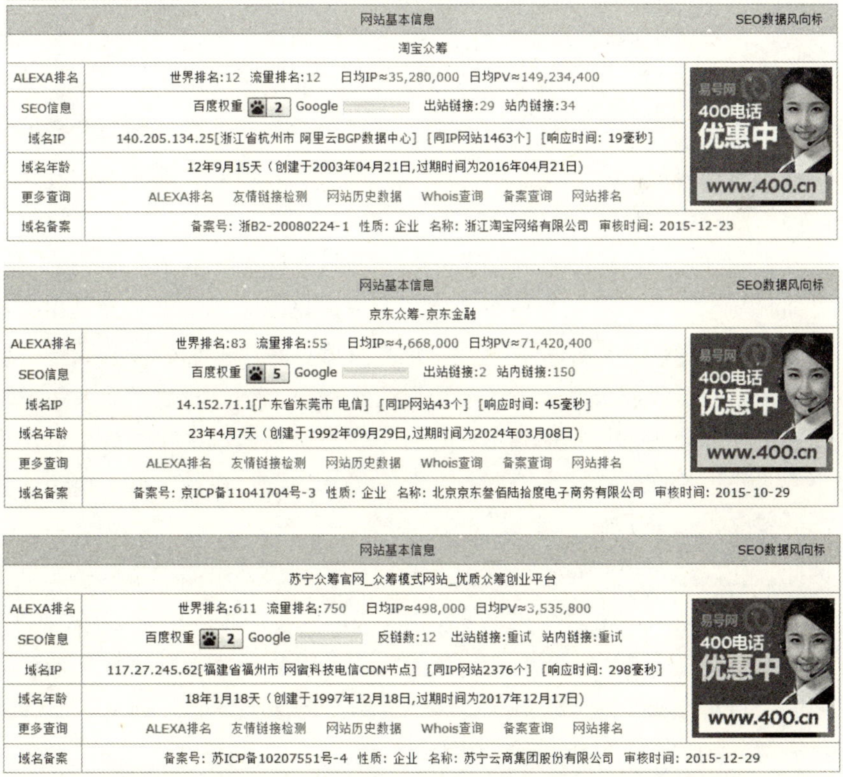

网站基本信息	SEO数据风向标
	淘宝众筹
ALEXA排名	世界排名:12 流量排名:12 日均IP≈35,280,000 日均PV≈149,234,400
SEO信息	百度权重 2 Google 出站链接:29 站内链接:34
域名IP	140.205.134.25[浙江省杭州市 阿里云BGP数据中心] [同IP网站1463个] [响应时间：19毫秒]
域名年龄	12年9月15天（创建于2003年04月21日,过期时间为2016年04月21日）
更多查询	ALEXA排名 友情链接检测 网站历史数据 Whois查询 备案查询 网站排名
域名备案	备案号：浙B2-20080224-1 性质：企业 名称：浙江淘宝网络有限公司 审核时间：2015-12-23

网站基本信息	SEO数据风向标
	京东众筹-京东金融
ALEXA排名	世界排名:83 流量排名:55 日均IP≈4,668,000 日均PV≈71,420,400
SEO信息	百度权重 5 Google 出站链接:2 站内链接:150
域名IP	14.152.71.1[广东省东莞市 电信] [同IP网站43个] [响应时间：45毫秒]
域名年龄	23年4月7天（创建于1992年09月29日,过期时间为2024年03月08日）
更多查询	ALEXA排名 友情链接检测 网站历史数据 Whois查询 备案查询 网站排名
域名备案	备案号：京ICP备11041704号-3 性质：企业 名称：北京京东叁佰陆拾度电子商务有限公司 审核时间：2015-10-29

网站基本信息	SEO数据风向标
	苏宁众筹官网_众筹模式网站_优质众筹创业平台
ALEXA排名	世界排名:611 流量排名:750 日均IP≈498,000 日均PV≈3,535,800
SEO信息	百度权重 2 Google 反链数:12 出站链接:重试 站内链接:重试
域名IP	117.27.245.62[福建省福州市 网宿科技电信CDN节点] [同IP网站2376个] [响应时间：298毫秒]
域名年龄	18年1月18天（创建于1997年12月18日,过期时间为2017年12月17日）
更多查询	ALEXA排名 友情链接检测 网站历史数据 Whois查询 备案查询 网站排名
域名备案	备案号：苏ICP备10207551号-4 性质：企业 名称：苏宁云商集团股份有限公司 审核时间：2015-12-29

图 4-11 淘宝众筹、京东众筹、苏宁众筹的流量排名查询结果

（二）选择筹款模式

前面我们提到产品众筹有固定型和灵活型两种筹款模式，究竟该选择哪种模式呢？大多数人直觉上一定认为要优先考虑灵活型，因为这种类型似乎是个旱涝保收的做法，无论未来如何总会收获一些资金。然而，有可能固定型模式对发起人的帮助更大。因为众筹时你不是一个人在做决策，而是处于一个与其他人进行博弈的环境中，除了考虑自己的想法，还要考虑支持人的想法。虽然对两种筹款方式的认识不同会影响你的选择，但是也要明白你所选择的筹款方式还会进一步影响整个筹款的进程。

对支持者来说，是否要支持一个项目，会做出如下考虑：对于一个灵活型项目，在他投款时就确定这笔钱最后会被拿走，而能否完成筹款目标却是变数。如果完成了当然好，如果没完成（即只完成了一部分），那么项目资金不足就有可能影响项目的进度，最后生产和发货都会受影响。因此，最终结果就具有很强的随机性：要么筹款达标，正常发货，要么筹款未达标，发货受影响。一旦发货受影响，支持人的资金将遭到损失。所以灵活型筹款模式对支持人来说风险很大，在筹款未达到目标时会面临损失。然而对于固定型项目，在支持人出钱时对这笔钱未来会不会被拿走是未知数，这取决于筹款达标与否。如果筹款达标，那么正常发货，支持人没有损失。如果筹款未达标，则会全额返还，仍然没有损失。对支持人来说，固定型模式似乎更有诱惑，因为无论筹款是否达标，都没有损失的可能。

另外，当你还有 3% 的金额没完成时，这时候你去寻求别人的帮助，固定型会更加容易，因为这时候会让帮助你的人觉得自己的援手更有分量和决定性意义，可能稍微帮助一下就可以把一个计划变成现实，而如果没有支持，整个项目之前积累的努力就付之东流了，所以会觉得自己举足轻重。而灵活型却不是，你的支持者会想就算没达到百分之百你也能拿到钱，多我一分不多，少我一分不少，我干吗要去凑这个热闹，我此时投一块钱与投固定型一块钱给我带来的心理感受完全是天壤之别。

因此，在发起众筹时对于两种模式的取舍，建议采用如下策略：如果你的项目的启动与筹集金额密切相关，那么建议采用固定型，比如要办一场演唱会，体育馆的场地费是 1 万元，低于 1 万元肯定无法开展，那么固定型更加适合。如果你的项目对金额没有硬性约束，多少都行，只要有就比没有好，那么可以采用灵活型。

（三）首先锁定你的 3F：family、friend、fans

根据《Massolution 报告》[1]中的统计数字，产品众筹有如下规律：如果一个项目能够在上线的第一周就快速地筹集到目标金额的 25%，那么最后该项目成功募集的比例会超过 80%。

这个规律告诉发起人，如果希望最终项目募集成功的话，就可以在项目上线前，先做好预热活动，动员自己能动员的与自己关系最近的人群，如家人、亲戚、朋友、同学、粉丝等，争取在上线前就向他们预告你的项目，包括何时正式上线，在哪个平台上线。这样就能确保这群跟你关系最近并且最好动员的人群能够在项目上线第一周就来支持你，帮助你短时间内冲刺到目标金额的 25%，然后再逐步依靠陌生网友的支持，以一点一点地走向最终的目标金额。

（四）将激励机制融入众筹方案

当发起人发起一个众筹项目，在筹款阶段其主要任务是想尽办法激励更多的人来支持自己的项目，所以在设计众筹方案时要懂得使用一些技巧来提高大家支持项目的积极性。目前有两种广泛使用的激励机制。

1. 差别定价机制

我国有句谚语"早起的鸟儿有虫吃"。这句话同样适用于众筹筹款中。在国外的众筹页面中将这种机制命名为"Early Bird"。通过我们的一些观察和研究，发现支持者之间存在模仿行为，如果在众筹的前期能够迅速获得一些支持，随后会吸引更多的人前来支持。也就是说，一部分人的支持会带来另一部分人的支持，因为大家倾向于观望别人的行为来为自己的行为做决策。所以如果发起人希望筹款能够快速完成，那么重点就要想办法在筹款期的早期吸引到更多的支持者。于是可以开放 100 个名额，先到先得，而这 100 个名额所支持的价位设置为比常规档位的金额更低，这样通过人为地将早支持和晚支持的价位区分开来、拉大差距，就可以产生激励的效果。人们会在早支持的低价位诱惑下，争先恐后当早支持者，一旦早期积累到足够的支持者，就会顺利开启后续支持的模仿模式。

如图 4-12 所示，在 Indiegogo 上一款智能电子吉他 MI Guitar 的众筹价格

---

① 《Massolution 报告》是本书第二章《数说众筹》中所引用的数据来源，详细情况请参见本书第二章。

是499美元①，但是发起人根据支持人支持时间的早晚又额外设置了三个档位：①最早支持的人可以享受200美元的优惠，以299美元的价格获得吉他。②错过最早机会的支持者，如果尽快支持还可以优惠180美元，以319美元的价格获得吉他。③再晚一点的支持者就只能享受150美元的优惠，以349美元的价格获得吉他。可见支持得越晚，价格越高，所以大家就有动机抢在前面去支持项目，正如图4-12中所示，最便宜的299美元档位早已经被支持者抢光了。

$299 USD + Shipping

Early Bird: MI Guitar
We're setting aside 300 guitars for our early backers, so get them while they last. ~~SOLD OUT~~ $200 off MSRP. For US residents only.

300 out of 300 claimed
Estimated delivery: March 2017
Ships to: United States

$319 USD + Shipping

Early Bird II: MI Guitar
Miss out on the early bird special? Don't fret, back this perk and save $180 off MSRP. For US residents only.

78 out of 500 claimed
Estimated delivery: March 2017
Ships to: United States

$349 USD + Shipping

Early Bird III: MI Guitar
Get $150 off MSRP by backing this perk! For US residents only.

9 out of 1000 claimed
Estimated delivery: March 2017
Ships to: United States

图 4-12　"Early Bird" 的档位设置

2. "集体游戏" 通关模式

为了使筹款金额达到既定的目标，可以分阶段设定若干子目标，利用支持者人数达到一定数量后继续解锁关卡的模式，来与支持者发生更深入的互动。比如 Quickey 这款众筹②（见图4-13），对于这款万能小钥匙，其基本款是银色的，但是为了让更多的支持者支持发起人的项目，发起人在众筹方案的设计中融入了与支持人群体更多的互动，宣布如果支持者人数达到 6 500 人，就会解锁一个特别款式，是一把黑色金属的钥匙；而一旦支持者人数超过 7 500 人，就会开启一个更加特别的款式，是一款黄金灿灿

图 4-13　Quicky 的集体通关关卡

的钥匙。这样的设计为整个众筹带来了更多的乐趣，已经支持的人会时刻关注总支持人数，为了能够让总人数冲刺到解锁人数，会发动身边的朋友也一起来支持，享受那种达到目标人数时的集体成就感。

---

① 详见 https://www.indiegogo.com/projects/mi-guitar-by-magic-instruments-music-play#/。
② 详见 https://www.indiegogo.com/projects/quickey-the-key-that-opens-everything-but-doors。

（五）注意保护自己的创意

在关于发起人的风险的论述中我们分析了创意被抄袭的风险，并且举了 Pressy 智能按钮的案例，揭示了现实世界中创意保护的重要性。发起人要想保护好自己的创意，那么就要在发起众筹时谨慎地公开自己的创意细节，恰如其分地制作自己的众筹文案。如果对自己的产品细节描述过多，就极有可能被同行抄袭。比如，Pressy 团队当初在 Kickstarter 众筹时就把产品的构造图放在众筹文案中，从图 4-14 可见，其整个智能按钮的构成部件和衔接方式都清晰可见，虽然外行看了不知其然，可是内行一眼就能看出其中的奥妙，这简直就是主动请别人来模仿自己的做法。所以，发起人一定要吸取教训，绝对不要把自己过于详细的结构图、原理图在众筹时曝光，而只是有效地描述产品的功能，足以打动支持人即可。

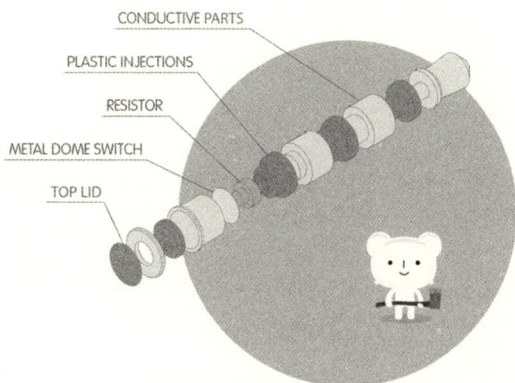

图 4-14　Pressy 团队在众筹时上传的产品构造

（六）重视在团队中引入供应链人才

针对之前我们讨论过的供应链管理风险，发起人需要有所注意的是一定不能忽视供应链管理以及生产流程管理的重要性，这关系着整个项目的成败和未来。再好的创意，如果没有强大的执行能力和生产水平，也只能是空中楼阁。所以，发起人在组建自己的团队时，除了创意人才、科技人才外，务必考虑引入供应链方面的人才。供应链人才和生产人才可以弥补大多数团队的短板，如果团队未来找人代工，他们可以作为团队的代表与代工厂进行有效沟通，如果团队未来准备自己生产，那么他们还可以成为生产中的主要负责人。

第五章

支持人+产品众筹

一、支持人为什么支持

（一）得到发起人给予的产品或服务，而且更加便宜

这一点无须多说，支持某个项目绝大部分原因是为了得到项目中的产品或者服务。有人可能会说在淘宝、京东等电商平台就有挑不完的商品和服务，我干吗要去支持一个产品众筹项目呢？没错，以上这些电商平台就像一个超级商城，里面有琳琅满目的商品，但也正因如此而存在一些弊端：首先，这些电商都有成千上万件商品，消费者可能会难以选出优秀的令自己满意的商品；其次，这些商品大部分都是成熟阶段的商品，即已经面世很久并且消费者已经在大量使用的商品；另外，就算有创新的商品出现，也大多会被商品的海洋所湮没，很难被消费者识别出来。

然而，产品众筹平台却不同，平台上的项目基本上都具有创新属性。支持者支持某个项目往往是被产品的创新点所打动，一看到该产品就有眼前一亮的那种感觉。另外，平台上的项目都要逐一经过平台审核，判断其创新性、可行性，所以起到了精挑细选的作用。这样一来，产品众筹平台上的项目数量就较大型电商平台更为精简，基本上是一些精选的、创新的、创意的产品或服务。打个比方，电商平台与产品众筹平台这二者的关系就像服装大卖场与某一家服装精品店的关系，一个是大而全，一个是小而精。

最后，支持一个项目与在电商购物还有一点重要的不同，如果说电商购物是买别人养好的鸡肉，那么支持一个众筹项目就是帮别人孵化鸡蛋，孵出小鸡后再帮别人养大，最后将鸡肉拿回来自己吃。支持一个项目绝对不是纯粹的商业交易关系，而是一种助人为乐并让自己同乐的资助关系；支持一个项目有交易的属性，却又不完全是，除交易外还有丰富的资助内涵。所以，支持人准确

说不应该被定位为顾客，而应该被视为"天使顾客"，因为其有天使的功能，是在帮助发起人、守护发起人。

通常在众筹平台上众筹的产品由于还没有量产，支持者所支持的资金可以帮助发起人用来组织生产，所以相当于预先借给发起人一笔流动资金，所以除了将未来生产出来的产品作为回报之外，发起人还会将产品的众筹价格定在比未来正式上市后的市场价格更低的水平，通过更低的价格来报答早期支持者。此外，不仅对于个人支持者有价格优势，而且对于潜在的经销商，发起人还会为这些希望未来经销自己产品的支持者提供一些批发的档位，比如一次性支持获得 10 个产品，或者 100 个产品等，这些档位核算下来的单品价格会更加便宜，这就为作为批发商的支持者提供了更多的优惠。

（二）得到助人圆梦的成就感

人类需要梦想，梦想可以为人们点燃灯塔，给人们光明和希望，所以我们国家领导人也强调中国梦。就是说一个国家要有能力帮助自己的人民有条件实现自己的梦想。然而梦想的实现从来就不是一个单打独斗的事情，而是需要大家来互相扶持的，人与人之间如果可以帮助彼此实现彼此的梦想，该是多么好的一件事情，而产品众筹平台就是一个让大家互相帮助、完成彼此梦想的地方。

在产品众筹网站上，我们可以看到别人各种各样的梦想。以京东众筹平台上的项目为例（见图 5-1），"智能陶艺操作平台"项目[1]的发起人的梦想是"为了让更多人安全方便地体验陶艺文化"；"蚊痒舒缓器"项目[2]的三个年轻的发起人为了用科技更好地解决人们被蚊虫叮咬后的困扰，他们在研发产品的过程中一起蹲在草丛中任凭蚊虫叮咬身体各个部位，无数次的亲身试验只为了实现自己的梦想；"BodyPlus 智能运动衣"项目[3]发起人发明了一款内置了 31 个柔性肌电传感器的贴身运动紧身衣，可以在运动时自动采集运动者的肌电信号，其梦想是"让肌电监测不再是冠军运动员的专享，告别单纯监测心率的时代，把肌电信号监测带入大众健身领域"。

---

① 详见 http://z.jd.com/project/details/64816.html。
② 详见 http://z.jd.com/project/details/59116.html。
③ 详见 http://z.jd.com/project/details/63229.html。

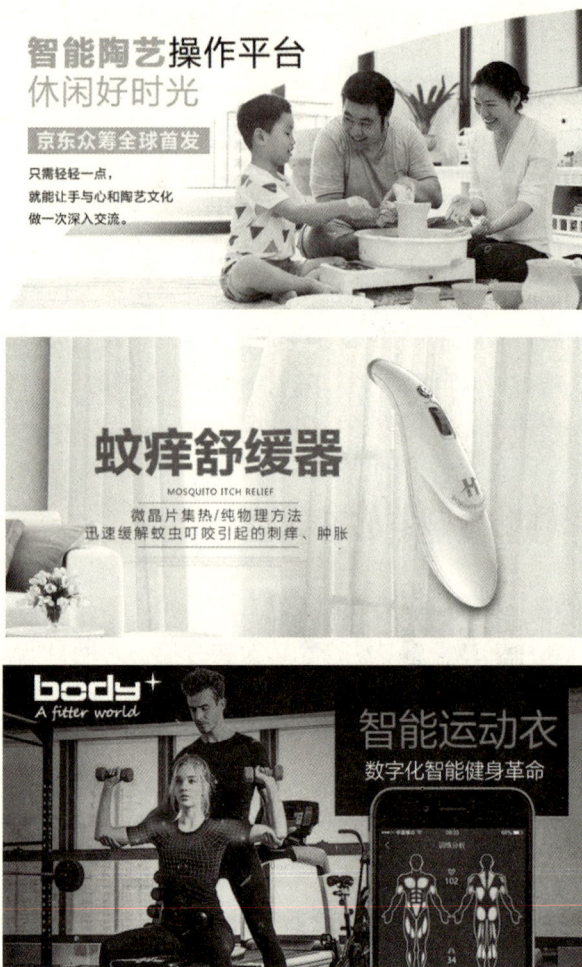

图 5-1　京东众筹上的三个项目

　　类似的梦想还有很多，而这些梦想都在等待支持者去帮助实现。作为支持者的我们，当我们最终看到在自己的帮助下别人实现了他们的梦想，我们会由衷地产生一种充实感和成就感，因为我们参与了别人的造梦过程，我们的支持对别人十分重要，所以让我们觉得自己也很重要。所以，朋友们在追求自己梦想的时候千万不要忘记去寻求他人的帮助，因为别人乐意看到你梦想成真，并且愿意力所能及地伸出援手。

（三）通过支持，可以发现各种新奇的点子

　　打开产品众筹的页面，往往就像进入了一个新奇点子的展览馆，每一个众

筹项目中都能看到发起人与别人不一样的新想法和妙点子。在产品众筹平台上充满了新奇的创新产品，这些产品未必多么庞大，很可能就是生活中的一些小物件，但是绝对会让人眼前一亮，比如有个发起人就发明了一个钥匙般大小的可以用来开啤酒、拆快递等的多功能工具（见案例 5-1）。在支持一个产品众筹项目之前，我们首先会打开一个众筹网站，然后浏览其中各个种类的项目。这些优质项目的浏览，绝对可以让我们脑洞大开。

📷 案例 5-1　什么都能"开"就是不能开门的钥匙 [①]

网站 Indiegogo 在 2014 年 5 月上线了一个项目，发起人 Christopher Hawker 给自己的众筹项目命名为 Quickey: the key that opens everything but doors，译过来就是一把什么都能"开"就是不能开门的钥匙。看到这，我们都会奇怪了，什么都能开，就是开不了门，有这种钥匙吗？开不了门的还能叫钥匙吗？

别着急，看到这个产品的外形后，您就全明白了。如图 5-2 所示，这个小工具外形是钥匙的形状，可以和我们的其他钥匙绑在同一串钥匙链上（见图 5-3），但是它并不是用来开某个门锁的，而是将若干种工具的造型统一地集成在了同一个主体上。其左侧边缘是非常细小的锯齿状，可以用来割断我们新衣服上面拴的吊牌；其右侧整体形状是一个月牙形，可以用作啤酒瓶盖的启瓶器；在月牙形的内部是更大的锯齿状，可以用来划开我们常见的快递包裹；它最下端的小平头是可以用来作为改锥去拧螺丝的（见图 5-4）。此外，使用者还可以灵活地开发出自己需要的新用途。

图 5-2　Quickey 的外形

图 5-3　Quicky 挂在钥匙链上的样子

[①]　详见 https://www.indiegogo.com/projects/quickey-the-key-that-opens-everything-but-doors。

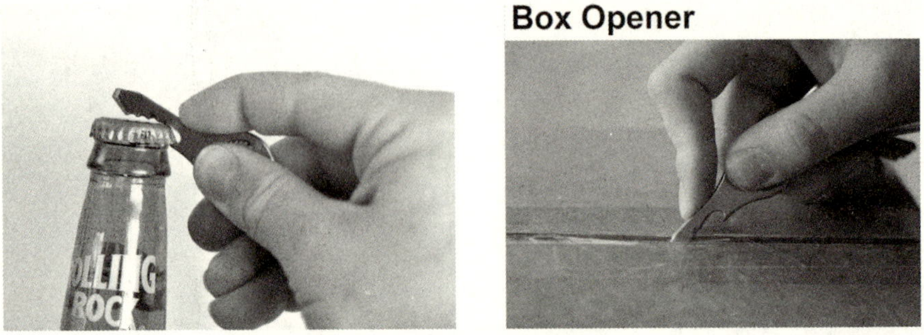

Box Opener

图 5-4　万能钥匙的功能展示

介绍这个案例是想让大家了解到一个奇妙的点子往往不需要很宏大，小但亮点十足就够了。看看发起人 Christopher 自己是怎么说的吧。"我以前收到快递或者包裹时，在想办法撕开包在上面的胶带纸时，经常用我的车钥匙去划，但是非常难用。就在这时，我灵光一闪，这是一个机会啊！做一把锋利的好用的钥匙不就行了！我带着这个闪亮的点子去和我的团队讨论，最后一个可以和瑞士军刀媲美的万能小钥匙就诞生了。"就是这样一个简单的创意在他之前竟然没有人想到，连 Christopher 自己都说："这个点子是这么明显，这么有用，我们都不敢相信在我们想到之前市面上竟然没有人在做！"

在 Indiegogo 上众筹时，支持 9 美元，就能获 1 把这样的工具钥匙。估计大多数支持者也与你我一样，被其"在平凡中发现了并创造了不平凡"的精神所打动，被这把小小的钥匙所具有的强大功能所吸引，竟然在短短的时间内筹到了 24 万美金，是其目标筹款金额的 55 倍还多，支持人数高达 8 082 人！想一想一个 9 美元的东西能够筹到如此高的金额，真是令人瞠目结舌。其实这样的点子还只是冰山一角，还有大量的好点子等着支持者去发现。

（四）在别人的基础上，还可以进一步联想扩展，衍生出自己的创业创意

一个令人眼前一亮的众筹项目，往往是一个绝妙的创意，而这种创意是可以迁移的，可以迁移出更多的同类创意。苏宁众筹的科技板块中有一个智能羽毛球拍的众筹项目，发起人是一家生产制作羽毛球拍的公司，这家公司研发了一款"智能"羽毛球拍面向广大支持者进行众筹。这款众筹项目的创意就在"智能"两个字上，一个羽毛球拍能有什么智能呢？原来设计者在球拍中植入了微

处理器、传感器等电子元件，可以在每一次挥拍时自动采集数据，并且通过蓝牙时时传送到使用者的手机 APP 上，在 APP 中可以看到有关击球的各项统计数据，并且可以提供动作的改善建议等。

无独有偶，鼎鼎大名的体育用品公司阿迪达斯也有一款叫作 miCoach Smart Ball 的智能足球（见图 5-5）。这款足球之所以智能，是因为其内部含有丰富的传感元件。当踢球者踢出一脚定位球后，这些电子元件会感受来自其脚部的力量和角度，并进行一系列计算得出球速、转速等重要数据，然后依靠无线方式传送到手机 APP 上，便于踢球者了解自己的每一脚球踢的水准如何。

图 5-5　阿迪达斯开发的智能足球

创意并非凭空产生，而是可以从现有的创意中源源不断再生出来。一个重要手段就是将别人创意的精髓提炼出来，然后迁移到其他应用场景，这样一新一旧的组合就又会衍生出若干新的创意。比如这里提到的智能羽毛球拍和智能足球，其创意的精髓就是体育用品的智能化，将微型智能硬件植入运动器材中，并且依靠无线实现数据的传输。而这个精髓显然可以马上迁移到其他各种器材中，能否设计出智能乒乓球拍、智能网球拍？能否设计出智能排球、智能篮球？能否设计出智能游泳短裤、智能哑铃？问题可以无穷无尽地问下去，而答案都是肯定的，从一个众筹项目中能抽出其精髓然后与新事物结合就会产生一个新的创意。

当支持者支持众筹项目时，往往可以通过浏览各式各样的好创意，然后通过发挥想象力，思考出更多的衍生创意。这样一来，如果支持者也有创业的打算，那么就会给其提供很多的创业方向，有助于其寻找到合适的创业项目。看到这里，你是不是已经有一种冲动要去研发一款自己喜爱的运动智能硬件了呢？或许是一双智能拳击手套？呵呵。

📷 **案例 5-2**　　　　　　　**智能羽毛球拍** ①

　　苏宁众筹网站 2015 年 9 月上线了一款智能羽毛球拍的众筹项目，目标金额是 50 万元，发起人是深圳市索得士体育用品有限公司，该公司联合双刃剑体育公司旗下的 de tech 项目组共同开发了一款智能羽毛球拍。项目刚一上线，就引爆了众多羽毛球爱好者的热情，仅 48 小时，就获得了 14 118 位支持者，筹集金额突破了 500 万元！一个月后，在项目截止那一刻，最终战果是 20 004 人支持了超过 1 000 万元！远远超过目标金额 50 万元，是目标金额的 20 倍！这种现象正是一个市场前景的风向标，告诉我们对于运动品细分领域，供给远远小于需求，是一个商业蓝海。

　　该款羽毛球拍由于内置了感应装置和微处理器，可以精地地计算出球员挥拍时的击球角度、击球力度、发力曲线、运动轨迹等数据，还可以采集球员活动总量、运动时长、卡路里消耗等数据。之后通过蓝牙将这些数据发送至球员的手机上进行保存和显示，为球员呈现其运动趋势、运动成果进度，而且还可以在后台比对专业运动员的标准动作数据，进而为使用者进行模仿参考和技术修正提供指导。另外，在球拍需要充电的时候，还提供了方便的无线充电卡座，只需要把球拍底部放入卡座就能轻松为球拍充电（见图 5-6）。

图 5-6　智能羽毛球拍配套的手机 APP

　　这款球拍目前分为两个版本，标准版上市后定价为 499 元，高端版上市后定价为 1 599 元。在众筹中，标准版仅须支持 399 元就可获得，少付 100 元；高端版仅需 999 元，比市场价低 600 元。

---

① 详见 http://zc.suning.com/project/detail.htm?projectId=2868。

（五）可以观察风向标，决定自己未来的创业方向

在支持别人项目的过程中，通过大量浏览各行各业的众筹项目，可以做个有心人，总结出哪些行业众筹更加容易成功，哪些行业众筹无人问津，以此来间接地对市场有所了解。如果今后自己要选择创业的时候，就能够不盲目地进入某个行业，而是选择那些风头正热的领域进入。

我们以苏宁众筹的科技板块中的两个项目[①]为例来说明如何利用众筹风向标来指导自己未来的创业方向。如表 5-1 所示，分别对比了两个众筹项目的筹款情况，防滑鞋项目的支持人数还不如杀菌奶瓶零头。虽然两个项目的出发点都是解决一个特定人群的某方面需求，防滑鞋是为了避免老年人摔倒，杀菌奶瓶是防止婴幼儿得病，但是市场对这两个项目的反应程度却有天壤之别。

表 5-1 两个众筹项目的数据对比

	韩洛奇防滑鞋项目	婴幼儿杀菌奶瓶、水杯项目
海报		
目标	50 000.00 元	2 000 000.00 元
达成	1%	500%
支持	4 人	31 618 人
结果	251.00 元	10 001 170.00 元

作为一个有志于创业的人，即使你没有那种天生的商业嗅觉——能够准确地嗅到某个行业的商机，在众筹时代，根据众筹网站上各个项目的筹款情况作为指南针，你也照样能够判断出哪个行业存在商机。对比完这两个案例，相信你也许能得出这样的结论：首先，婴幼儿产业市场巨大，人们愿意为婴幼儿有关的产品付钱；其次，在其他因素相同的条件下，如果今后创业只能在老年产

---

① 杀菌奶瓶项目见 http://zc.suning.com/project/detail.htm?projectId=5134，韩洛奇防滑鞋项目在本书初稿时还在苏宁众筹，在本书首次修改时已经从苏宁众筹下架，但是在众筹网上仍然存在，故使用了其众筹网上的筹款数据，但是在本书再次修改时此项目在众筹网上也下架了，估计因为筹款惨淡所以被频繁下架。

业和婴幼儿产业之间进行选择，那么最好优先考虑婴幼儿产业。当然，一些其他的因素也会影响项目的众筹成功率。

二、支持人的潜在风险

（一）被欺诈的风险

这种风险是指发起人在筹款成功后，根本没有把筹集到的资金用于项目中，而是用于个人消费，更有甚者从发起众筹时其动机就是骗到一笔钱然后用于个人消费，用法律术语来讲就是"以非法占有为目的"。这种情况在众筹领域中还比较少见，因为大部分众筹的发起人还是有梦想、想做事的，但在这个问题上舆论却给予了大量的关注，甚至还闹出过一次闹剧。虽然后来证实是虚假新闻，但是其所关注的点却是值得支持者在支持前考虑的。

案例 5-3　Kreyos Meteor 智能腕表项目发起人 Steve Tan "圈钱买法拉利"风波

在 Indiegogo 网站上，早在 2013 年 6 月有一家叫作 Kreyos 的团队为其开发的一款智能腕表发起了一个筹集 10 万美元的项目[①]，这款腕表可以让使用者在运动时佩戴，不论是跑步还是骑行都可以自动收集使用者的各种信息，包括步数、速度、距离、卡路里消耗、心率等，而且可以通过蓝牙与手机连接，能够实现用语音或者手势来接打电话、查看短信等。要知道苹果公司出品的 Apple Watch 是在 2014 年 9 月才发布的，而这款腕表概念的推出要比苹果公司早整整一年！所以可以想象当时科技界的发烧友看到这样一款众筹项目时，心中有多么的澎湃！短短的时间内就有 11 717 人支持了共计 150 万美金，整整是其目标金额的 15 倍！

然而由于后期量产的各种问题，这款腕表迟迟没有发货，最终在晚于所承诺的发货时间一年以后，总算发出了第一批产成品，然而收到腕表的支持者却

---

① 详见 https://www.indiegogo.com/projects/kreyos-the-only-smartwatch-with-voice-gesture-control#/。

留言表示腕表的功能十分差，有些与手机无法连接，好多功能都无法使用等。就在舆论对该团队表示巨大不满的时候，一家媒体抛出一枚"重磅炸弹"，发文指责该项目的发起人之一 Steve Tan 并没有将众筹到的资金用于产品生产而是满足个人的各种消费，还把 Steve Tan 在 Facebook 上的两张照片附在文章中，其中一张是其站在一辆昂贵的法拉利跑车旁边（见图 5-7），另一张是其坐在成堆的奢侈品购物袋后面（见图 5-8）。这可激怒了迟迟等不到发货的支持者们，大家开始对其进行严厉的声讨。[①]

图 5-7　Steve 与法拉利的合照

图 5-8　Steve 与购物袋的合影

　　虽然引起了民愤，但最终被证明这是一起不实的报道，因为事实上这两张照片在 Facebook 的上传时间是 2010 年，而那时主人公还没有发起 Indiegogo 上的众筹项目，所以根本不可能挪用众筹资金来进行高额消费。虽然这个案例不是真的诈骗，但这场风波所指向的问题却是极有可能发生的，图片也以直观的形式告诉我们诈骗者通常会怎样使用所骗来的资金。所以对支持者来说，这

---

① 详见 http://tech2ipo.com/88076。

种潜在的被欺诈风险也还是需要在支持前谨慎考虑的。

（二）产品无法交付

对支持者所支持的资金而言，排除发起人恶意诈骗的情形以外，即使是发起人尽心尽力地去使用资金，推进项目，最终也仍然有可能项目半途而废，无法完成生产计划，导致交付不了任何产品。这对支持者来说意味着支持完项目以后什么都拿不到，而这显然是一个需要充分考虑的风险。

筹款成功了，项目为什么还可能完成不了呢？相信许多人会有这样的疑问。没错，当我们支持一个项目时，明明已经看到了美丽的产品图片或者视频，我们自然就会认为发起人众筹到足够的资金后，只需要去按照计划购买材料、组织生产，多么简单的一件事，怎么会造不出来呢？其实，筹款成功只是一个最终成功交付出成品的一个必要条件，而并不是其充分条件。也就是说，没有筹集到资金这个项目是一定无法启动的，但是即便筹集到资金，也不能保证最终交付成品，因为还需要其他更多因素的配合才可以。而这些资金以外的其他因素根据项目本身的属性不同又有不同的表现形式。

对于生产制造行业，如智能硬件、可穿戴设备等，在后期项目执行阶段会遇到的最大问题莫过于众筹时考虑问题不全面或者过分乐观，导致资金预算过低，严重低于实际会发生的资金支出，以至于难以为成功生产最终产品提供足够的资金资源，使生产过程受阻或终止，最终无法向支持者交付成品。由于有些众筹项目发起人的才华仅停留在想出近乎完美的产品概念，但是缺乏足够将产品量产的工业知识，所以可能忽略后期大量的零部件采购成本以及运输成本。于是，在项目后期执行过程中往往会发现众筹时的金额可能还不足其真正需要金额的一个零头。

对于娱乐文化行业，如游戏开发、影视拍摄等，在后期项目执行阶段骨干人员的变动就会严重影响最终成品的交付，因为游戏开发团队的核心编程人员离开团队会使游戏开发戛然而止，某部准备开拍的电影其导演或者演员遇到车祸不幸离开也会给电影的拍摄造成毁灭性打击（虽然这种情况很令人遗憾，但是现实中的确存在，比如《速度与激情7》的男主演保罗·沃克在拍摄了80%时就车祸身亡，这种风险在电影业已被大家接受，所以电影业通常会与保险公司签订相关条款来应对这些特殊风险）。由于以上行业的核心就是某些不可替代的人员，那么一旦这些人员的工作状态出现变动，就会严重影响项目的完成。

案例 5-4　　　"Haunts" 游戏项目的 "流产" [1]

2012 年 5 月 7 日，曾写过许多游戏类书籍的作家 Rick Dakan 在 Kickstarter 上发起了一款名为 "Haunts: the Manse Macabre" 的视频游戏项目（见图 5-9）。这款游戏主打惊悚的游戏体验，其场景令人毛骨悚然，其展示的样品视频让众多玩家十分期待，所以从开始众筹不久就筹集到了 2.8 万美元，超过了其目标金额 3 000 美元，支持者人数多达 1 214 人。大部分人选择支持低档位的金额，如 5 美元、10 美元、25 美元，在游戏问世后可以得到一份游戏的安装程序，而且有机会在游戏的致谢名单中出现自己的名字，也有一部分人选择了较高档位的金额，有 250 美元，甚至 7 000 美元，选择这些档位可以获得更多有趣的回报形式，比如，可以将游戏中某个人物命名为支持者的名字，或者将支持者所提供的角色和剧情嵌入游戏的剧情中。

图 5-9　"Haunts" 这款游戏的效果

---

① 详见 https://www.kickstarter.com/projects/2066438441/haunts-the-manse-macabre/description。

这款众筹在众筹文案中写道：前期已经投入了 4 万美元，开发已经基本成型，再投入 2 万多美元就可以在当年的 10 月正式发布。然而这看似美好的设想在众筹成功之后频频出现变故，先是发起人在网页上更新说单机版游戏暂时停止，主攻多人互联的网游模式，接着说在游戏剧本编写过程中发现原计划的 26 章剧情过于冗长准备砍到 13 章，最后在 10 月 19 日发起人说出了这样的话"虽然我十分希望做出这款游戏，但是目前对于其何时能够发布，我看不到任何希望"。至此，这款游戏项目可谓是委婉地宣布了自己的"流产"。

按照发起人在网上的说法，导致其项目中止的主要原因是团队中仅有的两名程序员都离开了团队，一个程序员去 Google 工作了所以没时间再来开发游戏，另一个程序员也找到了另一份工作。而这个游戏虽然已经基本开发成形，但是仍然有许多漏洞需要调试，由于两位程序员的离开，原来 4 个人的团队现在只剩下发起者本人和另一个美工，而他们俩都不会编程，根本无法修复游戏中存在的种种漏洞。另外，由于当时编程所使用的语言是一种比较小众的 Go Programming 语言，会熟练使用的人不是很多，所以临时去寻找新的编程人员也很难找到，况且众筹到的美金也花得差不多了，没有额外的资金再去请新的编程人员。

最终由于核心人员的变动以及一开始的财务预算过于乐观，这款游戏"死"在了离成功就差一点的地方，不能不说让人惋惜，但给我们的警示是：一个众筹项目极有可能在后期执行过程中胎死腹中，什么成品都交付不出来。

（三）实际情况与宣传承诺不符的风险

在众筹时有些项目为了制造噱头或者吸引眼球，在文案中常常使用三种吸引人的手段：①过分夸大产品的配置参数。让人觉得这个产品的技术、性能、配置简直规格太高了。②设定远低于一般人心目中的心理价位。让人觉得这个东西太便宜了，为了捡便宜也要赶紧支持一下。③过分夸大发货速度。比如，承诺筹款成功 30 天后就能做出成品并且发送给支持者，这种打"时间牌"来诱惑支持人，让支持人觉得不必等待一年半载，所以会下决心购买。然而，仅仅为了吸引大众而远远偏离了实际可行性的宣传文案最终会败露，到时候就会出现实际情况与当初宣传不符的风险。

这种风险具体包括三种情况：①有产品但与宣传不符；②发送时间与宣传不符；③前两种情况的混合。第一种情况是的确按照筹款时的承诺在规定时间给支持者发送了产成品，但是支持者收到产品后发现，无论从外观还是从性能上都要比宣传时的描述差。第二种情况是虽然产成品的实物与宣传一致，但是在发送时间上却远远超过了当初承诺的时间。最后一种最严重，不仅让支持者迟迟收不到货品，而且在漫长的等待后收到的货品却让人大跌眼镜，完全就是小市场上能买到的廉价货，竟然当初还好意思宣传自己是"高科技"。

📷 案例 5-5　大可乐手机"偷梁换柱"与奇酷手机的推延发货

在目前中国的众筹实践中，出现以上问题的项目主要集中在手机领域。2014 年 12 月 9 日，京东众筹发起了一个手机众筹的项目，该项目发起人大可乐手机公司希望能在 30 天内筹集到 100 万元的资金，而支持资金的人都可以在 30 天后收到其研发的第三代大可乐手机。但是支持者却遇到了产成品与宣传不符的情形，具体包括：①宣传时手机显卡的图形处理器 GPU 是 16 核，而实际却是 2 核；②宣传时说"全金属机身"，实际是"塑料＋金属机身"；③宣传时说采用"坚硬的蓝宝石屏幕"，而实际却大量出现"屏幕破损、自动裂屏"。

这几项显然与宣传不符，支持者收到手机后普遍反映很差。

另外一个是 2015 年 8 月 26 日登陆京东众筹的奇酷手机项目。奇酷科技计划在 30 天筹集 500 万元人民币，最终战绩不错，从 2 万多人中筹集到 566 万元。其手机根据配置不同分为青春版、旗舰版、尊享版。按照宣传时所承诺的发送时间应该于 11 月 25 日发出，然而尊享版这款机型却迟迟没有发出，在支持者已经耐不住性子的时候，奇酷科技终于在 12 月 15 日发出公告说"亲爱的奇酷手机众筹项目的支持者们，对于尊享版众筹项目不能如期交货一事我们深感抱歉"（见图 5-10）。延迟的原因是"很遗憾尊享版无法通过奇酷用户体验团队严苛的省电和发热测试标准"（见图 5-11）。这样的情形就属于发送时间与宣传不符。

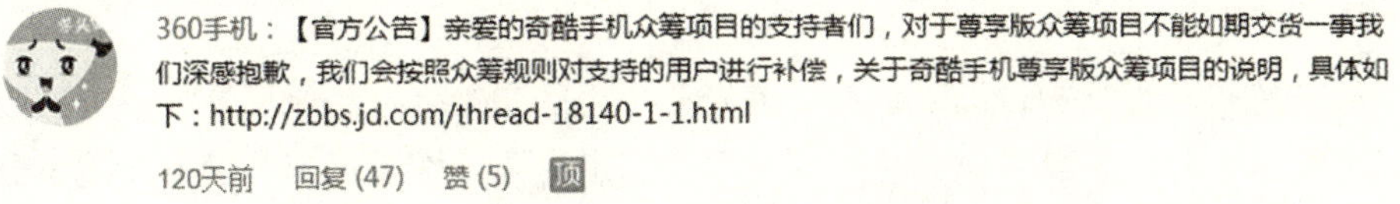

360手机：【官方公告】亲爱的奇酷手机众筹项目的支持者们，对于尊享版众筹项目不能如期交货一事我们深感抱歉，我们会按照众筹规则对支持的用户进行补偿，关于奇酷手机尊享版众筹项目的说明，具体如下：http://zbbs.jd.com/thread-18140-1-1.html

120天前　回复 (47)　赞 (5)　顶

图 5-10　奇酷手机在京东众筹发布的延迟发货公告

关于奇酷手机尊享版众筹说明

尊敬的奇酷手机尊享版众筹用户：

很遗憾尊享版无法通过奇酷用户体验团队严苛的省电和发热测试标准。基于用户体验至上的服务理念，我们将把尊享版CPU变更为功耗性能更平衡的骁龙808 CPU。存储、屏幕等核心配置也会有大幅升级这将使手机续航、性能、显示等核心体验全面提升，以满足极客用户的极致需求。为答谢您的理解与支持，我们将为您提供一份价值500元的大礼包，并为您办理退款，欢迎您继续选择新的奇酷手机。奇酷新品手机将于2016年1月上旬举行品鉴会，诚邀您一起体验前所未有的美妙。

奇酷科技
2015年12月15日

图 5-11　奇酷手机关于尊享版手机延迟的说明

三、支持人应该怎么做

支持人若想维护自己的权益，首先要清楚产品众筹的法律属性，了解自己享有哪些权利，以及其他当事人（发起人和平台）分别承担哪些义务。笔者分别查阅了淘宝众筹、京东众筹、苏宁众筹、Kickstarter、Indiegogo 五大众筹平台官网上的相关信息，试图为大家呈现一个比较完整的认识。

（一）了解众筹平台的法律本质是居间人

当发生产品交付问题时，很多支持人会第一时间想到让平台承担对自己的保护责任，但是在产品众筹合约中这是不现实的，京东众筹发布的官方协议直接指出自己的定位是居间人身份[①]，作用仅在于促成产品众筹合同成立，并不属于产品众筹合同中任何一方当事人。根据《合同法》第四百二十四条[②]，居间人的作用仅是向发起人和支持人双方报告订立合同的机会或者提供订立合同的媒介服务。为了让支持人明白这一点，五大平台也都在自己的官网明确地指出了这一内容，表5-2将相关原文摘录如下。

表 5-2　五大平台关于自身居间人地位的介绍

淘宝众筹《淘宝产品众筹协议》第五条 5.1 款
淘宝仅为您与支持者之间的交易行为提供平台网络空间、技术服务和支持，淘宝并不是发起人或支持者中的任何一方，所有交易仅存在于发起人和支持者之间，使用淘宝众筹平台产生的法律后果由您与支持者自行承担，淘宝无义务介入发起人与支持者之间的任何纠纷或您与其他第三方就服务使用方面产生的纠纷。
京东众筹　《京东众筹支持者协议》第六条 特别提示
京东仅为发起人与支持者之间的众筹提供平台网络空间、技术服务和支持等中介服务。京东作为居间方，并不是发起人或支持者中的任何一方，众筹仅存在于发起人和支持者之间，使用京东众筹平台产生的法律后果由发起人与支持者自行承担。京东不对项目及项目回报质量作任何形式的担保，对于因项目及项目回报发生的一切纠纷（包括但不限于回报质量问题，回报后续服务），由发起人和支持者自行解决。
苏宁众筹《支持者须知》第五条
支持的项目众筹成功，但项目执行中失败了，如何退款？筹资成功后，执行的过程中，如果项目没有按照预期的目标执行，或项目发起人无法正常发放回报均视为项目失败。如果产生了这种情况，由于订金已被项目组织者使用启动项目，仅会退还您部分支持金额。针对订金部分，您需要和项目组织者协商订金退还的事宜，苏宁众筹无追讨资金的义务。

---

① 《京东众筹支持者协议》第二条："京东作为居间方，仅为发起人与支持者之间的众筹提供平台网络空间、技术服务和支持等中介服务，并不是发起人或支持者中的任何一方。"详见 http://jrhelp.jd.com/show/getProblemInfo?id=1467。
② 《合同法》第四百二十四条："居间合同是居间人向委托人报告订立合同的机会或者提供订立合同的媒介服务，委托人支付报酬的合同。"

续表

Kickstarter 《使用条款》
Kickstarter provides a funding platform for creative projects. When a creator posts a project on Kickstarter，they're inviting other people to form a contract with them. Anyone who backs a project is accepting the creator's offer，and forming that contract. Kickstarter is not a part of this contract — the contract is a direct legal agreement between creators and their backers.We don't oversee projects' performance，and we don't mediate disputes between users.All content you access through the Services is at your own risk. You're solely responsible for any resulting damage or loss to any party. Kickstarter 是为创新性项目筹资的平台，当发起人在平台上发布项目信息时，就是再向他人发出订立合同的邀约，任何人通过对项目作出资金支持而接受该邀约进而形成二者之间的合同关系，Kickstarter 并不属于这个合同关系中的任何一方，该合同仅存在于发起人和支持人之间。Kickstarter 不负责监管平台上项目的完成情况，也不负责调停发起人和支持人之间的纠纷，支持人需要独自承担自己行为的全部风险。
Indiegogo《使用条款》
Indiegogo is an online crowdfunding venue for people and entities seeking to raise funds for their own Campaigns and to contribute to the Campaigns of others. Indiegogo merely provides a technology platform to allow Campaign Owners to connect with Contributors. Indiegogo does not represent that Campaign Owners will deliver Perks or that Contributions will be used as described in the Campaign. Users use the Services at their own risk. Indiegogo 仅仅是为发起人和支持人创建联系的一个技术平台，发起人可以在平台上为自己的项目寻求资金资助，支持人可以支持平台上的项目。Indiegogo 并不保证发起人一定会发送产品，也不保证支持者的资金会按照发起人的承诺被使用，支持人需要自己承担相应的风险。

（二）了解产品众筹的法律本质是预购合同

　　既然产品众筹平台无法保护支持人，那么支持人该怎样维护自身的合法权益呢？这就需要支持人了解自己所参与的产品众筹具有何种法律属性。淘宝众筹官网上发布的产品众筹协议比较有代表性，直接点明了产品众筹的法律本质是发起人与支持人之间所订立的预购合同[①]。既然产品众筹属于预购合同，就需要接受我国《中华人民共和国合同法》（以下简称《合同法》）的调整，双

---

　　① 　《淘宝产品众筹协议》第四条："淘宝众筹平台是淘宝推出的预购平台，各行各业的人可以在淘宝众筹平台上发布预购筹款需求的项目，并承诺提供不同形式回报给支持项目的支持者。您作为发起人将与您的支持者订立以不同形式回报为标的的预购合同。"详见 https://service.taobao.com/support/seller/knowledge-5959517.htm?spm=0.0.0.0.HodUf6&_pvf=sellerQuestionList。

方当事人的权利和义务需要符合《合同法》中的各项规定。根据《合同法》第八条[①]，发起人应当按照约定履行自己的义务，即有义务按照自己的承诺在约定时间向支持人交付产品。如果发起人无法向支持人交付产品，根据《合同法》第一百零七条[②]，发起人有义务继续努力交付产品，或者向支持人退还支持款项。如果发起人按时交付的产品与约定不符，根据《合同法》第一百一十一条[③]，支持人有权要求发起人对有质量问题的产品进行修理、更换，或者直接退货归还支持款项。

可见法律对于支持人的保护是很充分的，当产品无法交付或者交付与宣传不符时，发起人需要承担违约责任，支持人有权要求退还支持款项。但是由于产品众筹毕竟不等同于网购，其精神是支持人帮助发起人一起完成某种创造性工作，在产品生产过程中发起人难免遇到困难可能造成发货延迟或者实际产品与设想有所出入，各家众筹平台本着互帮互助、互相理解的精神，一般建议在出现问题后，双方先尽量友好协商解决，要求发起人首先向支持人详细解释自己未按时发货的原因，如果得到支持人的谅解就可以约定新的发货时间。有些发起人在与支持人友好协商时，还会给予一些补偿措施来安慰支持人的心情，比如，上述奇酷手机项目公告中答应给予支持者 500 元的大礼包，还有些发起人会给予支持人 100 元的手机话费作为补救等。但是如果支持人不同意延长发货时间，要求退还支持款项也是受到法律保护的，当其提出退款申请时，发起人有义务向其退款，如果不予退款，支持人有权向法院提起诉讼，如果证据充足法院定会判定其胜诉。但是大家一般不会采用起诉这种办法来解决争议，因为产品众筹每笔支持款项金额较小，支持人数众多，而起诉的时间成本和经济成本与之相比很不划算，况且产品众筹的共同体属性也鼓励双方友好地解决争议，所以现实中产品众筹尽管发生了很多交付问题，但真正诉诸公堂的例子微乎其微。

---

① 《合同法》第八条："依法成立的合同，对当事人具有法律约束力。当事人应当按照约定履行自己的义务，不得擅自变更或者解除合同。"

② 《合同法》第一百零七条："当事人一方不履行合同义务或者履行合同义务不符合约定的，应当承担继续履行、采取补救措施或者赔偿损失等违约责任。"

③ 《合同法》第一百一十一条："质量不符合约定的，应当按照当事人的约定承担违约责任。对违约责任没有约定或者约定不明确，依照本法第六十一条的规定仍不能确定的，受损害方根据标的的性质以及损失的大小，可以合理选择要求对方承担修理、更换、重作、退货、减少价款或者报酬等违约责任。"

（三）独立判断产品能否交付

前面已经介绍了支持人与发起人之间建立的是预购合同关系，发起人对支持人赋有按约定交付产品的义务，在发起人违反约定时支持人有权要求退款，而且会受到法院的支持，但这种情况毕竟是支持人在支持一个项目时不愿意发生的，支持人主要目的还是希望自己支持的项目能够妥善进行，发起人有能力完成产品的研制并按时将完美的产品交给支持人手中。这就需要支持人在支持一个项目之前就多方收集信息，独立做出对该项目实现能力的判断。

由于产品众筹中的产品必须是目前未在公开市场上已经在售的商品，都具有创新性和超前性，所以有些发起人会无底线地夸大自己的产品，缩短供货时间，降低众筹价格，以此来吸引眼球，诱惑支持者支持项目。以国外众筹网站上交付出现问题较多的无人机项目为例，无人机作为一个创新产品是前所未有的，由于其便捷的操控性、灵巧的拍摄能力当然会受到大家的喜爱，但是要知道这个行业还处于初步阶段，电池的续航能力问题、与手机连接的信号问题等有许多技术难题还没有非常成熟的解决方案，虽然个别团队能做出一个具备基本功能的样机，但是要涉及大规模量产并且保证产品的质量还需要有很多的路要走，并非像产品发起人描述的那样容易。所以对于过分美好的宣传，支持人要留心警惕，这么好的产品晚两天买也来得及，如果真像文案中说得那么好，上市那么快，那等上市后再买又何妨？

另外，我们可以再假设一个众筹项目，假如某个发起人发起一款无人驾驶汽车的产品众筹项目。无人驾驶汽车作为未来的一项趋势无疑会引起大家的狂热追捧，如果发起人在文案中声称自己已经有了成熟的技术，只要获得支持人的资金支持，在半年后就可以向支持人交付无人驾驶的汽车，而且支持价格还非常便宜，只需要 10 万元。面对这样的项目作为支持人该怎样对这个项目的交付能力做出独立判断呢？支持人需要利用互联网上丰富的信息了解一下无人驾驶汽车行业目前的发展情况，看一看目前都有哪些大公司在做类似的事情，产品研发进度如何，已经突破了哪些技术难题，还有哪些关键技术没有突破，然后再来评价众筹项目中发起人所承诺的内容是否可靠。通过对无人驾驶汽车领域的调研，我们发现这样一条信息，2016 年 8 月 19 日百度与福特联手投资 1.5 亿美元布局无人驾驶，计划在五年内可以实现量产无人驾驶汽车[1]，目前需要开发新一代的激光雷达以解决车距确认的问题。可见目前百度和福特这些大公

---

[1] 详见 http://finance.sina.com.cn/stock/usstock/c/2016-08-19/us-ifxvcsrm1916568.shtml。

司的技术还在发展之中，更别提一些小团队可以向你承诺半年内发货，这样的众筹项目支持人就应该判断成功完成的概率较低，最后产品如实交付的不确定性极高，因此就不应该选择支持。

支持人在支持一个项目之前，除了听发起人的一面之词以外，一定要加入自己的判断。如果支持人十分关心自己是否能在所承诺的时间收到所承诺的货品，那么就需要在支持前通过各种网络渠道与发起人进行交流，了解发起人获得支持的资金后其详细使用计划是什么，然后判断该资金使用计划是否有助于产品成功的研发生产。如果通过判断得出该计划具有可行性，有助于产品成功的生产，那么就可以参与支持；反之，就不要支持。总之，支持人在支持项目前，一定要对自己负责，即不能过分信赖发起人单方面过于美好的描述，也不要寄希望于众筹平台对项目完成能力的担保。正如 Indiegogo 在网站上给支持者的建议一样："Indiegogo 无法向你保证项目一定会成功，也无法向你保证产品一定会交付给你。通过支持他人，你是在帮助那些好的想法、好的项目变为现实。在项目的早期阶段，你需要接受各种可能的风险，包括项目的变化、延迟交付、不可预见的各种挑战等。你支持的项目很有可能不会成功，我们把对项目能否成功的判断权交给你，在你支持前由你自己做出独立的判断。"[①]

当然如果一个支持者不愿意承担任何风险，不愿意陪伴发起人一起参与冒险，那么最好的避险办法就是不支持。那么如何在支持前识别出风险呢？在媒体央广网上一篇《38 名投资者集体状告奇酷科技》[②] 的文章中，记者采访了南京大学民商法教授邱鹭风，邱教授的回答对于支持者判断是否要支持很有指导意义。他说，在浏览众筹文案时，"风险条款是核心"，如果看到发起人在文案中说自己众筹的目的是产品开发而不仅仅是营销，就要提醒自己"开发就会有风险"，接下来就要在文案中寻找有没有信息关于"万一开发不出来，后果是什么"，"如果它不写，我们就不要去参加"。相反，如果在文案中明确写明如果开发不出来的补救措施，如果你能接受这些措施，那么就可以参与支持。

---

① Does Indiegogo Guarantee Perks? Indiegogo is unable to guarantee that projects will succeed or that perks will be delivered or deemed satisfactory. By contributing to a campaign you are supporting an idea, project, or cause you care about and want to help make happen.Like anyone getting in on an early-stage project, you accept the risk that the project may experiences changes, delays, unforeseen challenges, and it's possible that a project you fund might not come to fruition. We leave it up to you to make your own judgment about a campaign's merits before making a contribution. 详见 https://support. indiegogo.com/hc/en-us/articles/206389917-Does-Indiegogo-Guarantee-Perks。

② 详见 http://china.cnr.cn/xwwgf/20160317/t20160317_521635235.shtml。

（四）关注平台对于支持资金的监控

如果支持人已经对项目做了独立的判断并且最终支持了该项目，可是由于各种无法预见的原因，项目最终还是没有圆满完成，导致发起人的确无法交付产品，这时就会涉及支持人要求退款的问题。而退款问题的核心是退款的钱从哪里来？这就需要谨慎的支持人在支持项目前了解各家众筹平台对支持资金的流向是如何管理的，是将资金全额拨付给发起人，还是存在某种机制来滞留一部分余款在项目成功后再拨付给发起人？这些关键问题会对支持人要求退款时的退款顺利程度带来很大的影响。

通过对五大众筹平台相关资金监控政策的了解，我们发现国外的两家平台 Kickstarter 和 Indiegogo 都不扣留任何支持资金，在众筹筹款成功后，全部筹集到的款项在扣除收取的手续费后会从支持人的账户上直接扣划到发起人的账户中。比如一个众筹项目筹集了 100 万元，在筹款成功结束后的 15 个工作日内，在扣掉平台收取的 5% 的服务费和约 3% 的支付结算费用后，92 万元会从支持人的账户中就会划转到发起人的账户中供发起人随意支配。这样的话，当支持人要求退款时，由于款项已经被发起人收进账户中，就需要与发起人之间先行沟通，要看发起人是否配合退款，如果发起人有意拖延或者拒不配合，就会给退款造成很大的不便。

然而我国的三家平台（苏宁众筹、淘宝众筹、京东众筹）却对支持资金的使用有着更为严格的管理，在众筹筹款成功后并不是马上全额付给发起人，而是分批分次、按比例拨付给发起人，未拨付给发起人的支持资金就会很好地保证今后退款时的便利性，在支持人申请退款时就可以由平台快速地从未拨付资金中先行退款，而不必考虑发起人是否愿意退款。一般来说，平台对资金的监管程度越高对支持人退款就越便利，支持人在决定支持众筹项目前，需要详细了解各家平台的资金使用监管政策，以此来了解自己未来如果申请退款是否有足够的资金保障。表 5-3 ～表 5-5 依次介绍了三家众筹平台的资金政策。

表 5-3　京东众筹的资金监控政策

京东众筹
政策： 　　"为保护支持者权益，在项目募集期，所有支持款项均在网银在线第三方监管。项目筹款成功后，京东众筹平台将在确认收款信息无误后的 3 个工作日内，将募集总金额扣除 3% 平台服务费后的剩余款项的 70% 交付给发起人，并预留余下的 30% 作为确保项目成功并保证支持者获得回报的保证金，在项目成功无纠纷且所有支持者得到承诺回报的情况下，京东将把这部分款项交付给发起人。"

续表

京东众筹
评价： 　　京东众筹的资金监管政策是筹款成功后付给发起人 70%，留存 30%。以 100 万元的支持金额为例，扣除 3 万元平台服务费后，剩余 97 万元，其中 70% 即 67.9 万元付给发起人使用，留存 30% 即 29.1 万元作为保证金。可见支持人申请退款时，至少有 29.1 万元是在平台控制下的，因此可以对支持人进行快速退款。

表 5-4　淘宝众筹的资金监控政策

淘宝众筹
政策： 　　"怎么保障支持者的权益？通过淘宝众筹平台开展的众筹，涉及的资金将采用第三方担保方式，只有发起人按照约定发放回报并经支持者确认收货的，发起人才能够全额获得支持者支付的资金。" 　　"项目筹资成功后，发起者拿到筹款金额的 1%～50% 作为项目启动资金（按照发起人设定的比例），支持者收到回报确认收货后，发起者将收到剩余资金。" 　　"如果项目发起人筹资成功后没有兑现回报承诺，怎么办？如果项目发起人没有进行'发货'的动作，在超过发货截止时间后，支持者可以申请退尾款，定金部分款项需要和发起者协商以支付宝转账形式退回；如果项目发起人进行了'发货'的动作，但是存在虚假发货或与约定不符的情况，支持者可以申请退尾款，定金部分款项需要和发起者协商以支付宝转账形式退回，若商家不同意，您可以发起投诉，我们将尽快为您处理并处罚发起人。"
评价： 　　淘宝众筹的资金监管政策是筹款成功后最多付给发起人 50%，留存 50%。以 100 万元的支持金额为例，由于目前淘宝众筹不收取任何服务费，100 万元中 50 万元先付给发起人使用，留存 50 万元作为保证金。可见支持人申请退款时，至少有 50 万元是在平台控制下的，比京东众筹平台留存的保证金多出 20.9 万元，所以对于支持人申请退款更有保证。

表 5-5　苏宁众筹的资金监控政策

苏宁众筹
政策： 　　"平台收费标准，及项目结款方式？项目筹资成功后，苏宁众筹平台收取募集金额的 3% 作为平台服务费，发起者将拿到除平台服务费 60% 作为项目启动资金（按照协议比例），支持者收到回报确认收货后，发起者将收到剩余资金。"
评价： 　　苏宁众筹的资金监管政策是筹款成功后付给发起人 60%，留存 40%。以 100 万元的支持金额为例，扣除 3 万元平台服务费后，剩余的 97 万元中 60% 即 58.2 万元付给发起人使用，留存 40% 即 38.8 万元作为保证金。可见支持人申请退款时，至少有 38.8 万元是在平台控制下的，因此可以对支持人进行快速退款。

续表

苏宁众筹
同时苏宁众筹平台除了留存保证金外，还需要发起人在众筹项目开始筹款前就缴纳一笔质保金。这笔质保金需要在一年之后才返还给发起人，这笔质保金为可能发生的退款增加了额外的资金来源。详见苏宁众筹官网公布的众筹流程图。

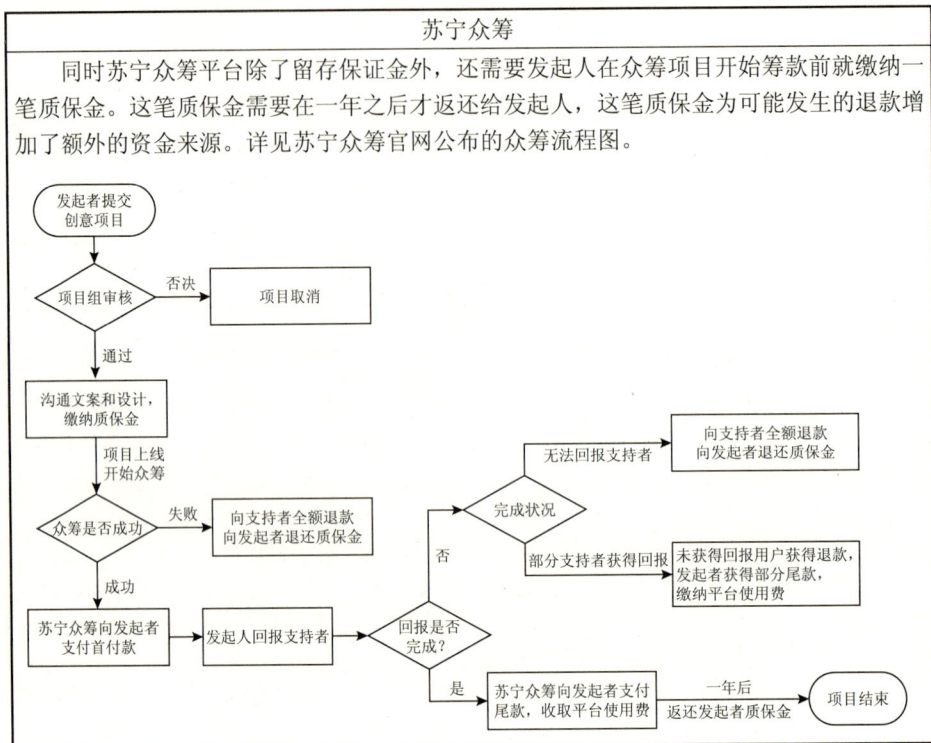

（五）关注发起人的偿债能力

　　虽然支持人在支持一个众筹项目中并不希望走到法律纠纷的局面，但是谨慎起见，支持人不得不考虑万一发生对发起人的诉讼时，发起人是否有足够的财力来履行对自己的退款。当支持人要求退款时，首先会借助平台所留存的保证金来进行退还，不足的部分需要与发起人协商解决，如果发起人不配合难免最终会诉诸公堂，这时如果法院判定发起人向支持人退还款项，能否成功退还资金一个重要因素是发起人的偿债能力，这就要求支持人提前判断发起人的偿债能力。

　　产品众筹的发起人既可以是自然人，也可以是依法设立的法人，我国大部分产品众筹的发起人都是有限责任公司的形式。根据我国《公司法》第三条[①]，有限责任公司以其全部财产对公司的债务承担责任，有限责任公司的股

---

① 《公司法》第三条："公司是企业法人，有独立的法人财产，享有法人财产权。公司以其全部财产对公司的债务承担责任。有限责任公司的股东以其认缴的出资额为限对公司承担责任；股份有限公司的股东以其认购的股份为限对公司承担责任。"

东以其认缴的出资额为限对公司承担责任。这就意味着，当发生诉讼时发起人能够承担的最大责任就是其公司的全部资产，其股东承担的责任也仅以其认缴的出资额为限。因此，支持人要想提前预判发起人的偿债能力，就需要了解发起人公司的资产总额，但是由于目前的信息共享程度不足以做到这一点，能够做到的是通过工商信息查询网站"全国企业信用信息公示系统"① 查询到所有公司的注册资本情况（见图 5-12）。虽然注册资本的金额不能完全反映发起人的偿债能力，但是在一定程度上有助于帮助支持人进行预判，因为注册资本越高，股东们承担的责任也越高，对支持人的诉讼请求也帮助越大。所以支持人可以在支持某个发起人之前，在工商信息查询网站上了解该公司的注册资本金额多少，然后将该注册资本金额与本次众筹的筹款金额作比较，如果注册资本金额远远大于本次筹款金额，那么发起人的偿债能力就比较有保证，支持人就可以更加安心地进行支持。

图 5-12　工商信息查询网站

以在京东众筹上众筹次数较多的滑板车项目为例，当支持人想支持一款滑板车项目时，发现有三个发起人都在发起类似的项目（见表 5-6），这时如果希望提前粗略地判断这三个发起人的偿债能力就可以在"全国企业信用信息公示系统"查询出每个发起人的注册资本金额（见图 5-13），然后与该项目实际筹款金额作比较，可以计算出一个"保障倍数"。通过计算发现第三个发起人"浙江乐步电动车有限公司"的保障倍数最高为 40.28 倍，因为该公司注册资本是三家公司中最高的（高达 1 000 万元），就算实际筹款金额 24.823 8 万

---

① 官方网址 http://gsxt.saic.gov.cn/。

元最后在最坏的情况下全部要求退款，那么注册资本的金额也是远远可以覆盖这个退款金额的，所以在这个角度来看，支持人选择支持第三个项目是比较有保障的。

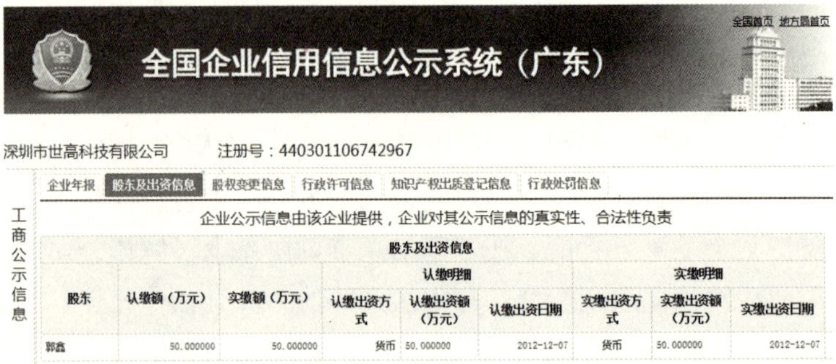

全国首页 地方局首页

全国企业信用信息公示系统（广东）

深圳市世高科技有限公司　　注册号：440301106742967

企业年报 | 股东及出资信息 | 股权变更信息 | 行政许可信息 | 知识产权出质登记信息 | 行政处罚信息

工商公示信息

企业公示信息由该企业提供，企业对其公示信息的真实性、合法性负责

股东及出资信息

股东	认缴额（万元）	实缴额（万元）	认缴明细			实缴明细		
			认缴出资方式	认缴出资额（万元）	认缴出资日期	实缴出资方式	实缴出资额（万元）	实缴出资日期
郭鑫	50.000000	50.000000	货币	50.000000	2012-12-07	货币	50.000000	2012-12-07

图 5-13　发起人“深圳市世高科技有限公司”股东认缴出资额 50 万元的信息查询

表 5-6　三个滑车项目的发起人情况对比

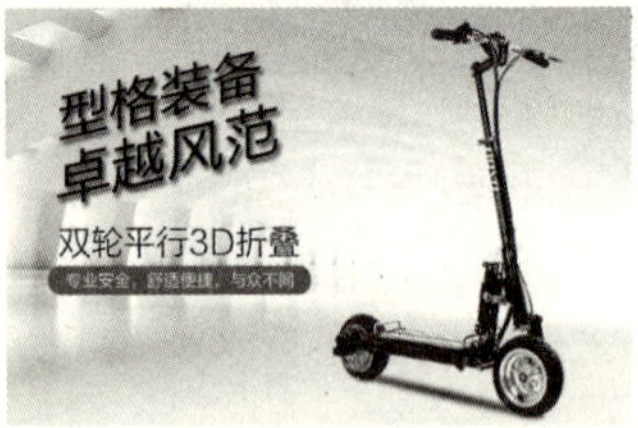	项目名称：NOVO 单摇臂电动滑板车[1] 众筹目标金额：100 000 元 实际筹款金额：108 164 元 发起人：深圳市世高科技有限公司 注册资本金额：500 000 元 保障倍数：4.62 倍 （注册资本金额 / 实际筹款金额）
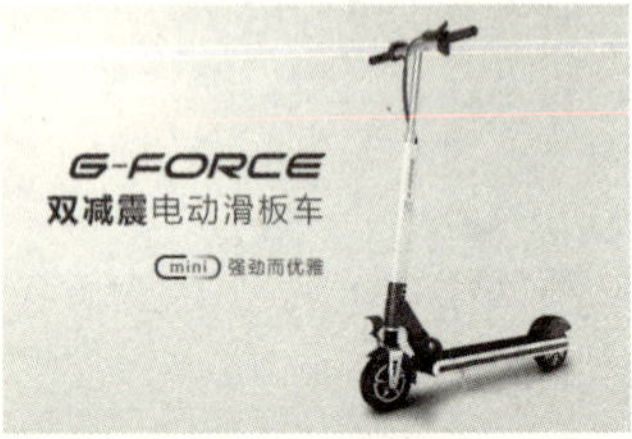	项目名称： G-FORCE 电动滑板车[2] 众筹目标金额：100 000 元 实际筹款金额：339 914 元 发起人：沃尔兹曼（北京）科技有限公司 注册资本金额：1 000 000 元 保障倍数：2.94 倍
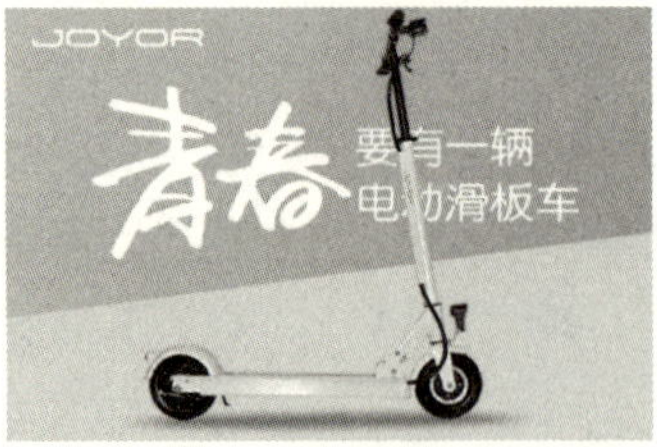	项目名称：九悦电动滑板车青春版[3] 众筹目标金额：100 000 元 实际筹款金额：248 238 元 发起人：浙江乐步电动车有限公司 注册资本金额：10 000 000 元 保障倍数：40.28 倍

① 详见 http://z.jd.com/project/details/30208.html?from=jr_search&type=0。
② 详见 http://z.jd.com/project/details/50141.html?from=jr_search&type=0。
③ 详见 http://z.jd.com/project/details/44002.html?from=jr_search&type=0。

第六章

股权众筹

一、股权众筹简介

通过股权众筹，支持人支持资金后会取得发起人企业的一小份股权，一般集中于初创企业急需种子基金的时期，其性质是股权投资行为，支持者希望能在众多的初创企业中发现"下一个阿里巴巴"，从而分享明星公司未来上市升值的火箭式收益。企业进行融资无非通过负债和权益两种渠道，而权益项下的融资历来困难重重，如何找到更多的投资人来扩充自己的资本金是很多企业的一大难题，我国从建立资本市场以来不断对股权融资的渠道进行完善，从 A 股主板、创业板到目前的新三板都在努力帮助企业进行资本金的募集，然而这些途径往往服务于成熟型企业，而对于新生企业却无能为力，而股权众筹平台的出现恰恰填补了这一空白，用草根的钱来干草根的事，实现草根的梦想或许是对股权众筹最好的注解。

任何交易只要能够达成，一定是交易双方都能从中受益。股权众筹作为一种交易形式也不例外，能使投融资双方都从中受益：融资方可以解决资金问题、聘任更多员工、开发更多新产品、开拓更多新市场。投资方在股权众筹中的特殊表现形式是大量的普通民众，而不再是少数几个"穿着西服、打着领结、叼着雪茄的金融大亨"。而这些大量的普通民众现在有个网络术语叫"草根"。孙正义当年投资马云的故事"草根"们耳熟能详，而目前股权众筹所做的事情就是让所有"草根"也能有机会变成这类故事的主人公，让"草根"抱团做初创企业的"天使"，让"草根"也有机会在合理承受范围内参与风险投资，赢取高额利润。

二、股权众筹的特有属性

（一）线上属性

股权众筹从出现开始，各国立法机关就一直在强调"互联网"这一属性。通过互联网进行线上众筹会辐射到最广泛的人群，这是线上属性带给股权众筹的第一个好处。另一个更为重要的方面是线上属性会赋予股权众筹更好的透明性，那就是所有参与者的各项行为都会被记录下来：从发起人的自我宣传文案，到支持者与发起人之间的问答对话，再到支持者的在线支付记录、发起人的经营数据、发起人对于支持人的回报发放，所有这些都会通过电子系统记录下来。所有这些记录下来的信息都是公开可查的，因此也就保证了这些信息的透明性。

线上属性所导致的信息透明会给监管带来巨大的便利。因为所有这些信息都是公开的、透明的、有据可查的，不会出现在线下交易时看不见、听不到的情况。如果交易大量都是在线下完成的，监管当局就很难监管到那些有"猫腻"的交易，就很容易滋生非法集资行为。而且线下融资时，对于事态的发展比如融资规模发展到多大了，监管当局如果不派专人调查是很难立刻知道准确数据的，况且还会有人刻意隐瞒。然而在线上交易，交易的规模是实时更新的，只要看一下网页上的筹款额度就能知道交易目前达到了什么样的规模。总之，股权众筹的线上属性会带来信息的透明，而信息的透明则会有利于当局的监管。

所以各国监管都强调股权众筹一定要在线上完成，这就是其线上属性，原因是为了让信息更加透明对称，便于监管。比如美国在《JOBS法案》中明确规定众筹要通过证券经纪商或集资门户进行，而这里的集资门户就是指各种股权众筹平台网站。中国在2015年十部委发布的《关于促进互联网金融健康发展的指导意见》（银发〔2015〕221号）（以下简称《指导意见》）对股权众筹定义如下："股权众筹融资主要是指通过互联网形式进行公开小额股权融资的活动，具体而言，是指创新创业者或小微企业通过股权众筹融资中介机构互联网平台（互联网网站或其他类似的电子媒介）公开募集股本的活动。"从其中可见有三处强调股权众筹线上属性的地方：①通过互联网形式进行；②通过股权众筹融资中介机构互联网平台；③互联网网站或其他类似电子媒介。

（二）投资属性

在之前我们讲过的产品众筹中，支持人支持一笔资金后，资金会被发起人用于某种产品的生产，之后支持人会得到该产品。在产品众筹这个过程中，发起人与支持人之间并不涉及纯数字化的货币回报，但是股权众筹却与之不同，股权众筹的支持人在支持一个项目时是希望得到货币形态的回报，并且希望资金有所增加。这种支持时的盈利动机就是股权中的投资属性，或者说是财务属性。股权众筹支持人能够获得的投资回报，要么是从被投企业的经营利润中进行分红，要么是所持股权的估值持续上升，等到出让时以高于入股时价格转让所获取的差额收益部分。

（三）退出属性

股权众筹的财务属性决定了支持者支持之后，不是从发起人那里得到某种产品用于消费就宣告整个过程的完结，而是会持续一个相当长的时间跨度，在未来的某个时点将股权再出售出去、收回货币、退出投资，才算完成整个交易过程。股权众筹必须长远考虑、长期谋划，其成败完全取决于未来的退出是否成功，而产品众筹就根本不涉及这个问题，所以退出属性也是股权众筹的一个重要属性。

三、股权众筹、非公开股权融资、私募股权投资基金募集

（一）官方提出哪三个值得辨析的概念

2015 年 8 月 3 日中国证监会办公厅发布通知《关于对通过互联网开展股权融资活动的机构进行专项检查的通知》（证监办发〔2015〕44 号），在通知中指出：

"目前，一些市场机构开展的冠以'股权众筹'名义的活动，是通过互联

网形式进行的非公开股权融资或私募股权投资基金募集行为，不属于《指导意见》规定的股权众筹融资范围。

根据《公司法》《中华人民共和国证券法》等有关规定，未经国务院证券监督管理机构批准，任何单位和个人都不得向不特定对象发行证券、向特定对象发行证券累计不得超过 200 人，非公开发行证券不得采用广告、公开劝诱和变相公开方式。

根据《证券投资基金法》《私募投资基金监督管理暂行办法》等有关规定，私募基金管理人不得向合格投资者之外的单位和个人募集资金，不得向不特定对象宣传推介，合格投资者累计不得超过 200 人，合格投资者的标准应符合《私募投资基金监督管理暂行办法》的规定。检查内容包括四项：平台上的融资者是否进行公开宣传；是否向不特定对象发行证券；股东人数是否累计超过 200 人；是否以股权众筹名义募集私募股权投资基金。

在以上文件中，官方抛出三个相互区别的概念，分别是：①《指导意见》规定的股权众筹融资；②通过互联网方式进行的非公开股权融资行为；③通过互联网进行的私募股权投资基金募集行为。这三个概念既有联系又有区别，以下分别加以分析。

（二）何为"股权众筹融资"

2015 年 7 月 18 日，人民银行等十部委发布《关于促进互联网金融健康发展的指导意见》（银发〔2015〕221 号）。根据《指导意见》，关于互联网金融监管责任分工，中国证监会负责研究制定股权众筹融资试点的监管规则，积极推进试点各项准备工作。其中对股权众筹定义如下：

"股权众筹融资主要是指通过互联网形式进行公开小额股权融资的活动，具体而言，是指创新创业者或小微企业通过股权众筹融资中介机构互联网平台（互联网网站或其他类似的电子媒介）公开募集股本的活动。"

此外，证监会发言人在答记者问时，明确指出股权众筹具有"公开、大众、小额"三个特点。既然另外两个概念——"非公开股权融资"和"私募股权投资基金募集"，与股权众筹不同，那么在特点上一定也不同。另外两个概念的特点是"非公开、小众、大额"，这三个特点恰好与股权众筹相反，关于这三个特点在以下的概念描述中会有体现。

（三）何为"通过互联网方式进行的非公开股权融资行为"

具有公开性的股权众筹目前还处于概念阶段，没有出台实际法律来保证其合法性来源。如果有人想做真正意义上的股权众筹就势必会超过 200 人所限，必须经过批准，否则没有立法确保其合法性。所以，为了避开这种矛盾，并且依然帮助初创的小微企业进行股权融资，大家想到的办法是先做出一定的妥协和折中，在非公开的框架下，将传统的私募股权投资移植在互联网平台上来做，这就是所谓的"非公开股权融资"，又称"互联网私募"，即帮助企业向少于200 个特定对象募集股本。既然人数被限制得如此之少，要想募集到一定金额的股本，势必造成单笔投资金额的增大；况且由于初创企业风险巨大，从风险承受能力角度考虑，也需要投资人具有一定资金实力。所以特定对象的标准就被界定为 "有钱人"[1]，因为只有有钱人才能单笔投资金额大，同时也能承担更高的风险。

互联网私募与股权众筹之间的区别在于投资者的参与资格、人数的多少、金额的多少。互联网私募的特点是有门槛、小众、大额；股权众筹的特点是无门槛、大众、小额。二者虽然有这三点区别，但也不是没有联系的是两个事物；相反，二者一脉相承，都是通过互联网进行的股权融资，因而两者的价值和风险十分相似。所以本书在第七章、第八章介绍股权众筹的价值与风险时，会采用许多国内互联网私募的案例。虽然使用互联网私募的案例，但并非是将其与股权众筹的概念相混淆，只是想借助其与股权众筹在价值和风险方面的共性，来弥补我国案例不足的遗憾。另外，在我国政策逐步放开之后，京东东家、阿里蚂蚁达客等大型互联网私募平台将最有希望升级为股权众筹平台，所以本书在介绍股权众筹时也会经常提到这些互联网私募平台。

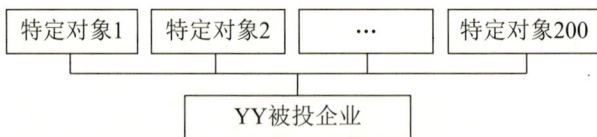

图 6-1　非公开股权融资的投资结构

对非公开股权融资活动来说，其方式是初创企业请平台帮助其融资，平台会对投资者进行筛选，符合资产条件的投资者才被允许注册为网站的用户，注

---

[1]　京东东家互联网私募股权投资平台上对于"有钱人"的界定是：最近三年个人年均收入不低于 30 万元人民币或者金融资产不低于 100 万元人民币。

册成功后才有资格浏览各企业的融资计划和详细内容。一旦达成投资，投资者将直接成为融资企业的股东，是融资企业股权的直接投资者。

（四）何为"通过互联网方式进行的私募股权投资基金募集行为"

对私募股权投资基金募集活动来说，其方式是符合条件的投资者的出资并没有直接进入融资企业的股本中，而是先在一个基金管理人的领导下组建一个有限合伙企业，投资人的出资是进入了这个有限合伙企业的资本账户中。投资人直接持有这家合伙企业的财产份额，成为一名有限合伙人。随后这家合伙企业再以直接投资人的身份进入融资企业。这样在融资企业的股东名册上只能看到这家合伙企业的名称，却看不到出资人的名字，出资人的名字只能在合伙企业的合伙人清单中看到。在我国目前的互联网融资平台[①]中凡是有"领投—跟投"制度的，本质上都属于"私募股权投资基金募集"活动，因为领投人一般都是专业投资机构，很多项目都是这些机构拿出来分享到网上的，只不过以前要自己在线下去寻找出资人，而现在挪到互联网上进行了。其本质没有变，投资人注册成为网站用户后，要与这些领投人组建合伙企业，然后再投入融资企业。

图 6-2 为私募股权投资基金的投资结构。

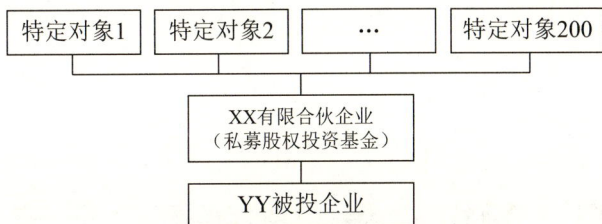

图 6-2 私募股权投资基金的投资结构

（五）国外的股权众筹

由于国内目前还没有真正意义上的股权众筹，我们很难直观理解，但是在英国股权众筹已经被法律所认可，所以我们可以从英国股权众筹网站 Crowdcube

---

① 这些互联网融资平台包括京东东家、阿里蚂蚁达客、天使汇等。

上查看一些项目的投资人个数就可以知道股权众筹放开后是什么样子。从表6-1可见，这些融资企业通过众筹平台所募集的投资者人数远远超过200人，甚至有些都超过上千人，这就意味着真正意义上的股权众筹一定需要打破投资者人数的限制，这样才能体现出众筹中的"众"字。

表 6-1　英国股权众筹网站上几个股权众筹项目的示例

融资企业	融资额 / 万英镑	融资率 /%	目标额 / 万英镑	股份比例 /%	投资者数 / 人
JustPark	351	351	100	4.76	2 702
Sugru	338	338	100	4.02	2 375
Cell Therapy	68	275	25	0.39	297
Vulpine	100	201	50	9.09	582

　　然而，国内目前的互联网股权融资平台提供的服务都不具有公开属性，所以不是证监会所定义的股权众筹，而是互联网私募业务。这类股权融资行为具有的属性是非公开属性，即私募属性，所以要求支持者人数不得超过200人，通过表6-2我们可以看到，蚂蚁达客平台上首次登录的4个项目支持人数都在200人以内。

表 6-2　国内非公开股权融资平台蚂蚁达客的项目示例

融资企业	融资额 / 万元	融资率 /%	目标额 / 万元	股份比例 /%	投资者数 / 人
人人湘	2 700	100	2 700		46
芥末金融	1 300	100	1 300		81
零碳科技	2 000	100	2 000		69

四、股权众筹的相关概念厘清

（一）如何细分"融资"这个概念

　　"融资"根据使用的工具不同，可以分为债权融资和股权融资。债权融资不是本书讨论的重点，本书主要关注股权融资。而股权融资根据融资方式和融资对象不同又可以分为公募股权融资和私募股权融资。具体而言，融资方式和融资对象的不同体现在：是以公开方式融资还是以非公开方式融资。公开方式是指可以面向非特定对象，或者面向特定对象并且超过 200 人。非公开方式是指仅面向符合特定条件的范围有限的人且不得超过 200 人。

所以，公募股权融资就是以公开方式、面向所有人、利用股权工具进行融资的行为，包括成熟型股份公司面向社会公众在主板上 IPO、成长型企业在新三板面向公众挂牌融资、真正意义上的股权众筹。而私募股权融资是指以非公开方式、仅面向不超过 200 个特定对象、利用股权工具进行融资的行为，包括让亲戚朋友入股开公司，或者找投资基金、风投、PE 等机构投资自己的公司，以及我国目前在开展的互联网私募。如图 6-3 所示。

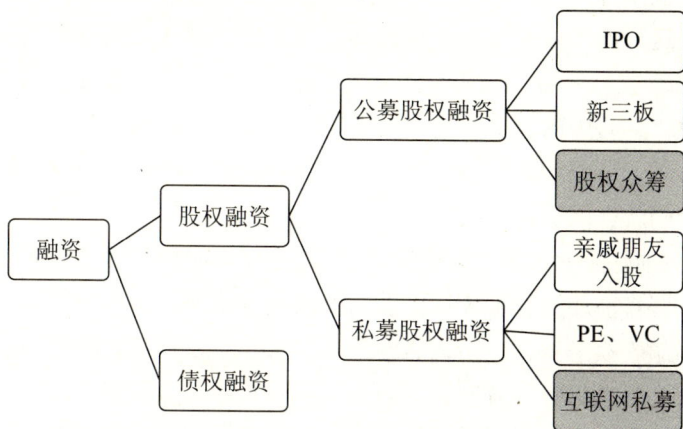

图 6-3　"融资"概念树

（二）股权众筹与 IPO 的关系

从图 6-3 的"融资"概念树中，我们可以看到 IPO（Initial Public Offering，首次公开发行）与股权众筹都属于公募股权融资，接下来我们来辨析二者之间的联系和区别。一家公司如果想公开募集股本，在我国目前必须注册成股份有限公司的组织形式，而且需要遵照证监会规定的核准制，找主办券商办理上市申请，在证监会核准后才能实施首次公开发行。这是我国目前唯一合法公开募集股本的形式。换言之，没有证监会核准的股份公开发行目前都是不合法的。然而《指导意见》明确规定股权众筹必须具有公开属性，即必须面向所有人募集股本。

首次公开发行与股权众筹的区别仅在于三点：①小额股权。目前首次公开发行股票股民申购新股至少要申购 1 手，即 100 股，而假设平均发行价在 10 元，则最少需要 1 000 元就可以成为股东。而小额股权意味着至少要小于 1 000 元，比如英国股权众筹平台最少投入 10 英镑就可以成为股东，显然未来我国出台股权众筹后可能会出现 10 元的小额股权。②初创企业。目前首次公开发行适用于成熟型企业，盈利能力强的大企业。③以互联网平台作为中介。目前首次公开发行需要各家券商的保荐以及交易所提供的平台等。

（三）股权众筹可能私募吗

对于股权众筹，国内常有人将其区分为公募版的股权众筹和私募版的股权众筹，但是这种说法很不妥当。因为众筹具有大众属性，其融资必然属于公开方式募集，简称公募，所以，所有的众筹都是公募。如果有人说"私募版众筹"，无疑等于说"私募版的公募"，因而是错误的说法。公募、私募只是对募集方式的分类，而非对众筹的分类，千万不要把"私募"的标签贴在"股权众筹"的前面，否则就会闹笑话了。

既然"私募版股权众筹"这种叫法是错误的，当时为什么还有人这样叫呢？这是因为我国目前还没有真正意义上的股权众筹出现，即面向所有人（且人数不限）的小额股权融资。我国知名的几家平台（京东东家、阿里蚂蚁达客、天使汇等）均采用合格投资者制度，即个人年收入或者金融资产达到一定标准才有资格参与投资，而且每个项目的投资人数不允许超过 200 个人，这些规定完全符合"非公开方式"所规定的"不超过 200 人的特定对象"，属于"私募"。因此，那些人才会想到"私募股权众筹"的名字。我们前面已经分析过，这种叫法的错误不在于"私募"，而在于"股权众筹"，因为当时这些平台所开展的业务不是"股权众筹"，而只是"私募股权融资"，虽然是借助互联网平台开展，那也只能被称为"私募股权融资的互联网化"或者"互联网私募"，而不能被称为"股权众筹"，因为其不具备股权众筹的"大众"属性。

（四）私募股权融资的互联网化的受益人

主营私募股权投融资的机构被称为 PE（Private Equity）。传统 PE 的做法是一手"找项目"，一手"找钱"，两手抓两手都要硬。而自从有了京东东家、阿里蚂蚁达客、天使汇这些平台以后，PE 成了最大的受益者，因为他们不再发愁"找钱"这件事了，只需要做好找项目这一件事。他们首先找到自认为很好的项目挂在网络平台上，成为该项目的领投人，然后等跟投人把钱投进来以后，PE 机构作为 GP（General Partner，普通合伙人）会带着所有跟投人 LP（Limited Partner，有限合伙人）组建一支有限合伙基金，然后以基金的名义入股被投企业，完成整个投资过程。这一系列操作手法与以前在线下进行时是如出一辙，唯一不同的就是把"找钱"这个过程从线下搬到了线上，利用互联网提供的平台，面向更广阔的人群来"找钱"——找到这些有钱人来做自己的 LP。

另外，合格投资人也能够从股权投资的互联网化中获得便利，以前需要与私募基金经理进行线下对接，而现在通过互联网平台，足不出户就可以浏览成百上千个项目，从中挑选那些自己感兴趣的项目。同时，在选择领投人方面也有了更多的选择，举例来说，之前线下的沟通成本过高导致合格投资人只会把 100 万元交给 1 家私募去投资，而现在在网上却可以把资金打散，投资 10 个项目，每个项目 10 万元都交给不同的领投人去管理，这样不仅更加灵活，而且也有效地分散了风险。

五、合格投资者制度、未来的监管制度创新

（一）合格投资者制度

如图 6-4 所示，阿里蚂蚁达客平台规定只有通过合格投资人认证才有资格在网站上浏览项目具体信息以及参与投资（第十条），而投资人要想被认定为合格投资人，必须满足年收入 30 万元或者金融资产 100 万元的条件（第九条）。这样的做法叫作合格投资者制度（accredited investor），目前在我国互联网私募股权融资领域十分普遍，由于真正意义上的股权众筹还没有出现，所以只能暂时借鉴私募管理的做法。

（二）未来的监管制度创新

管理者在制定参与规则时需要进行监管思路的创新：收入标准不一定是用绝对额来监管，而是要依据相对额来监管①。即不是说收入达到多少元的人才

---

① 参见北大法学院教授彭冰题为《股权众筹的法律与商业逻辑》的演讲实录 http://www.hn.xinhuanet.com/2015-11/04/c_1117038783.html。

第二章 投资人条件

第八条 用户投资人（以下简称投资人）须注册实名认证的支付宝账户并开通余额宝服务。注册时，投资人应仔细阅读并接受平台的《蚂蚁达客平台非公开股权融资服务协议》《蚂蚁达客平台投资风险揭示书》等相关协议。本公司有权采取各种必要手段对投资人进行身份验证。

第九条 注册后，投资人须通过平台的合格投资人认证，满足以下任一条件的用户可认证为合格投资人：

（1）最近三年个人年均收入不低于30万元人民币的个人；

（2）金融资产不低于100万元人民币的个人，金融资产包括银行存款、股票、债券、基金份额、资产管理计划、银行理财产品、信托计划、保险产品、期货权益等；

（3）其他符合合格投资人要求的个人。

第十条 未通过合格投资人认证的投资人不得在平台浏览项目的融资计划书等信息，也无法提交投资申请。

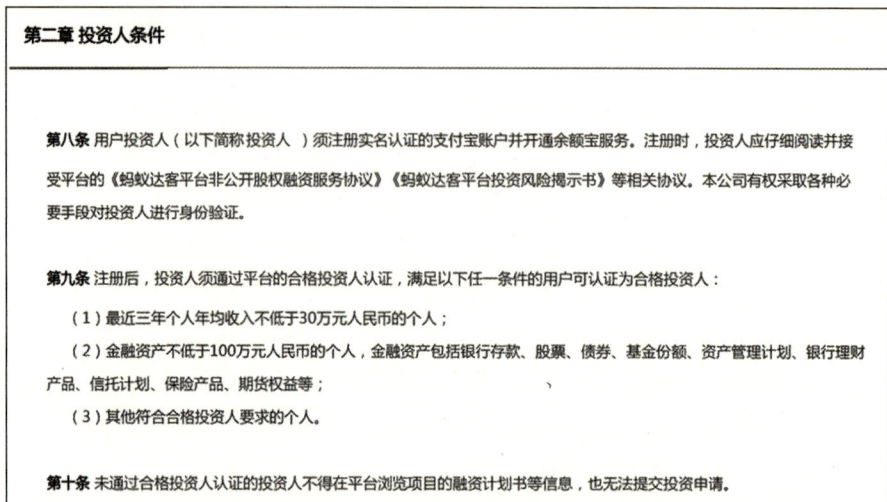

图 6-4　蚂蚁达客平台关于合格投资人要求的截图

可以参与，而是无论收入多少，都只能拿出其中一个比例来参与，比如所有人都最多只能将收入的 5% ～ 10% 用于股权众筹投资。在相对额监管中，收入低的人也可以参与股权众筹。比如一个人年收入 1 万元，只拿出 1 元来投资。所以，为了尊重穷人与富人的投资平等权，应该按照相对额来对所有人进行监管，并且允许全民参与，这也正是美国目前的做法。

也许有人会说这种建议不好操作。其中一个办法是把中国的税务局的信息网络跟其他平台接通。那么到时候每个平台的投资人都是用身份证实名注册，然后与税务局联网，根据每个月的个人收入所得税纳税额，反推出这个人的月收入、年收入，再根据监管者制定的一个比例来计算出每个注册投资人每年最多可以投资的金额。然后平台对其金额进行限额管理，投一笔就从该限额中扣除一笔，用完为止。

六、什么项目适合股权众筹

股权众筹的本质是将某个能够带来收入的资产包的所有权分割出售给持有人，持有人依据该所有权份额来行使自己的收益权能、处置权能等。持有人有两种获益途径：一种是通过持有期间逐期获取现金分红；另一种是通过该资产包自身的增值在未来高价转手卖出。所以从这两种模式出发，凡是能够给持有人带来如上两种好处的项目就会更加吸引投资者，发起人在众筹时筹款就更容易成功，因此也更适合发起股权众筹。

（一）有利于现金分红的项目

多彩投、人人投、东家消费版这些平台把股权融资的项目锁定在特定的资产包上：多彩投上的项目包括客栈、酒店、健身房；人人投上的项目包括餐馆、酒店、电影院；东家消费板上的项目包括餐厅、服装店等。这些资产都具有一个十分明显的特点——现金流极好，几乎每日都有稳定的现金流入。现金流之所以稳定，是因为这类项目属于大众服务类项目，消费群体广泛，消费频率密集。以餐馆为例，假如消费者一天消费 3 次，每周就会消费 21 次，几乎每天都有现金流入，而且一般情况下收益稳定，既不会大起也不会大落。

这类资产之所以适合股权众筹主要在于以下原因：①由于每日具有现金流入，而且盈利水平比较稳定，所以每年都有足够的现金进行红利分配。②由于是单店投资，不涉及利润留存、规模扩张，所以一般盈利都会选择向股东进行发放，而不会用于开设下一家店铺。因为如果要再开一家，没有必要使用这家店铺的利润去投资，直接再发起一家新店的股权众筹就可以了。③连锁经营的实体店铺居多，这种店铺一般经营模式已经成熟，直接销售就会有稳定的市场带来的稳定销售额。比如，一家麦当劳餐厅，市场认知度有了，品牌有了，只是一家店、一家店的复制就可以了。

针对以上特点，我们还可以预测未来会出现针对一辆出租车的众筹、一个便利店的众筹、一个美发店的众筹等，只要是能每天产生稳定现金流的资产就适合股权众筹。

（二）有利于高价转卖的项目

这类项目的特点是成长性好，未来的想象空间大。这类企业如科技类企业——研发某个智能硬件、某款 App、某种社交网站等。由于是新鲜事物，是以前市场上不曾出现的东西，所以未来具有很大的不确定性，问世后要么被市场接受，要么被市场推翻。然而一旦被市场接受，就会具有极大的成长性，从一间"车库"公司逐渐成长为一个庞然大物。在这种"长身体"的过程中，整个公司的价值就在不断增加，相应地，每个股东持有的股权所对应的价值也在不断上升。最后，在公司成熟时有人看上了公司，就会出高价买过来，这时候股东就可以将股权高价卖给新的买家，从中大赚一笔。

这类项目与刚才现金流极好的项目相比有很大的不同，现金流极好的项目往往处于成熟阶段，而这类项目往往处于新生阶段或成长阶段。这些处于"长身体"阶段的小微企业或初创企业很少分红，也很少有足够的现金储备，一开始基本上是烧钱做研发、做市场，占领更多的"城池"。投资人的钱基本上每天都在流出，但是短时间内却很少产生流入，或者即使流入也入不敷出。另外，由于企业处于高速成长阶段，即使有盈余也会再次投入经营、扩大企业规模，而不会选择向股东现金分红。

总之，这类企业的特点是提供一种全新的产品或者服务，以前从未出现，未来很不确定，因此具有很好的遐想力；在企业的商业模式、盈利模式尚不成熟的时候，投资人愿意进行冒险，伴随企业一起成长，在未来企业成熟时再高价出售获利。

七、形形色色的股权众筹平台

《JOBS 法案》明确赋予发起人可以使用其授权的平台进行筹集资金的权利。但是注意一定不可以自己建立自己的众筹网站，不可以给人打电话进行电话销售，不可以在报刊上刊登你的筹款信息。在合法的股权众筹平台中既包括综合类平台，也包括垂直类平台。一般来讲，一个平台提供的服务越多，发起人需要缴纳的费用也越高。

（一）综合类股权众筹平台

1. Crowdcube

这是一家英国的股权众筹平台（见图 6-5），2015 年共上线 320 个项目，其中筹款成功的项目多达 166 个，新增投资者人数 11 万人。全年总共实现了筹款金额 1.18 亿英镑，平均每个月筹款 986 万英镑，每小时筹款 1.3 万英镑！目前在英国通过以股权的方式作为支持的回报是经过法律认可的，英国的小微企业可以在这家平台上发起自己为期 30 天的网络路演，为自己的企业筹集资本金，并给予支持人自己公司的股权作为回报。这个平台筹集资本金的起点至少是 2 万英镑，并无上限，但是建议金额在 10 万～15 万英镑，如果超出 15

万英镑，需要发起人有足够的理由说服平台让其在平台上筹款。

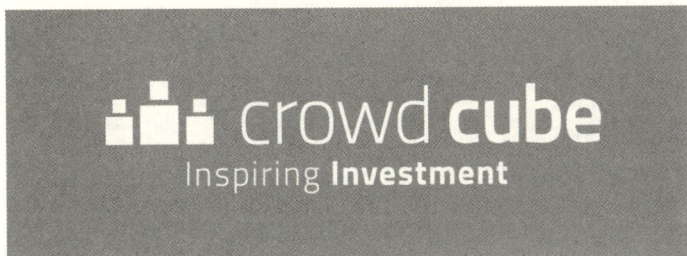

图 6-5　Crowdcube 的 Logo

任何企业都可以在平台上免费发起众筹项目，平台并不收取任何费用。但是在企业递交申请后，平台会对企业的法律文件进行审阅。采用标准化章程或者协议的企业，平台不收取审查费，但如果一个企业的章程比较特殊，里面有许多个性化的条款，这时平台要收取 250 英镑的尽职调查费用，因为需要聘请专业的法律顾问来对这些条款进行逐条审定，避免今后平台上的投资人权益受损。

当企业在平台上的筹款活动在规定时间内成功时，平台会根据融资额的 6.5% 来收取费用，比如，成功筹集 10 万英镑就需要支付给平台 6 500 英镑的服务费。此外，成功融资的企业还需要交纳一笔固定费用 2 500 英镑，用来覆盖需要发生的相关法律服务，因为融资成功后，新的投资人会成为公司的股东，而这些都需要一系列法律文书的起草以及股东权益凭证的签发，还要在相关部门登记备案，这些工作都由平台帮助企业和投资者来完成。

一笔投资的最低金额是 10 英镑，仅需要 10 英镑就可以成为一家公司股东。一般在筹款结束后，投资者会在电子邮箱收到一份公司章程（Articles of Association），这时投资者有 7 天的时间来冷静地考虑是否要确认这份投资。

这家平台最大的特点是如果你投资了一家公司，你会成为这家公司的直接的股份持有者；换言之，在这家公司的股东名册中是有你的名字的。但是注意由于最低金额是 10 英镑，所以势必会造成股东人数众多，这会为公司举办股东会议带来困扰，所以一般公司会将自己所发售的股份分为两类：A 类和 B 类。平台上大部分股份都是 B 类股份，持有者的权利范围受到缩减，没有对于公司未来经营中决策的投票权（voting right）和其他股东出让股份时的优先购买权（pre-emption right）。而有些公司在众筹时也会提供一部分 A 类股份，前提是投资者投入的资金达到一定数额，金额比较大才可以。

对投资者来说，只要是英国居民就可以在平台上进行投资，因为在英国通过互联网平台宣传投资机会是合法的，参与这样的投资也是合法的。平台是不会向那些法律环境不允许的国家的居民发送投资广告的，比如，美国、加拿大、日本、中国目前都还不允许对这样的信息做广告。

2. Seedrs[①]

Seedrs 也是一家英国的股权众筹平台，它成立于 2012 年 7 月。根据其网站上发布的 2015 年度总结报告，在 2015 年来自全球 75 个国家的投资人在该平台上共计完成了 3.8 万笔投资，投资金额共计 6 400 万英镑，平均单笔投资都在 1 700 英镑。

Seedrs 股权众筹平台与 Crowdcube 最大的不同是，Seedrs 采用信托制度来处理成百上千个众筹股东与被投企业之间的关系。Seedrs 会作为受托人代众筹中的投资人来持有其股份，在名义上被投企业的股东名册中只会出现 Seedrs 的名字，而不是若干众筹股东各自的名字，然而被投企业的分红等经济利益却会经过 Seedrs 转手交给众筹中的实际投资者，一旦产生经济利益，Seedrs 会从中扣掉 7.5% 的受托管理费用，其余全部交给实际投资者。

3.truCrowd[②]

位于美国芝加哥的 truCrowd 是美国政府批准的首批股权众筹集资门户之一。如图 6-6 所示，集资门户现在可以为所有美国居民服务，为其提供投资初创企业的服务，既包括以前就可以投资的合格投资者，也包括之前无法参与的非合格投资者，而这都得益于美国《JOBS 法案》的 Tittle Ⅲ 的生效。在 truCrowd 上筹款成功的企业需要向其支持筹款金额的 7% 作为服务费。

图 6-6　truCrowd 的网站首页

---

① https://www.seedrs.com/.

② https://us.trucrowd.com/.

（二）垂直类互联网私募平台

1. 投壶网——专注医疗健康 ①

投壶网于 2015 年 4 月 18 日正式上线，所属公司是深圳市投壶网络科技资产管理有限公司，位于深圳市福田区深南大道。投壶网的名字起的很有意思，投壶是古代士大夫宴请时玩的一种投掷游戏，就是把弓箭扔进远处的一个桶中，看谁扔得准。这里"投"象征着精准投资，"壶"象征着悬壶济世，因为投壶网是专注于医疗健康类项目的股权投资平台。在目前上线的项目中，有微旋基因、分子诊断试剂盒、肿瘤液体活检检测仪器、造影剂、仿制药、糖尿病等一系列医疗项目。

2. 多彩投——专注于有趣空间 ②

2014 年年底，北京多彩投网络科技有限公司的众筹平台"多彩投"上线，2015 年 7 月获得来自雷军先生领衔的顺为资本近千万元投资。截至目前，多彩投平台已经累计完成筹款 5 000 余万元，参与的投资人数接近 3 000 人。多彩投的使命主要是帮助大家众筹自己心目中那些有趣的空间，所谓有趣的空间包括度假空间、健康空间、娱乐空间三种。度假空间目前是被投资次数最多的空间，包括全国各地风景区的酒店和客栈，支持者支持后不仅可以参与分红，还能享有一定数额的居住抵用金。健康空间包括都市健身房、健康工作室、健身会所等，娱乐空间包括 KTV、台球厅等。

3. Springboard Equity——专注于医疗健康 ③

Springboard Equity 是美国一家只针对医疗企业融资的互联网私募平台（见图 6-7），这家平台在 2015 年 7 月才刚刚上线，其使命是帮助医疗初创企业获得足够的资本，同时帮助合格投资者有机会接触优秀的投资标的。其主要关注的医疗细分领域包括医疗设备、数字健康、生物科技、移动健康、远程诊断等。Springboard 目前有一个皮肤疾病远程诊断的众筹项目，该筹资公司开发了一款 App，皮肤出现问题的人只需要拍摄自己皮肤的照片，就能自动在互联网上搜索与之相关的照片并且给出相应的医学描述。如果皮肤问题十分严重，该 App 还能帮助患者预约有关的皮肤科医生，在患者和医生之间建立起一座联系的桥梁。

---

① http://www.touwho.com.
② http://www.duocaitou.com.
③ https://www.springboardequity.com.

图 6-7　Springboard 的网站首页

第七章

发起人+股权众筹

一、发起人为什么发起

（一）取得企业需要的长期资金

发起人参与股权众筹，首先是可以取得资金，用来开始自己的商业冒险。通常是通过出让一部分股权给众筹投资者，然后从投资者那里获得公司进一步发展所需要的资本金。与产品众筹相比，股权众筹获得的资金不需要在一定时期内返还某种形式的产品，因此在融资后的一定期限内，企业没有加紧赶工的压力，不需要急着把产品制造出来，按时向支持人发货。与负债融资相比，比如银行贷款，负债通常有到期日，在到期日面临现金流出企业的压力，企业需要确保资金从借入到还款时能够完成一次周转，在到期日之前能够有足够的现金存在账上用于偿债，所以压力也比较大。

因此，股权众筹形式募集来的资金属于权益性资金，既不需要偿还产品或服务，也不需要到期还本付息，使用起来十分方便。唯一不足的是，需要出让一定比例的股权给新的股东，引入新股东之后可能会在公司发展思路上与创始股东不同。不过一般只要创始股东能够掌握控股权，就可以出让一些股权给外部投资者，在不影响对公司控制的前提下，尽可能地为企业筹集更多的长期使用资金。

而且股权众筹还有一个融资的便利性就是融资对象人数众多，如果只向一个人募集 1 000 万元，那么首先找到有 1 000 万元的人就比较困难，找到之后，由于金额巨大，投资人往往会慎之又慎，不会轻易把资金交给你。但是由于众筹具有人数众多的特点，假如面向 200 个人来筹集这 1 000 万元，每人只需要出 5 万元，这样一来不仅符合条件的人数众多，而且每人所出资金相对较小，对出资人的潜在损失不大，所以更容易获得资金。

（二）把消费者变成所有者，帮助企业销售

股权众筹有一种魔力，就是把企业现有的消费者进一步升级为企业的所有者，让原来喜欢企业产品的消费者产生一种归属感和参与感，进而会在生活中向身边的亲朋好友推广自己公司的产品，帮助企业拓展销售渠道。如果你是一家餐馆的常客，后来在一次众筹中成了该餐馆的股东，这时相比于单纯是一个消费者来说，你更愿意向身边的朋友推荐这家餐厅，而且会带着朋友经常去光顾，来增加餐厅的生意。

其实早在股权众筹出现之前，在欧美就有一种区别于传统公司制的组织形式，叫作 co-operative（互助合作组织），其中一种形式叫作 consumer co-operative（消费者互助合作组织），这种组织一般不完全以盈利为目的，而是为了让组织的成员得到某一方面的好处，或者是为了推动某项事业的发展，有点类似社会企业。比如美国有一家由登山爱好者组成的消费型组织叫 REI，这家组织的使命是"为其成员提供更好的户外装备，同时向更多的人推广户外运动这种生活方式"。再比如美国许多相互保险公司，投保人就是保险公司的股东，凭借手中持有的保单在年底就可以参与保险公司的利润分红，这不仅为投保人提供了保障，而且投保人还能从公司的盈利中获得分红，减少自己的投保成本。

📷 **案例 7-1**   **REI 的成功**[①]

REI 的全称是"Recreational Equipment, Inc."（见图 7-1），最早是由 23 名登山爱好者组成的一个登山俱乐部，其中一对夫妻成员 Lloyd Anderson 和他的太太 Mary Gaiser 与其他成员一样都特别喜欢户外运动，经常与大家结伴登山。1938 年冬天，这个俱乐部的成员准备去攀登位于华盛顿州的一座雪山，但很可惜由于装备太差没有完成登顶的目标。登山中最重要的一项工具叫"破冰斧"，在登山过程中需要用它在山壁的冰上凿出一些缺口作为脚蹬来向上攀登，在下山时也需要将其埋在冰里来保持身体平衡，其他时候还可以将其当作步行时的拐棍来用。

Anderson 和他的朋友们一直苦苦寻找物美价廉的破冰斧，他们把整个西雅图的商店都找了个遍，也没有找到合适的斧子。最后 Anderson 在欧洲的奥

---

① 详见 https://www.rei.com/。

地利找到了一款售价3.5美元的非常好用的斧子，于是他组织俱乐部的好友们一起订购，由于23个人一起订购还可以获得更多的折扣，所以十分便宜。这次斧子采购之后，Anderson受到启发，将当时的登山俱乐部改造成了现在REI的雏形，主要为位于美国的俱乐部成员大批量低价采购欧洲高品质登山用具。并且受到当时Rochdale Equitable Partners Society所实行的互助合作模式的影响，也决定让REI采用该模式，消费者可以缴纳20美元就成为该组织的终身会员，每位会员都有一票投票权，每年会员都会根据自己的消费额来分取10%的红利，消费得越多从组织中分到的利润就越多。在这个组织中，基本上不存在股东，而是归所有消费者会员共同所有。

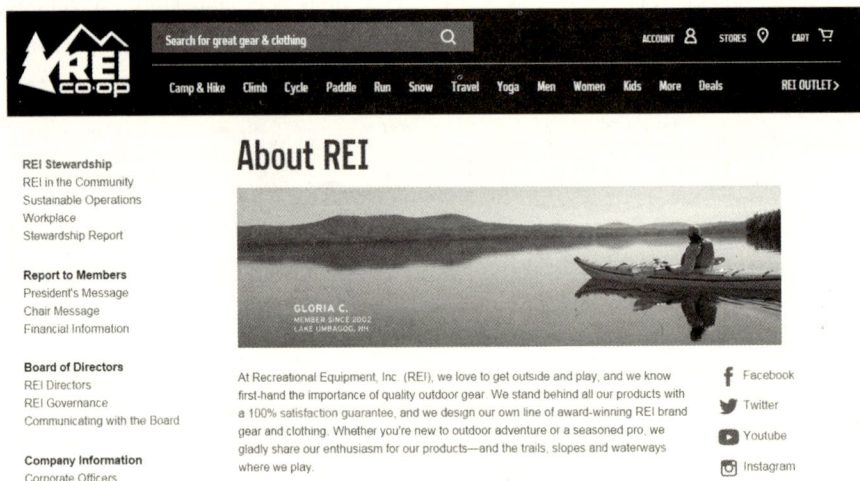

图 7-1　REI 的企业网页

这样的模式造就的结果是消费者对于REI十分忠实，如果在本企业可以买到，他们绝对不会去别的企业购买。另外REI的成员还会向别人推荐REI的产品，而且这也不是完全的推销，而是基于登山或者户外的共同兴趣，在户外运动过程中与其他有同样爱好的人进行交流时，把自己认为好的产品推荐给别人，别人会更容易接受。另外在这种组织中，每位消费者作为组织成员，都有一票投票权，于是可以在董事会选举或者组织下一步的发展方向上做出表决，借此来保证整个组织的发展方向都始终围绕消费者需求的满足来进行，能够为户外爱好者提供更好的工具、培训和体验。这种把消费者变成所有者的模式在REI这里获得了巨大的成功，目前已经拥有超过130家实体店铺，拥有500万会员。

（三）把股东变成营销者，可以更好地营销

上面说的股权众筹可以把消费者变成企业的股东，是因为消费者成为股东之后会更加忠诚，而且在消费的同时可以用更便宜的价格获得，减少消费者的消费成本。而股权众筹还有一个功能是利用一些激励手段，让股东变成企业的营销推广大使，为企业免费进行宣传推广。而在这一点上京东东家消费版上的项目设计都是比较出色的，其不仅仅是向大众进行资金上的众筹，而且还借助大众的力量做宣传推广上的众包，即利用众筹投资人的力量来扩散信息、带来流量、增加收入。

📷 **案例 7-2**　　　**"老炮儿"北京工体演唱会**①

由华谊兄弟出品、冯小刚出演的电影《老炮儿》，一经上映就大获成功，亚洲星光文化传媒（北京）有限公司通过获得华谊兄弟对老炮儿 IP 的授权，准备于 2015 年 11 月 21 日晚 8 点在北京工体上演一场以"老炮儿"为主题的演唱会，出席歌手包括崔健、赵传、黑豹乐队、唐朝乐队等摇滚界"老炮儿"（见图 7-2）。

图 7-2　老炮儿工体演唱会海报

---

① 详见 http://dj.jd.com/funding/details/5887.html。

此众筹项目面向大众在京东东家平台上筹集 150 万元，1 万元起投，投资人最后根据演唱会的票房收入和周边产品收入进行利润分配。但是该项目有趣的是，除了参与票房收入分配外，还设计了一套激励制度，如果投资人能够完成 2 个任务，就能获得额外礼包。额外礼包中包括演唱会 VIP 门票一张，定制手机壳一个，纪念品一套，随机抽取参加新闻发布会和庆功会的入场券。而需要完成的两个任务：①在微信上转发 10 次演唱会信息，在微博上转发 10 次演唱会信息。②在马路上或地铁上看到该演唱会的户外广告，用手机拍摄下实景图，在微信和微博上各转发 5 次。

通过这样的激励机制，将 151 位投资人的积极性调动起来，把宣传造势的工作外包给众筹投资人，让更多的人帮助公司进行宣传推广。

📷 案例 7-3 　　　　　　　雕爷牛腩①

雕爷牛腩这家餐厅在京东东家消费版中曾发起过一次众筹，在其众筹方案中也采用了一系列激励方案来促使股东向更多的人营销雕爷牛腩餐厅并且促成进店消费。该激励方案叫作"投资者等级回报方案"（见图 7-3）。凡是支持1 万元的投资人都可以获得雕爷牛腩朝阳大悦城店的 5 000 元单店消费储值卡。此外，股东可以招募新客户到店进行现金或者刷卡消费，并且根据消费金额大小会获得不同的奖励。

图 7-3　雕爷牛腩 Logo

（1）招募新顾客到店消费金额总计达到 3 000 元时，股东的消费卡可以升级为雕爷牛腩的所有店面，而不仅仅局限于朝阳大悦城一家店铺使用。

（2）招募新顾客到店消费金额总计达到 5 000 元时，股东的消费卡可以升级为集团旗下所有品牌店面的使用权，即不仅在雕爷牛腩餐厅消费，还可以在集团旗下的薛蟠烤串、皮娜·鲍什下午茶店面使用。

（3）招募新顾客到店消费金额总计达到 10 000 元时，股东可以享受皮娜·鲍什私人会所半年的使用权。

---

① 详见 http://dj.jd.com/funding/details/5815.html。

（4）招募新顾客到店消费金额总计达到 20 000 元时，股东可以享受宝马 i8 一周的使用权，同时可以获得由老板雕爷亲自为股东打造的一份营销方案。

通过这一套众筹投资人激励方案，就可以把众筹时这 200 位投资人动员起来，让其向身边的朋友营销雕爷牛腩餐厅，并且带朋友进店消费，增加店面的销售收入。

如之前章节所论，我国目前没有真正意义上的"股权众筹"，"老炮儿"和"雕爷牛腩"的案例都是互联网私募的案例。从本章的"股权众筹＋发起人"和下一章的"股权众筹＋支持人"的角度看，股权众筹和互联网私募有非常多的相似性，因而本书在这两个章节加入了互联网私募的案例。

（四）获得钱以外的多元化的资源

在众筹界有句名言："众筹，筹的不仅仅是钱，还有钱背后的各种资源。"在这种思路下，蚂蚁达客平台依据投资人所带来的资源不同，将投资人分为三类：战略投资人、财务投资人、用户投资人（见图 7-4）。

战略投资人：
我是给企业发展带来资源的战略合作伙伴

举例：企业上下游产业链的合作机构、战略伙伴、营销伙伴、明星代言人等

财务投资人：
我是为企业解决资金问题的财务投资人

举例：专业天使投资机构、创业投资机构、股权投资机构、著名天使投资人等

用户投资人：
我是愿意追随企业的资深用户

举例：认同企业的品牌、产品、服务、企业经营理念的个人

图 7-4　蚂蚁达客对投资人的分类

战略投资人除了资金以外还可以给企业带来许多附加值，比如，明星成为企业的股东，就可以利用自身的知名度和关注度来提升企业的品牌价值，引导媒体的报道，大量曝光实现大家对这家企业的快速认识。这样的例子包括在京东东家众筹的赛道火锅店①，其投资人中有足球明星孙继海，乒乓球明星马琳；在 36 氪股权众筹的芭比辣妈健身 APP 的种子投资人是知名影星黄晓明②。

另外，由于投资人的背景迥异，而且一般要求符合一定资产条件，要求持有金融资产不少于 100 万元，年收入不少于 30 万元，因此这样的投资群体大多属于成功人士，在各行各业中担任着高管、技术负责人等职务，因此可以在自己熟悉的领域内为企业进行经验上的指导和业务上的咨询，助力企业价值的增长。比如，一位银行的高管如果成为你的投资人之一，那么你想找银行贷款时，就可以向这位高管进行咨询，而且他也会在能力范围内帮助你寻找贷款资源。一位注册会计师如果是你的投资人之一，那么当你的企业需要财务咨询的时候，这位投资人就会用自己的专业知识来帮助你搭建完善的财务制度。这样的例子不胜枚举，一旦成为你的股东之后，为了让自己投资企业成功，股东们一定会尽力发挥自身的资源优势来帮助企业的。

（五）发起人可以在众筹中套现

关于股权众筹，交易实质上是一种股权的买卖行为，将公司股权卖给想要购买的支持者。而卖方既可以是融资公司的新股权增发，也可以是创始人个人的老股权转让。前者可以实现公司注册资本的增加，而后者注册资本不变，只是老股东与新股东之间的易手，老股东可以适当出让一部分股权，然后获得现金，能够在上市前提前变现一部分股权，让自己逐步享受公司价值增长所带来的好处，并且让自己的生活条件有所改善。

也就是说，股权众筹还有一个功能就是帮助企业的创始股东，或者在登陆众筹平台之前进入的股东一个高价变现的机会。正是看到这个创新点，我国第一家推出老股转让的互联网私募平台是 36 氪股权投资，于 2015 年 6 月正式宣布上线。一般创始人出资时，公司的价值就是等于公司的注册资本，随后随着公司的成长，不断引入投资，公司的价值就会上升，这时创始人就可以拿出 1%的股权进行众筹，卖掉这 1% 的股权，对公司的控制权而言没有什么影响，但

---

① 详见 http://dj.jd.com/funding/details/7641.html。

② 详见 https://z.36kr.com/project/125。

是好处颇多。

首先，可以获得大量收益，假如公司成立时注册资本 100 万元，1% 的股权值 1 万元，如果众筹时 1% 的股权售价 200 万元，则创始人就可以净赚 199 万元。这样的话，虽然公司目前还没有上市，没有办法通过出售股票来变现，但是通过股权众筹，却可以将这 1% 的股权高价出售，提前享受公司增长为创始人带来的好处。当初投入的 1 万元，现在增值了 199 万元，仅变现这 1% 的股权，创始人就可以拿到这一大笔现金来改善自己的生活品质，改善家人的生活条件。

其次，以前如果创始人对外转让 1% 的股权，可能会转让给一家大的投资机构，但现在是在众筹，那么就会转让给许多个投资者，而每个投资者背后都意味着不一样的资源禀赋，仅用 1% 的股权就能为企业带来更多元化的资源，何乐而不为呢？

（六）发起人可以更好地获得市场的反馈

传统的市场调研有很多说不出的痛，一个是被访问者都不用心填写，另外也没有动机真心为你的服务改善提出建设性意见，但是股权众筹就不同，消费者同时也是所有者，所以消费者有动机为你反映情况，提出自己体验之后感觉不好的地方，然后督促你进行整改，实现服务的升级。

比如，蚂蚁达客平台在其首发的四个众筹项目中，有一个做咖啡配送的项目叫 "连咖啡" [1]（见图 7-5），在该项目的股东交流板块中，某位投资人有下述反馈："你们请咖啡的功能①能不能请客的人去填地址，难道给被请的人惊喜都不行？还有验证送货地址应该你们负责，让客户自己去验证，这样的服务体验很差。②你们的退款为什么不能退到微信账户，而是你们的咖啡微端？虽然可以体现但是不方便客户，而且这种小伎俩很影响客户服务体验，没必要。"具体如图 7-6 所示。

首先这位 "金某升" 先生或女士一定是试用了连咖啡的外送服务，然后发现在两个环节消费体验很差，一个是送货地址需要由客户来验证很麻烦；另一个是退款没有能够直接退到微信账户。于是这位股东将自己作为一位消费者对于消费流程上感觉不舒适的地方给公司指出，并告诉公司什么样的做法在消费者看来是更舒适的，通过这种真心实意的反馈就能够帮助企业将自己的产品和

---

[1] 详见 https://www.antsdaq.com/projects/20151119000970000000550000000337/index.html。

服务打磨得更让消费者满意，企业也才能越做越大，股东也才能收到更多的好处。

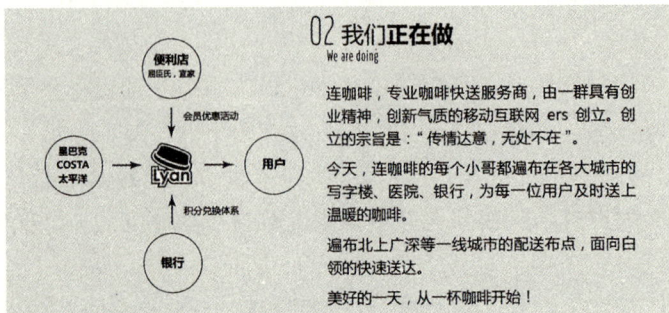

图 7-5　连咖啡的商业模式

图 7-6　投资人给连咖啡的反馈意见

　　从中可以看出，股权众筹有助于解决传统企业难以解决的客户满意度和建议改善问题。传统上，消费者将没有积极性来为你提建议，因为提了以后对自己没有好处，但是现在作为主人，就会把自己的消费体验主动提供给管理层，供管理层决策下一步该如何进行改进，从而形成一个持续精进、连续打磨的过程。然而如果一个人只是消费者不是股东，那么这次在你这里的体验不好，消费者不会耐心给你提意见，而是用脚投票直接走人，去别家消费，最后你失去了大量客户都不知道为什么，更别提扭亏为盈了。

二、发起人的潜在风险

（一）可能涉及的刑事风险

　　2010 年最高人民法院出台了一份关于非法集资的司法解释，全称《最高人民法院关于审理非法集资刑事案件具体应用法律若干问题的解释》（以下简称《解释》），这份解释是目前界定非法集资的主要依据。

1. 非法吸收公众存款罪

《解释》中规定非法吸收公众存款罪必须同时具备四个要素：自作主张、公开宣传、回报承诺、面向公众。这四个要素缺少任意一个都无法构成非法吸收公众存款罪，必须同时满足。《解释》中具体规定如下。

要素 1 **自作主张**：未经有关部门依法批准或者借用合法经营的形式吸收资金。

要素 2 **公开宣传**：通过媒体、推介会、传单、手机短信等途径向社会公开宣传。

要素 3 **回报承诺**：承诺在一定期限内以货币、实物、股权等方式还本付息或者给付回报。

要素 4 **面向公众**：向社会公众即社会不特定对象吸收资金。

在本书第一章已经重点介绍过股权众筹以及互联网私募与非法吸收公众存款罪的关系，此处再对其简要概括一下。对股权众筹的发起人来说，一定要注意远离要素 1（自作主张），由于我国目前还没有一例真正的股权众筹得到监管部门的批准，所以发起人如果打算开展股权众筹一定不要轻举妄动，要预先向监管单位的有关部门或者律师进行咨询，根据该部门的意见和答复再进行众筹。而对互联网私募来说，不论是融资者还是融资平台都应该关注要素 2（公开宣传）和要素 4（面向公众），为了防止自己的行为触碰到法律，一定不要在互联网上向社会公开宣传自己的融资信息，同时在吸收资金时一定不要面向社会公众，要将投资者限制在特点对象内。

2. 集资诈骗罪

此外，按照《解释》的第四条，当资金吸收者并没有真正的融资需求，而是本着非法占有他人资金的目的，这时就有可能构成集资诈骗。比如吸收资金后，并未用于创业活动，而是肆意挥霍，或者携款潜逃等。但是一般发起人如果是正当经营，在发起众筹时不会有这些歪想法，所以这个罪名的风险是不必考虑的，这只是针对那些不法分子的。

3. 擅自发行股票罪

最后，根据《解释》的第六条，未经国家有关主管部门批准，向社会不特定对象发行、以转让股权等方式变相发行股票，或者向特定对象发行、变相发行股票累计超过 200 人的，就会涉嫌构成擅自发行股票罪。要想避免这个危险，在目前我国只允许开展互联网私募的情况下，要选择知名的互联网私募平台，比如京东东家、阿里巴巴蚂蚁达客等知名度高的平台，因为这些平台在制度设计上本身就确保了是面向特定对象的，而且少于 200 人，并且取得过监管部门的批准才能设立。另外，在未来有可能开展股权众筹的时候，也要根据届时的相关法律法规进行，切勿擅自进行，必须取得主管部门的批准。

📷 案例 7-4　　　　　　　美 微 传 媒

2012 年 6 月爱奇艺公司的前高管朱江开始创业，成立了一家做传媒的公司美微传媒，在筹资过程中与许多专业投资人谈判无果后，朱江在自己的微博上更新了自己的状态，表示十分失望，然而众多粉丝看到后纷纷表示愿意为朱江提供资金。这让朱江萌生了通过淘宝向大众销售自己公司股权的想法。2012 年 10 月，每股定价 1 元，成功从 481 个网友处吸收资金 38.77 万元，占公司 2% 的股权。随后，2013 年 1 月，第二轮融资每股定价 1.2 元，销售异常火爆。随后证监会紧急约谈了朱江，谈话的结果是这种通过淘宝销售股权的行为具有公开发行股份的性质，即超过了股票持有者 200 人的限制，要求朱江对外发表声明，并且将收到的投资款项悉数返还给投资人。

这个案例的启示是募集资金之前一定不能自作主张，要先向监管部门或者律师咨询。淘宝是一个商品交易的平台，在该平台上出售股权的确不符合监管的要求。随着《互金指导意见》明确提出"股权众筹作为多层次资本市场的重要组成部分"，股权众筹的重要地位和合法地位都得到了官方确认，监管部门随后会出台一系列细则来规范股权众筹行为。发起人要时时关注政策的最新动向，选择监管部门认可的交易平台来进行股权众筹，切勿自行通过微信、微博等非专门融资平台来发布融资信息，否则极有可能触碰法律风险。

（二）防止泄露自己的核心商业机密

股权众筹中发起人为了获得来自众多投资者的投资，往往需要将自己的商业计划、竞争优势、盈利模式、商业模式、市场定位、技术优势、融资计划等信息发布在网页上，供潜在出资者浏览。由于是纯线上的投融资行为，让别人把钱投资给你，信息的传播是必不可少的，但是信息的多少和选择却至关重要，如果披露的信息过多，就有可能被浏览者抄袭和模仿。

对于创新服务类公司，如互联网按摩、互联网车险等，需要稍微成熟一些再登陆众筹平台，否则就可能被有资金实力的投资人直接模仿，做一个一样的公司。对于智能硬件类公司，比如，在京东东家平台上进行互联网私募的胎心监测器、NUT 防丢智能贴片等公司（见图 7-7），其核心技术一定要在私募前提前申请专利，否则将其创意放在网上，懂行的人极有可能自己研发出来。京东在知识产权保护这一点上做得很好，在 NUT 防丢智能贴片和胎心监测器这两个项目的筹款页面上都要求企业上传了相关的专利证书，有效地保护了企业的知识产权。

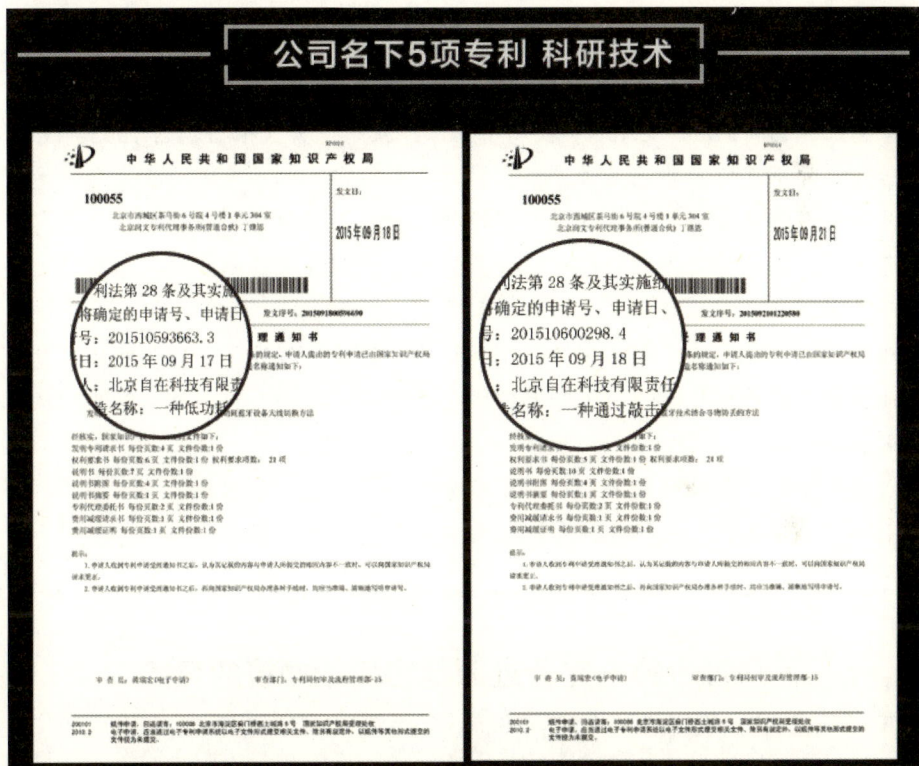

图 7-7　NUT 防丢智能贴片公司在京东东家平台上传的知识产权文件

📷 链接　　　　　　　知 识 产 权

知识产权（Intellectual Property）是人们对其智力成果所享有的排他性权利，一般分为著作权与工业产权。著作权又称版权，工业产权主要包括专利权、商标权。我国的知识产权法律体系主要由三部法律组成，即《著作权法》《专利法》和《商标法》。

《专利法》第二条中对发明创造定义为：发明、实用新型、外观设计。发明是指对产品、方法或者其改进所提出的新的技术方案。实用新型是指对产品的形状、构造或者其结合所提出的适用于实用的新的技术方案。外观设计是指对产品的形状、图案或者其结合以及色彩与形状、图案的结合所作出的富有美感并适于工业应用的新设计。

📷 链接　　　　　　　　商 业 秘 密

商业秘密（Trade Secrets）权属于知识产权的范畴。根据我国1993年开始实行的《反不正当竞争法》第十条，对商业秘密定义如下：不为公众所知悉、能为权利人带来经济利益、具有实用性并经权利人采取保密措施的技术信息和经营信息。从中可见商业秘密可以分为两大类，即技术信息和经营信息。

技术信息主要包括技术设计、技术样品、质量控制、应用试验、工艺流程、工业配方、化学配方、制作工艺、制作方法、计算机程序等。作为技术信息的商业秘密，也称作技术秘密、专有技术、非专利技术等，在国际贸易中往往称为Know-How。

经营信息主要包括发展规划、竞争方案、管理诀窍、客户名单、货源、产销策略、财务状况、投融资计划、标书标底、谈判方案等。

（三）众筹合约不完善进而制约后续融资的风险

众筹作为企业若干轮融资中较早的一轮，在该轮融资中所有股东所签订的法律文本会严重影响后续轮次的融资。如果众筹轮融资的协议缺少一些有利于后续融资的条款，或者含有一些阻碍后续融资的条款，就会给未来引入专业投资机构如VC、PE，带来障碍。未来在众筹资金用得差不多时，如果没有新的资金及时补充进来，公司就可能面临倒闭的风险。当然在引入新的资金时，众筹轮的协议是可以修改，其中条款的增减只要得到所有股东的签字认可就可以。然而最大的问题是股东人数众多，光是联系到这些股东并且说服他们一一签字就是一个巨大的挑战。

在德国有一家做文档识别和管理的科技公司 Smarchive（见图7-8），其创始人 Steffen 用自己的故事给我们展示了这种法律风险。2011 年该公司在德国知名的股权众筹平台 Seedmatch 上成功向 136 个投资者筹集了 10 万欧元的启动资本，并签订了投资协议。然而在 1 年后公司随着现金的减少，准备引入新的 VC 投资者 T-Venture 时，之前众筹时所签订的这份法律协议却成了 VC 进入的最大障碍。因为众筹协议中缺少 Drag-along 和 Tag-along 这两项保护 VC 的条款，而且还多了一条阻碍 VC 进入的反稀释条款。简言之，就是"缺两个多一个"的问题。

图 7-8　Smarchive 公司 Logo

"缺二多一"的问题要想解决就需要取得所有股东对修改后协议的同意和署名，然而要在短时间内与 136 位平均投资 735 欧元的股东取得联系并说服他们签字是一件很困难的事情。创始人 Steffen 花了好几个星期的时间，与每一位投资人电话取得联系，甚至开车去面见投资人，最终说服了所有人接受了协议的修改，这样才为 VC 的进入铺平了法律上的道路。

许多专业人士浏览完 Seedmatch 的众筹合约，都认为该合约一旦签订，会为今后寻找 VC 和天使投资人融资造成很大障碍。所以，如果一家公司今后不需要找 VC 融资，或者只需要一轮融资就够，那么该合约就没问题。如果希望持续融资进而打造一个很成功的大公司，那么就一定要谨慎对待众筹这一轮融资的法律安排对后续融资的影响。

链接　　　　保护 VC 退出的两项条款

引进 VC 时，VC 最为重视的是自己未来的退出是否有足够的法律保障。退出可以简单地理解为将手中持有的股权出售给他人，收到现金后离开该公司，所以退出的本质就是出售。而一般 VC 用来保护自己未来退出可行性的条款包括 Drag-along 和 Tag-along 两项条款。在上述案例中，德国那家知名的风险投资机构 T-Venture 准备投资 Smarchive 时，首先要确保现有股东协议中是否有这两个条款：如果有，自己的退出就能够得到保证；如果没有，就需要与现有股东重新签订协议，让所有股东签字同意这两项条款。

Drag-along rights（DAR），中文有如下译法：强卖权、领售权、拖售权、强制随售权。该条款赋予某一股东的权利是：当某个股东要将股权出售给第三方时，可以强迫其他股东（创始人和管理团队）也把自己的股权一并出售，不管其他股东是否愿意。这是 VC 用来保护自己退出实现的条款，因为一般 VC 持有比较小的比例股权，如果仅将这一部分股权出售给第三方，第三方未必有兴趣购买。第三方购买时会要求取得控制权，或者 100% 购买，所以 DAR 条款可以帮助 VC 迫使其他股东和自己一起把股权转让给第三方，进而实现自己的退出。

Tag-along rights（TAR），中文译法包括跟售权、随售权、共同出售权。该条款赋予某一股东的权利是：当其他股东要出售自己的股权时，该股东有资格按比例将自己的股权趁机出售给其他股东找到的买家。这个条款也是 VC 用来保护自己的一个条款，因为如果在其他股东找到好的买家并且有合适的价格时，VC 也可以按照股权比例出售一部分股权退出套现。比如一个买家想购买 10% 的股权，而此时创始人持有 80%，VC 持有 20%，那么此时创始人不能将自己 10% 的股权全部转让给该买家，只能转让 10%×80%=8% 的股权，而剩下的 2% 的转让权利要交给 VC，让 VC 也能有机会退出 2%。交易完成后，新买家持有股权 10%，创始人股权降为 72%，VC 股权降为 18%。

由于 DAR 和 TAR 都是意在保护 VC 的条款，所以这两项条款是 VC 与创始人谈判投资协议时必争的两座"城池"。

📷 链接　　　　　阻止 VC 进入的反稀释条款

上述 Smarchive 案例中更为棘手的问题是：众筹合同中存在反稀释条款，而这个条款对任何一个 VC 来说都是不能接受的。反稀释条款（anti-dilution）是用来保护先投资者利益免受后投资者影响的一组条款，包括股权比例反稀释和股权价格反稀释。

1. 何为股权比例稀释

首先我们来看一下什么是股权比例稀释。假设一家初创公司创始股东持有股权 80%，通过众筹募集的投资者持有 20% 的股权。一年后公司进行 A 轮融资引入 VC，让出公司 10% 的股权。新进入的 VC 获得 10% 股权后，剩余 90% 的股权由原股东按原比例进行分配，则创始股东此时持有股权为 90%×80%=72%，众筹投资者此时持有的股权为 90%×20%=18%。可见由于公司新一轮融资引入 VC，使众筹投资者持有的股权从 20% 下降为 18%，减少了 2 个百分点，这就叫作股权比例的稀释（见表 7-1）。很显然，这对众筹投资者来说是不愿意看到的，所以要想办法在一开始的投资协议中设定一些防止股权比例下降的条款。

表 7-1　股权比例稀释的示例

%

公司股东	融资前股权比	融资后股权比
创始股东	80	72
众筹投资者	20	18
VC	0	10
总计	100	100

2. 如何防止股权比例稀释

股权比例反稀释一般使用的手段是赋予某个接受保护的股东以优先认购权，即当公司决定继续向新的投资者融资时，众筹投资者可以优先出资来认购一部分，以保证自己的股权比例在融资后保持不变。假设公司决定出让 10% 的股权来进行新一轮融资，如果由 VC 全部认购则会得到 10%，众筹投资者股权从 20% 下降为 18%，但是现在由于众筹投资者具有优先认购权，所以为了保证自己的持股比例不变，还需要额外认购 2% 的股权，那么留给 VC 的只剩下 8% 的股权（见表 7-2）。因此可见，VC 是不喜欢原股东具有优先购买权的，会影响到 VC 的利益。

表 7-2　优先认购权对 VC 的负面影响示例

%

公司股东	融资前股权比	融资后股权比
创始股东	80	72
众筹投资者	20	20
VC	0	8
总计	100	100

3. 何为股权价格稀释

接下来我们来看一下什么是股权价格稀释。当公司进行后续融资时，用融资金额除以出让股权比例就可以计算出公司新的估值，而该估值与原来投资人投资时的公司估值比较，如果下降了，原投资人就不开心了，正如你今天 10 元买的股票第二天发现降到 6 元了，你同样会不开心一样。比如 A 轮投资时每 1% 的股权价值 50 万元，B 轮时每 1% 的股权价值仅为 40 万元，这时就意味着 A 轮投资人的投资已经发生贬值了，因为投资人原来持有 1% 的股权价值 50 万元，而现在只值 40 万元，投资人的经济利益受到了损失。因此投资人会在投资时与被投资人约定一些条款来防止后续降价融资给自己带来损失。

4. 如何防止股权价格稀释

一般来讲，为了防止股权价格稀释，会采用棘轮条款（ratchet）。棘轮是一种易于向上转动而难以向下转动的、防止逆转的齿轮，有点像我们平时购买电子产品时见到的那种塑料束线，你只能把它朝一个方向推进，而难以向反方向移动，即具有单方向移动的特点。如果采用了棘轮条款，那么当新一轮融资价格降低时，为了保护原投资人的利益，会将原股东的持股比例调高，以确保其股权的总价值没有贬值。比如原投资人投资 100 万元，获得 10% 股权；当新一轮融资时，新投资人仅花 50 万元就获得了 10% 股权，此时如果启动棘轮条款，原投资人股权比例则可以从 10% 上调到 20%。当然棘轮条款是对原投资人保护最好，对新投资人最为严格的条款。稍微弱一些的还有广义的加权平均条款和狭义加权平均条款，原投资人股权比例可以分别调整为 10.47% 和 13.33%。这样一来，当后续融资 VC 介入时就只能得到更少的权益，所以对 VC 是很不利的条款。反稀释条款是对众筹中股东权益的保护，但是过度保护就会不利于后续融资的引入。

> 📷 **链接**　　　**Smarchive（目前改名为 Gini）**[①]
>
> Smarchive 成立于 2011 年 12 月，是一家位于德国慕尼黑的科技公司，由三名大学生在大学毕业后创立，分别是 Daniel Weckesser、Holger Teske、Steffen Reitz（见图 7-9）。这三名大学生主要开发一款用来管理文档的 APP。这三位抱有科技与商业梦想的年轻人，想帮助大家更好地管理自己的文稿，首先用手机拍照后，就会由程序把照片转换成有模有样的电子文稿，然后会自动识别文件中使用的词语来确定这是一份什么文件，最后由系统将其自动分类归档，保存在一类文件夹中。举例来说，你只需要对着一张餐饮小票拍一张照片，

---

① 详见 https://www.gini.net/。

剩下的事情就都可以交给 Smarchive 了，它会智能地发现这是一张消费凭证，然后帮你放在消费凭证有关的文件夹里，等你需要的时候再去查询。而且对于一些每年会到期需要重新签约的合同，比如保险合同、房租合同，该 APP 还能自动识别到期日期，然后提前通知你去续约。总的来说，要把该 APP 打造成你的一个文档秘书。

图 7-9　Smarchive 的三位合伙人

　　该公司成立后首先选择在德国的众筹平台 Seedmatch 上筹措资金，成功地向 136 位投资人筹集了 10 万欧元[①]（见图 7-10）。2012 年 11 月，Smarchive 在众筹成功一年后又获得了来自 VC 的投资，包括 T-Venture，CHECK24 等机构和天使投资人的投资。在引入这些投资机构的过程中几经波折，由于 VC 不太希望有那么多的小股东，做出任何决议来程序都会比较复杂，最后在创始人的协调下解决了该问题，成功获得了该机构的投资。

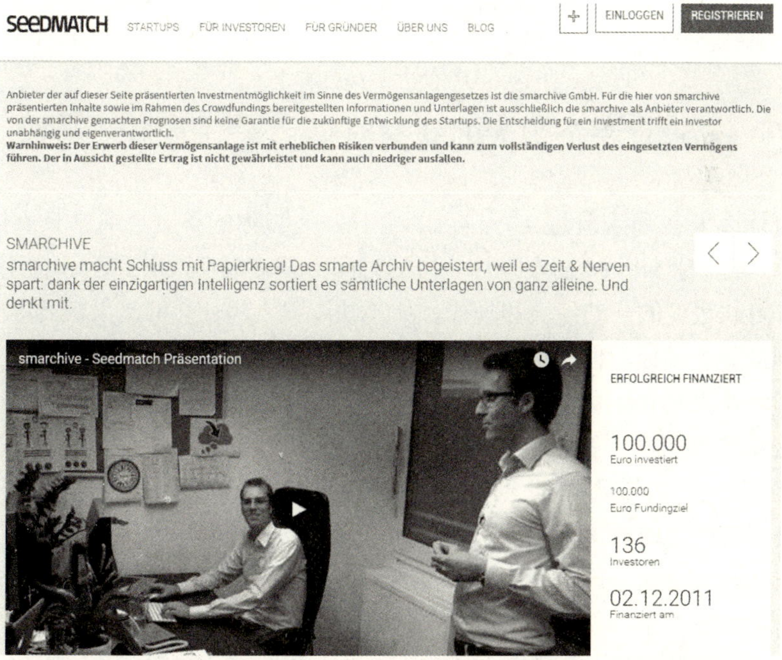

图 7-10　德国股权众筹平台 Seedmatch 上 Smarchive 的众筹页面

①　详见 https://www.seedmatch.de/startups/smarchive。

公司成立之初着眼于 B2C 策略，主要为个人使用者开发了一系列手机 APP，比如 Smarchive Scanner、Gini Pay，但是后来改变策略为 B2B，主要面向机构客户，帮助大企业大机构处理照片识别和文档管理的工作。2013 年 6 月，公司 CEO 在众筹平台上发布消息，随着公司发展方向的转变，由面向个人客户转向面向公司客户，公司名称也从 Smarchive 改为 Gini。转型不久后就签下了第一个客户德国邮政，帮助德国邮政自动识别并且归类数以万计的电子邮件。

2014 年 12 月 Steffen 在众筹平台上更新公司的最新消息：2014 年公司业务发展良好，与德国最大的直销银行（direct bank）ING-DiBa 进行业务合作，为该银行进行照片识别处理。而且在 A 轮融资中引入的新的战略投资者 Commerzbank，战略意义非常明显，可以有助于让公司的新产品能在整个银行业的使用中进行推广。

三、发起人应该怎么做

（一）建立一个强大的社交网络

为什么要在筹款前建立好自己的人脉？因为你的筹款期通常只有固定的时间，一般少于 90 天，而要在这短短的时间内筹款成功，就需要一定的策略，要了解筹款进度的一些经验和规律。如果缺少强大的社交网络来帮助你完成最初的一些筹款目标，你的点子有多好都难以募集成功。

当潜在投资者浏览你的筹款计划前，会参考你的筹款进度。一般这些与你素不相识的潜在投资者要至少看到你已经筹集了 10%～30% 时才会进一步产生投资的兴趣，否则他们只会处于观望状态。当一个陌生投资者打开网页看到你的公司筹款历时好多天都无人问津，看到没有人投资过你，就会对你的公司丧失兴趣。其实这个现象很好理解，我们一般去外地旅游，由于信息不对称，我们对当地的餐馆不熟悉，所以我们通常会从表面现象判断入手，我们观察同在一条街上的几家饭馆中哪家客人多，我们就会去哪家餐馆吃饭。如果一家饭馆一眼望去空无一人，那么我们压根都不会进去翻看菜单；相反，如果隔壁一家饭馆人声鼎沸，甚至还需要排队领号，门口排满了一条长龙，那么我们也会凑过去排队取号，选择在这家餐馆吃饭。在互联网上，人们的行为其实没有本质的变化，这种心理也是存在的。

因此发起人虽然制订了总的筹款目标，但是一定要知道在这个长长的旅途中，还有若干节点或者关键性质的里程碑，那么进度 30% 就是我们这里要说的第一个里程碑。发起人要首先想办法让自己的计划实现 30%，将筹款 30% 作为自己的首要子目标。因为只有实现了 30% 这个有利条件之后，与你不相识的投资者才会对你这个项目本身产生兴趣，才有进一步投资与否的可能性。因为陌生人打开网页时希望看到的是别人投资过你，而此时投资过你的那些人和那些钱就对后续的浏览者起到巨大的说服作用。这种作用叫作社交证明（social proof），为陌生人建立起一些对你和你团队的信任提供一种增信效果。

（二）筹款中要与网民持续互动

如图 7-11 所示，在京东东家的交流区，某个项目的投资者提出了许多问题，比如：

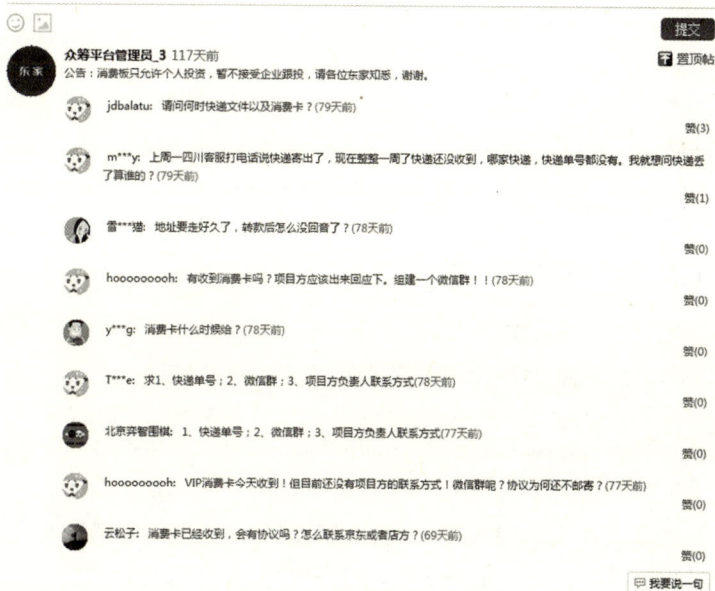

图 7-11　投资者在京东东家平台上针对某项目发起人的若干提问

"请问何时快递文件以及消费卡？"

"上周一四川客服打电话说快递寄出了，现在整整一周了快递还没到，哪家快递，快递单号都没有，我就想问快递丢了算谁的？"

"地址要走好久了，转款后怎么没回音了？"

"有收到消费卡吗？项目方应该出来回应下，组建一个微信群！"

"消费卡什么时候给？"

"求 1. 快递单号；2. 微信群；3. 项目负责人联系方式。"

"VIP 消费卡今天收到，但目前没有项目方的联系方式！微信群呢？协议为何还不邮寄？"

"消费卡已经收到，会有协议吗？怎么联系京东或者店方？"

然而在图 7-11 中可以看到，在 9 条投资者的提问后，发起人没有一条回应。这种缺少回应、缺少与投资者互动的做法对发起人极其不利，如果超出了投资者的忍耐范围就可能出现情绪激动，甚至在网上对发起人进行言语攻击（见图 7-12）。

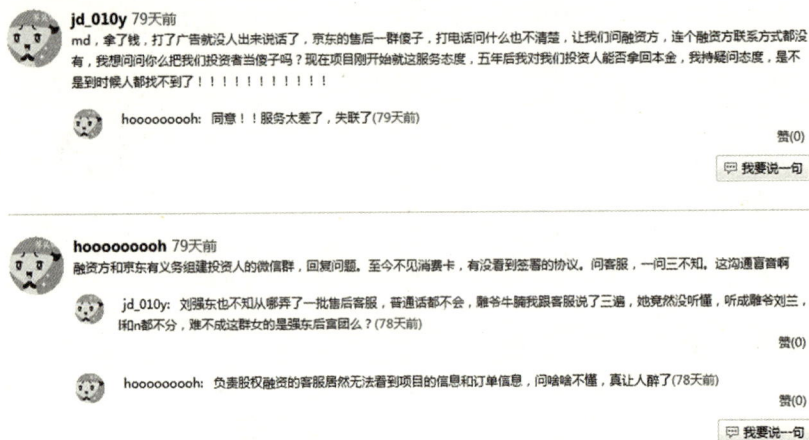

图 7-12 长期得不到有效回应的投资人留言

不及时回复网友的疑问是发起人的大忌。因为众筹最根本的沟通都是在网络渠道上大量完成的，你的答复不仅仅是给提问人看的，更重要的是给后续的潜在投资人看的，如果你的回答不及时或者缺失就会给旁观者造成很不好的印象，最终影响众筹的成功。此外，现有的筹款方式还具有新的特点，那就是信息的传播方式具有社会化多点传播的特点。以前企业的信息传播都是单点传播，比如在自己的公司网站上宣传自己，关于所传播信息的内容具有高度可控性，自己把文案写好即可，而文案基本是对自己公司有利的信息。然而当前的互联网时代，在你所宣传的页面上不仅仅有你自己要传播的信息，还有若干其他信息源上传的信息，具体而言包括网友的回复，以及其他网友的跟帖。每个网友都可以按照自己的意见来发声，而这些发出来的声音很有可能对企业是不利的，而且是不受企业控制的。所以在当前的信息传播方式中，如果发起人不通过持续互动来进行干预的话，信息的传播方向往往会处于失控的状态，即大家的评论各有各的角度，可能不利于企业想达到的效果。因此发起人在众筹期间，一定不能忽略网友的提问，对于留言区内大家讨论和质疑的问题，一定要及时回复。

（三）要确定使用整个股权，还是只使用股权收益权（分红权）

首先发起人需要明确自己众筹所使用的权益是什么，是股权，还是股权的收益权？前者是大部分股权众筹的融资工具，投资人享有股权项下的所有权益，可以参与股东会的投票，可以查阅公司的账簿，并且也可以转让、质押其所持有的股权，比如京东东家的创投板就是采用股权作为融资工具，持有股权意味着该股权的所有人姓名或名称要记录在公司的股东名册上，并且在工商局的登记信息中也可以查询到。

与之相对的是一种变形，仅出售一定比例股权的收益权。投资人购买该股权收益权后，仅享有该比例股权所对应的分红权利，而不具备其他权利，比如对股权的处置权，如出售、质押，也不具备股东的投票权，不具备账簿查阅权。仅仅是一种能够参与红利分配的权利。本质上投资人并不是公司的股东，而是公司某股东对自身收益权的一种让渡。

（四）设计出股权众筹方案的各项参数

一个股权众筹方案本质上是发起人起草的一份投融资协议，在网上由潜在投资人进行浏览，若双方最终意思表示一致，则可以签约确认该协议对双方的约束效力。而一般某个股权众筹方案的关键要素都是以文字条款的形式出现在协议中的。我们重点来看以下关键条款。

1. 目标金额

这是企业在本轮众筹融资活动中希望收到的资金数额，是在融资成功后银行账户上实实在在收到的数额，要用于未来一段时间内所规划好的一系列用途。

2. 目标人数

这是企业希望在众筹完成后增加的投资人数。投资人数的设定既要考虑公司的组织形式，又要考虑融资的目标金额。根据我国《公司法》规定，如果发起人的组织形式的有限责任公司，其股东人数最多 50 人；如果其组织形式是股份有限公司，股东人数最多 200 人。所以发起人要根据自己公司的组织形式所确定的股东上限来设定本轮融资投资人数上限。假如公司目前有 10 位股东，且为有限责任公司，那么还有 40 个股东名额。但是不要将剩余的 40 个投资人名额全部用来进行股权众筹，因为股权众筹之后企业还可能会有很多轮融资，到时候还需要有富裕的股东名额，因此要合理设定投资者人数，即不要超过公司法的人数要求，也要为以后的融资留下足够的名额。

另外，目标人数的设定也受目标金额的影响。如果要融资的金额过大，假设单个投资人能够出的钱数有限，那么就需要更多的投资人；相反，如果要融资的金额不大，那么就可以少设定几个投资人数。

3. 起投金额

起投金额是发起人所接受的最低投资金额，也就是参与投资的门槛金额。比如，京东东家创投板的一个项目——"砖家宝"的起投金额就是 5 万元，即每位投资人最低需要投资 5 万元，才可以参与该次筹资。

起投金额的设定受前两个参数的影响很大。一般来讲，三者符合如下关系式：

$$目标金额 / 目标人数 = 起投金额$$

比如，京东东家创投板的一个项目——i 烘焙（见图 7-13），计划融资 200 万元，减去领投人洪泰基金投资 100 万元，面向众筹支持者的目标金额还剩 100 万元。该项目的目标人数是 21 人，减去领投人还剩 20 人。因此该项目的起投金额是 100/20=5（万元）。

图 7-13　i 烘焙的众筹页面

一般来讲，起投金额越低，投资门槛越低，这样就会有大量的潜在投资者，使众筹更容易募集成功，但是会带来投资人数过多的问题。而起投金额高虽然能解决投资人数问题，但是却因为门槛过高，有可能难以吸引足够多有实力的投资人。因此发起人在设定众筹方案时，很重要的考虑就是在二者之间寻找一种平衡。

4. 追加金额

追加金额是考虑投资人有可能希望在起投金额以外更多地出资，以此换来更多的所有权比例，但是为了便于今后的计算方便，不允许随便追加，比如我出 5 万元再出 8 元 3 角，这样理论上是可以的，但是不利于大家的签约和记忆，所以要求以比较规整的金额逐级追加。比如只能以 1 000 元为单位来追加，这样就只能投资 5.1 万元、5.2 万元、5.3 万元等。

5. 众筹股权比例

$$众筹后公司估值 = 众筹前公司估值 + 众筹金额$$

众筹后公司估值一般是由专业人士根据一系列评估办法得出的公司价值金额，用来计算本次众筹投资人可以获得的股权比例。计算公式为

$$众筹股权比例 = 众筹金额 / 众筹后公司估值$$

比如 i 烘焙项目，众筹后公司估值 =1 000 万元，众筹金额 =200 万元，其众筹股权比例 =200/1 000=20%。

这是最核心的参数，因为投资人出资后能够买到百分之几的股权才是投资人最关心的问题。

6. 单位股权价格

在上例中，投资人花 200 万元购买了该公司所有权的 1/5，即 20%。换句话说，每 1% 的公司股权的价格就是 10 万元。在其他例子中，我们也可以计算出来单位股权价格，如表 7-3 所示，这样就可以用来在各个项目之间做出比较。该参数较低，代表公司股权价值较低，该参数较高代表公司股权价值较高，但是这个参数与众筹后公司估值息息相关，也可以通过众筹后公司估值除以 100 来算出，因为公司估值代表公司 100% 股权的价值，共有 100 个 1%，所以 1 个 1% 的价值就是公司估值除以 100。

表 7-3 各项目间参数对比

	i 烘焙	酷鸟	雷神	GO 窝公寓	米饭音乐
目标金额 / 万元	200	300	1 300	56.416	54
目标人数 / 人	21	20	15	50	50

续表

	i 烘焙	酷鸟	雷神	GO 窝公寓	米饭音乐
起投金额 / 万元	5	5	20	0.352 6	2
追加金额 / 元	1 000	1 000	1 000	3 526	
众筹后公司估值 / 万元	1 000	4 915	14 865	70.52	1 800
众筹股权比例 /%	20	6.10	8.75	80	3
1% 股权价格 / 万元	10	49.15	148.65	0.705 2	18

注：i 烘焙、酷鸟、雷神三个项目来自京东东家创投板；GO 窝公寓项目来自博纳众投平台；米饭音乐项目来自蚂蚁天使平台。

（五）要提前规划好关于退出的约定

支持人参与股权众筹，很大程度上是希望获得高额的财务回报，而财务回报往往体现在未来股权能否顺利出售，以及以何价格出售，即退出方式和退出价格。事先说明这一点能够让支持人更加放心。

作为传统的风险投资，退出方式有以下几种。

（1）公开发行上市。这是最理想的状态，能够登陆上海或者深圳证券交易所发行股票，当支持人持有的股权变成可以流通的股票时，在手机上的炒股软件中点几下就可以把股票卖掉。

（2）被并购。如果一些高科技公司或者互联网公司暂时没有上市计划，但是被一些互联网巨头看中，也有可能被高价收购，要么购买大部分股权，要么全部买下。比如 2015 年 12 月，外卖领域的生力军"饿了么"就收到阿里巴巴的 81 亿元人民币投资，阿里巴巴成为其第一大股东，占比 27.7%。在这样的交易中，也是很好的退出机会。

（3）下轮融资退出。比如 36 氪股权投资平台独创的投资人可以选择在下一轮正式融资中出售股权。所谓正式融资，是指众筹融资两年内公司增发新股或者创始团队出让老股累计达 5% 股权。

（4）发起人回购。为了让支持人更加放心，在有些项目中，发起人会约定满足一定年限时，支持者可以将股权按照事先约定好的价格出售给发起人。比如在京东东家消费版中，雕爷牛腩和 UR 服装店项目均可以 5 年后 100% 回购投资本金。在天使街平台上的胖豆哥项目，发起人约定众筹成功后 2 年后，支持者有权以 110% 的价格出售给项目方。在博纳众投平台上的 GO 窝公寓项目发起人约定自筹款成功后 12 个月至 15 个月内，投资人如果要求退伙，项目方将以 120% 的价格回购。

（六）要提前规划好关于稀释的约定

由于股权众筹涉及股权比例，而后续融资往往会导致上轮融资的投资者持股比例下降，或者持股价值下降，对上一轮投资者很不利，所以投资者都希望能够签订反稀释条款来保护自己的权益。但是，反稀释条款却不利于下一轮投资者的进入和未来的融资。因此，现有投资者和未来投资者的利益之间就存在此消彼长的关系，如何在二者之间进行平衡，是需要发起人和专业律师一起探讨的问题。

一般来讲，如果一轮融资就够，那么可以设定反稀释条款，让本轮融资者更加放心，因此更容易募集成功；然而，如果公司未来的成长还需要多轮融资，那么最好不要设定反稀释条款，否则在未来都将成为继续融资的障碍。

第八章
支持人+股权众筹

一、支持人为什么支持

（一）获得丰厚的财务报酬

你将你的资金押在一个有潜力、有创意的优秀团队上，一旦该团队成功，虽然概率很小，但是会有数倍的收益，单纯从收益率上看收益会远高于其他投资品种。京东东家在介绍互联网私募股权投资的收益情况时举了三个例子（见图8-1）：①李嘉诚2012年投资Facebook的3%股份回报率约为6倍；②今日资本2007年投资京东1 000万美元，回报率达100倍；③红杉资本1999年投资谷歌收益率高达1 000倍。阿里旗下的蚂蚁达客在介绍互联网私募股权投资的回报率时，以阿里巴巴和苹果公司的投资为例，孙正义和Mike Markkula

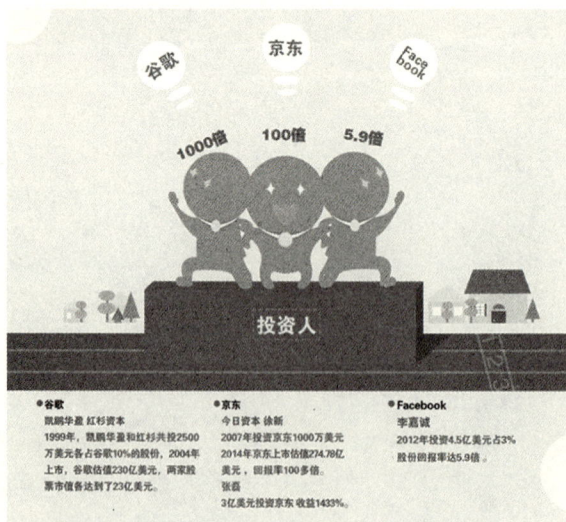

图 8-1　京东东家关于股权投资收益率的介绍

的投资回报均超过 1 000 倍（见图 8-2）。

图 8-2 蚂蚁达客关于股权收益率的介绍

一个企业针对同一个项目，既可以选择产品众筹也可以选择股权众筹，同理，针对同一个产品，就会有产品众筹的支持人和股权众筹的支持人。然而支持人参与不同类型的众筹，最后的境遇是截然不同的。可以说，这种不同在 Oculus Rift 的例子中被彰显得淋漓尽致。最近 Oculus Rift 被 Facebook 以 20 亿美元收购，这家企业当初在 KickStarter 上通过产品众筹筹集了约 240 万美元，其支持者人数大约 9 500 人。然而，当 20 亿美元的收购交易达成后，真正受益的是 Oculus Rift 的股东们，与当初这 9 500 位产品众筹的支持者没有任何关系，因为他们并没有成为公司的所有者，而仅仅是早期客户而已。假如当初 240 万美元的筹集采用的是股权众筹，那么在 Oculus Rift 被收购时，当时的支持人将手中的股份出售给 Facebook，几乎可以获得超过 200 倍的收益。然而，当时这 9 500 位支持者只是预购产品，并非投资股份，所以最后收到的只是一副虚拟现实眼镜的产品，与后续的并购无缘（见图 8-3）。

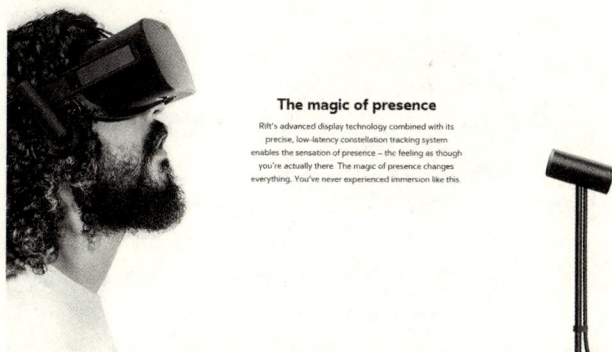

图 8-3 Oculus 的 Rift 产品外观

📷**案例 8-1**　　　　　　　　Oculus 的发展

　　Oculus 是一家科技公司，成立于 2012 年，专注于虚拟现实技术的研究和设备的开发。所谓虚拟现实技术，就是利用各种光学设备、电子设备制造出可以观察的影像，然后通过编程和计算，使观看者看到生动的立体画面，让观看者有种身临其境的感觉。目前该公司有两大产品：RIFT 和 GEAR VR。

　　Rift 产品是一个头戴式设备，戴上以后里面会输出从计算机传输过来的信号，将计算机上要呈现的画面以高清 3D 的形式呈现出来，让佩戴者感觉身处一个奇妙的世界。这样的眼镜一般用于电子游戏或者高清电影的体验中。目前在 Oculus 的官网可以看到最新版的虚拟现实头盔将于 2016 年 3 月 28 日以 599 美元的价格开始预订。

　　GEAR VR 产品是一款更便捷的虚拟现实设备，通过与三星智能手机配套使用为使用者带来高画质的视觉享受。GEAR VR 也是一款头戴式设备，只不过不需要连接计算机，而是留了一个插槽，当你想体验虚拟现实时，只需要把自己的三星手机插到头盔的插槽中，就可以将手机屏幕上的画面转换为虚拟现实画面，这种更加便捷的虚拟现实体验会让这项技术更加普及。

　　2012 年 8 月 1 日，该项目在产品众筹网站 Kickstarter 上发起众筹（见图 8-4），仅仅 30 天资金筹集接近 250 万美元，支持人数超过 9 000 人[①]。2014 年 3 月 26 日，Facebook 宣布收购 Oculus 公司，收购总价约 20 亿美元，4 亿美元用现金支付，16 亿美元用 2.31 亿股 Facebook 普通股股票支付。Facebook 首席执行官马克·扎克伯格（Mark Zuckerberg）在谈到收购 Oculus 之后的计划时说：

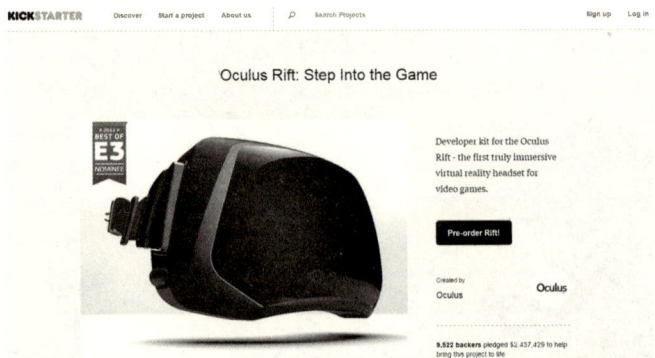

图 8-4　Oculus 在产品众筹网站 Kickstarter 上的众筹页面

---

① 详见 https://www.kickstarter.com/projects/1523379957/oculus-rift-step-into-the-game/description。

"游戏之后，我们将把 Oculus 打造成提供其他多种体验的一个平台。想象一下，坐在场边的座位上享受观看比赛，坐在有来自世界各地的老师和学生的教室里学习，或者与医生面对面咨询，这只需要在你家里安装这样一台设备。"

（二）获得其他消费者特权

股权众筹毕竟不同于纯粹的股权投资，对支持人来说，不仅仅是投资人的身份，大多数时候还是顾客身份，甚至是铁杆顾客身份。支持人既是投资人也是消费者，这样一来，支持人往往会得到一些对消费者来说才有的消费特权。比如，京东东家消费板中有一个赛道火锅店的众筹项目[①]，该项目在路演问答环节就向股东承诺会有消费上的各种福利，不仅可以获得投资金额的 1% 用来进店消费，还可以终生在店内享受 8.8 折的消费折扣，如图 8-5 所示。

16. 股东有什么额外福利么，如就餐折扣，储值卡之类的？

答：我们未来所有的股东，我们都将返还百分之一您的投资额作为您的用餐金额，我们会给你一张卡，这个卡里的钱你就可以在未来到我们的火锅门店进行消费。与此同时，卡里金额消费结束后，这张卡是终生有效的，在任何时候到我们的门店消费都可以享受 8.8 折的。

图 8-5　赛道火锅店对赋予股东的消费特权

在蚂蚁达客平台上的连咖啡筹资项目中，对用户投资人来说，除了获得通过有限合伙企业来间接持有的连咖啡公司的股份外，还能享有消费的专项优惠，能够用 999 元购买 100 杯咖啡，平均下来每杯咖啡 9.99 元，而市场平均价几乎是 30 元（见图 8-6）。这就是对一部分高忠诚度客户给予的奖励。把客户变成投资人，把投资人变成客户，同时让客户帮助企业发展更多的客户。

用户投资人专享权益：

999 元享 100 杯咖啡

（注：融资成功后，企业将同投资人沟通购买支持方式）

图 8-6　蚂蚁达客平台上的连咖啡项目给予支持者的消费特权

---

① 详见 http://dj.jd.com/funding/details/7641.html。

股权众筹最大的目的是要把消费者变为投资者，同时把投资者也变成消费者、宣传者，实现两种身份的有机统一，所以要能够体现出既是财务投资也是生活消费的双重属性。在看清楚这一点后，各家平台都纷纷推出植入了消费权益在内的股权众筹，京东东家在 2015 年 9 月 17 日在原来创投板的基础上，推出了消费板。消费板的推出，能够针对两类群体同时进行筹资，原来一直在消费的群体有机会成为公司的股东，而原来投资公司的股东也有机会成为公司的消费者。这样一来，无论是财务投资人还是产品消费者都有了动机来支持这项众筹。

京东东家消费板的出发点是希望投资者来消费，或者说希望消费者来投资，让投资者和消费者实现统一。股权收益权是股权的子权益，常见于大机构之间的交易条款中。为了避免商事注册的繁琐流程，消费板采用股权收益权方式。支持者不会进入工商注册的股东列表，而只是享受消费金、现金分红以及东家特权，项目方到期进行回购。根据京东东家消费板的规则解释，支持人对项目支持后会得到三部分收益：消费金 + 浮动的现金分红 + 东家特权。①消费金：项目方按照单笔投资份额，以一定比例提供给投资人消费金，可代替现金使用，用来在项目方消费。②浮动的现金分红：以营业额、净利润等变量来决定较稳定的现金收益。③东家特权：投资者所享受的项目方提供的各类 VIP 专属特权。

目前在东家消费板中上线的项目中，我们主要介绍雕爷牛腩和 UR 服装两个项目，看看其中支持者除了财务回报外还能获得哪些消费者特权以及东家特权。

📷**案例 8-2** **雕爷牛腩众筹项目** [①]

雕爷牛腩为自己朝阳大悦城的新店筹款 200 万元，限额 200 人，每人单笔投资金额 1 万元。雕爷牛腩是由互联网知名人士雕爷利用互联网思维打造的一家高端餐饮企业，目前布局在北京、上海的高档购物中心中，其主打菜品咖喱牛腩是当年花 500 万元从香港食神戴龙那里购买到的秘方。除了这个卖点以外，在第一家店正式开业以前采用饥饿营销和神秘营销的方式进行推广，用半年的时间进行封闭内测，只对各种明星和知名人士开放，邀请明星来试吃后提意见并在自己的微博上进行发表，借此积攒了足够的人气，让其一开始正式营业就

---

① 详见 http://dj.jd.com/funding/details/5815.html。

收获了蜂拥而至的消费者。

本次众筹资金的用途是将其位于朝阳大悦城的总店重新装修，换代升级为更高端的店铺（见图 8-7）。众筹方案为：雕爷牛腩品牌母公司将自己持有的朝阳大悦城店股权项下的收益权出售给支持者，支持者与总公司之间签署《投资份额收益权转让协议》，根据该店未来每年营业额的高低，来获取相应比例的利润分红。当营业额超过 1 200 万元时，支持者有权按照投资额的 6% 参与现金分红，五年后支持者还可以将收益权原价转让给母公司。

图 8-7　雕爷牛腩在京东东家消费板的众筹页面

除了以上财务收益外，支持者还将得到两项消费者特权：① 5 000 元消费金用于在店内进行消费。②东家特权可以享受桌位预订权，以及包间的优先使用权。

案例 8-3　　　　　UR 服装众筹项目 [①]

UR 是一家做快时尚服装连锁的企业，类似 ZARA、H&M 等品牌。其本次筹款共从 189 位投资人处筹集到 472.5 万元，用于 UR 深圳太阳广场店的租赁、装修和运营。投资人单笔投资 2.5 万元，用于购买 UR 品牌母公司持有的该店面的股权收益权，可以根据 5 年内业绩好坏参与红利的分配（见图 8-8）。

除了财务报酬以外，支持者还能得到如下一系列消费权益。

（1）投资 2 个月内即可获赠 1 万元门店消费金，可在全国范围内使用。

（2）投资期内每年可以收到 3 000 元消费金，可在全国范围内使用。

（3）投资人到店可以享受收银服务优先使用权。即支持人去店面内购买衣服时结账时不需要排队，而是可以优先结账。

---

① 详见 http://dj.jd.com/funding/details/6878.html。

图 8-8　UR 服装店的店面形象

（4）投资人到店享受试衣间优先使用权（众筹发起时有此权利，后经过项目方调研，由于难以实现而取消）。

从以上雕爷牛腩和 UR 服装众筹的案例中可以看出，支持者除了可以得到股权投资带来的财务报酬外，还可以在消费层面获得各种消费利益，以及享受一些专属的服务。

（三）获得对所投行业的深刻认识

这里讲的是股权众筹对支持者来说所具备的学习功能。因为毕竟筹资企业不与投资人见面，全部沟通几乎都在网上进行，所以关于被投企业的各种信息都会在网上发布，另外由于支持者在投资出钱时十分关心自己投资，所以会向被投企业提出很多关键的问题，这样一来通过浏览被投企业的回答，就可以获得对被投企业所在行业和自身发展的若干认识。

目前大多数人都有一个开店的梦想，就是有一天能够开一家属于自己的咖啡厅，但是大多数有这个梦想的人只有少数去真正实施。原因当然有很多方面，但是有一方面十分重要，就是我们认为对咖啡消费领域不甚了解，了解不深入，害怕赔钱，不敢去冒险。但是假如我们发现股权众筹平台上有一家企业在做咖啡，那么我们就可以从网络上披露的信息，以及与企业互动问答中的信息中学到很多东西，乃至对咖啡消费行业的市场规模有一个大致的了解。

比如在蚂蚁达客首期挂牌的四家企业中，有一家开展咖啡外送业务的企业叫作连咖啡。由于目前连咖啡的服务网络还在发展中，所以基本上集中在北上广深这些大城市来提供外送服务，有一位潜在投资者对这样的经营布局有所质疑，认为仅在大城市开展业务的思路有待商榷，应该从全国数量众多的中小城市开始占领市场。图 8-9 是众筹页面中潜在投资者与发起人连咖啡之间互动的一条记录。

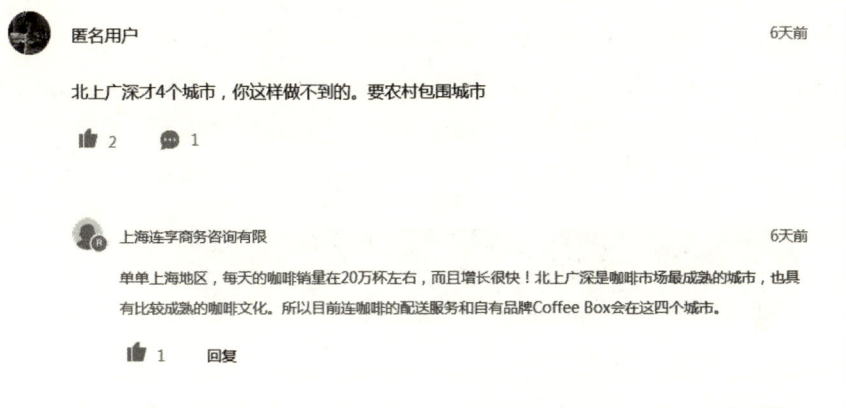

图 8-9　潜在投资者对连咖啡经营思路的质疑以及连咖啡给出的答复

对一个关注咖啡市场并且想在咖啡市场创业的年轻人来说，看到以上互动记录后就会更加不知所措了。连咖啡的模式到底有没有前景？到底哪一方说得对？肯定会在心里打鼓。不过没关系，我们看到融资企业在下面给出了回复，并且透露了一些对这位年轻人很有价值的信息：仅上海地区单日咖啡销量约 20 万杯。看到这里，相信这位年轻人几乎对咖啡市场的规模有了一个大致的轮廓。虽然这个信息不一定十分准确，但是可以为年轻人进一步调研提供参考价值。

案例 8-4　　　　蚂蚁达客 ＋ 连咖啡

蚂蚁达客是阿里巴巴旗下开展股权方面业务的平台，其模式不属于证监会定义的互联网股权众筹，而是属于互联网方式下的非公开股权投融资业务，或称互联网私募。区别仅在于前者是面向大众的股权销售，而后者仅可以面向符合特定条件的投资者群体，并非所有网民都可以浏览网页以及参与投资。但是这种区别仅仅是参与人群的不同、范围的不同，主要是考虑可以让风险的波及面更窄，但是本质上都是企业通过互联网从更广阔的群体那里获取经营需要的资金，所以二者之间有很多共同点。因此，在真正的股权众筹问世前，我们可以来适当关注这些非公开股权投融资平台。

根据全国企业信用信息公示系统所显示的信息（见图 8-10），蚂蚁达客自 2015 年 5 月 19 日成立，全称蚂蚁达客（上海）股权众筹服务有限公司，登记在上海市黄浦区，注册资金 1 亿元人民币。经营范围在 2015 年 6 月 8 日从“投资管理，资产管理”变更为“股权众筹中介服务”，可不要小看这几个字，虽然在蚂蚁达客上线之前中国有数十家号称股权众筹的平台，其工商注册的经营范围中都没有这样的字样，蚂蚁达客是第一家将股权众筹字样写入经营范围的企业。同日，也将公司名称从一开始注册时的“蚂蚁达客（上海）投资服务有限公司”正式变更为“蚂蚁达客（上海）股权众筹服务有限公司”。

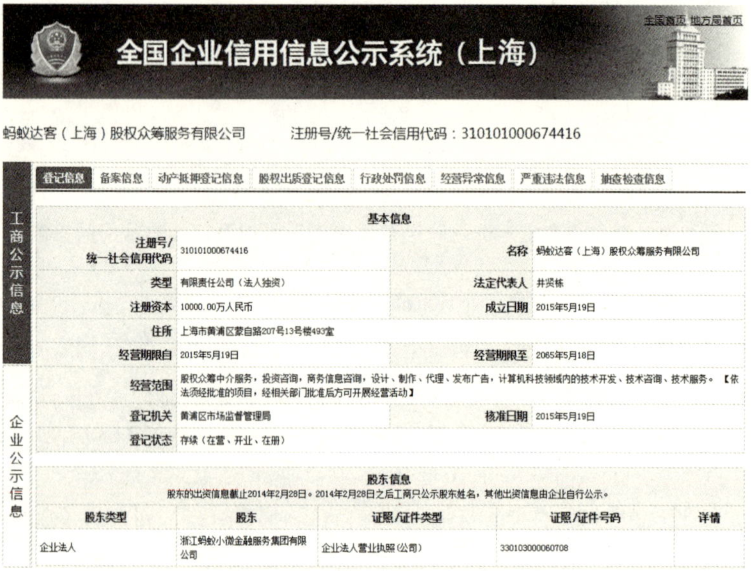

全国企业信用信息公示系统（上海）

全国首页 地方局首页

蚂蚁达客（上海）股权众筹服务有限公司　注册号/统一社会信用代码：310101000674416

工商公示信息 | 企业公示信息

登记信息 | 备案信息 | 动产抵押登记信息 | 股权出质登记信息 | 行政处罚信息 | 经营异常信息 | 严重违法信息 | 抽查检查信息

基本信息

注册号/统一社会信用代码	310101000674416	名称	蚂蚁达客（上海）股权众筹服务有限公司
类型	有限责任公司（法人独资）	法定代表人	井贤栋
注册资本	10000.00万人民币	成立日期	2015年5月19日
住所	上海市黄浦区蒙自路207号13号楼493室		
经营期限自	2015年5月19日	经营期限至	2065年5月18日
经营范围	股权众筹中介服务，投资咨询，商务信息咨询，设计、制作、代理、发布广告，计算机科技领域内的技术开发、技术咨询、技术服务。【依法须经批准的项目，经相关部门批准后方可开展经营活动】		
登记机关	黄浦区市场监督管理局	核准日期	2015年5月19日
登记状态	存续（在营、开业、在册）		

股东信息

股东的出资信息截止2014年2月28日。2014年2月28日之后工商只公示股东姓名，其他出资信息由企业自行公示。

股东类型	股东	证照/证件类型	证照/证件号码	详情
企业法人	浙江蚂蚁小微金融服务集团有限公司	企业法人营业执照(公司)	330103000060708	

图 8-10　蚂蚁达客的工商信息公示

蚂蚁达客在 2015 年 11 月 23 日首次上线了 4 个融资项目：人人湘、芥末金融、零碳科技、连咖啡。其中连咖啡项目是一家在一线城市做品牌咖啡外送的公司，总部设立在上海，本次在蚂蚁达客的筹款目标是 1 700 万元，最终成功超募，完成了筹款目标的 129%。连咖啡的创始人之一叫王江，是一个知名的连续创业者和颇有眼光的投资者，大家经常使用的航班管家、高铁管家就是他参与创立的，而大家耳熟能详的美团网、e 代驾、UC 浏览器等企业也是他参与投资的。

连咖啡的经营策略是首先为现有咖啡高端连锁品牌如星巴克、Costa 等提供代购服务，每一单在咖啡原价的基础上向用户收取一笔外送费用，在第一阶段利用高端品牌的外送来积累自己的用户群体，之后时机成熟的时候，会推出自有咖啡品牌 Coffee Box，届时会利用一些价格策略来削弱代购咖啡品牌，而扶持自有咖啡品牌，用自家产品实现自己的核心竞争力。

根据其筹资文案上的数据，连咖啡向用户承诺从下单到送达不超过 30 分钟，目前日均下单量约 15 000 单，占据了大量的市场份额。其商业模式很简单却很巧妙，目前在咖啡外送阶段，每单要收取外送费 2～5 元，这笔收费用来覆盖快递小哥的跑腿费，而购买咖啡的价格也由客户在下单时预付了，那么连咖啡的利润来源于哪里呢？原来是靠星巴克这些企业所发行的一种会员卡来巧妙盈利，星巴克会给持有星享卡的会员提供买三杯赠一杯，而且消费十次再赠一杯的优惠政策，那么连咖啡就可以汇聚大量的散单，然后在星巴克采购时再把三个单子拼成一个单子来采购，这样就会免费获得一杯赠送的咖啡，然后当第四个人下单时就可以把这杯零成本的咖啡以原价卖给这个人。当每天的订单量达到一定程度时，估计还可以与星巴克谈判得到更多的赠送量。想法简单，却很巧妙。

所以通过股权众筹中的问答和交流板块，支持者可以有效利用众筹给自己带来的学习功能，丰富自己对所投企业和行业的认识。虽然并没有亲身上阵去搏杀，但却相当于间接参与一场创业，就像坐船的乘客一样跟着开船的管理层一起出海，能够逐步了解这个行业的内幕，进而为自己今后亲自涉足该行业提供的一些低成本的经验，何乐而不为呢！

（四）间接体验另外一种人生的可能性

当代人的生活在程度越来越高的分工下逐渐被细化在某一个特定的岗位上，人生的可能性其实很窄。但是，人们往往又特别渴望体验到不一样的人生，即多样化的色彩丰富的人生，而参与股权众筹刚好可以帮助你间接参与和感受你想要的人生。首先，明确自己想要做的事是什么，接着去各家平台上查找是否有人正在做你想做的事情。然后花一小笔钱，就可以拥有别人公司的一小部分股权。正是因为拥有的这一点股权，就拥有了参与别人公司未来发展的投票权，所以股权众筹给支持者带来的最大好处就是更强的参与感。"只为能够参与，何需全部拥有。"似乎是对这种投资方式的最好注解。

通过股权投资，你可以在大理与别人合开一间客栈，或者在望京开一家健身馆，还可以在某处再开一家书店，以往的梦想未必要独自拥有，完全可以用凑份子的方式来间接拥有。参与这样的股权投资，你可能并不是为了未来进入这个行业创业，而是单纯地为了丰富自己的人生体验。目前国内在这方面做得比较好的是一家叫作"多彩投"的互联网私募股权投资平台，小米公司的雷军先生是其投资人。该平台定位于"新型生活空间以及新型生活方式众筹"，目前提供精品酒店、民俗客栈、健身工作室等空间类项目的众筹。正如我们说"众筹可以丰富参与者的人生"，该平台有篇营销文案也在倡导这种理念。该文案的大标题是"投资另一个自己"，列举了一些支持人通过支持该平台的项目而增加了新的身份，获得了"双重身份"：除了自己平日的本职工作外，还分别当上了健身房股东、大理客栈老板娘、酒店合伙人（见图8-11）。

图 8-11　多彩投股权众筹平台"投资另一个自己"的主打广告

📷 案例 8-5　女性专属健身空间——厘米健身双井店 [1]

这个项目是由亚洲健身小姐万清带领其教练及运营团队打造的一个健身空间，专门针对女性开设，为女性用户提供运动、饮食等一系列健身服务（见图 8-12）。创始人万清从小开始练习舞蹈，可是在一次意外中腰部受伤，在休养时内分泌失调导致体重激增。为了找回原来的苗条身材，万清报名参加了传统的健身房，但是对于传统健身房的体验很不好。传统健身房粗犷的装修、生龙活虎的男教练，还有生硬的健身器材，似乎都让人觉得和纤弱的女子们很不搭配，自那时起万清就希望能够有一家专门为女性设计的健身房。

通过自己的努力，在朝阳区百子湾南二路 76 号院 5 号楼 10A（乐城国际底商）开设了自己的第一家健身工作室。由于广受女性朋友的喜爱，现在准备

---

[1]　详见 http://www.duocaitou.com/project/detail/id/100889。

图 8-12 厘米健身的广告宣传语

扩大规模，在多彩投平台上众筹第二家位于朝阳区双井的工作室，总面积 330平方米，共设 4 个操房，每日可接纳 300 人次。本次众筹目标金额为 70 万元，单笔起投 2 万元，人数不超过 35 人，持有期 2 年。关于投资回报，由两部分构成：利润分成以及消费权益。

利润分成是指将每个会计年度实现的净利润拿出八成分配给投资人。虽然净利润每年是不确定的，但是发起人与支持人约定了最低收益条款：大股东会出钱向投资者补足最低年 8% 的收益，而且按季分红。如果你投资 2 万元，每年最低收益为 1 600 元，每季度都至少会收到 400 元的分红。消费权益是指你可以获得所投金额的 7.5% 作为代金券来参加等值的健身房课程。2 万元的投资就可以获得 1 500 元的课程代金券，以 150 元 / 次的芭蕾把杆训练课来讲，相当于可以免费上课十次。

关于退出，众筹方案中约定了两种退出机制：①众筹份额整体转让；②大股东 2 年后溢价 15% 回购。也就是说，如果两年后没有第三方愿意从投资者手中购入权益，大股东愿意以 23 000 元从投资人手中回购。其实这个众筹方案更像传统金融工具中的优先股。

案例 8-6　　云山美地连锁客栈——泸沽湖店 [1]

这是一家在多彩投上进行私募股权融资的客栈项目（见图 8-13），客栈位于云南省丽江市泸沽湖景区。泸沽湖机场自 2015 年 10 月开通以后，从昆明直飞泸沽湖仅需 1 小时。良好的地理位置，纳西族的建筑风格，推开窗户就是

---

[1] 详见 http://www.duocaitou.com/project/detail/id/100888。

泸沽湖，而且还带独立的花园，这样一座客栈简直就是大多人心中的天堂啊。

图 8-13 云山美地客栈在多彩投网站上的众筹页面

云山美地这个品牌由几个多年在丽江经营客栈的"70后"创办，目前在丽江、大理、挖色已经拥有4间客栈，本次众筹的泸沽湖客栈是其第5家客栈。众筹目标为200万元，单笔投资最低2万元，总人数不超过70人，持有周期至少3年。投资回报中利润分红每年最低为投资金额的10%。如果投资2万元，则每年回报2 000元，每季度收入500元。此外在消费权益中，每年按照投资金额的5%来提取消费权益。2万元投资就对应着每年1 000元的的房费抵用金，当股东休假时就可以去云南自家的客栈来住宿，结账时先用这个抵用金支付，如果不够剩余房费还可以享受股东特有的7折优惠。另外，股东入住后，还可以由企业为其提供股东才享的旅游行程定制服务，带着股东去玩当地的特色。

二、支持人的潜在风险

（一）本金损失风险

任何投资者都希望用钱生钱，用自己投入的"母钱"为自己带来额外增加的"子钱"。收益率高低仅仅是用于衡量"子钱"增加的多少，而这些都必须建立在"母钱"保持不变的前提下。但是有没有可能"母钱"遭受损失，减少或者为零呢？

对银行存款、银行理财、股票、债券等投资品种来说，本金受损的概率一般极低，但是对股权众筹来说，由于投资的公司多为初创企业，就像一个新生婴儿一样，前途未卜，失败破产倒闭的风险是极其高的，而被投企业一旦把钱花光，又没有及时拿到新订单取得收入，那么就会倒闭，这时投资者的本金就会全部损失为零，血本无归。因此，投资初创企业就是一种冒险活动，难怪英文里把这类企业叫作 Venture，也就是"冒险"的意思。

📷 **案例 8-7　　　　重庆市合众老火锅的破产清算**

对支持人来说，一个很难接受的情况是：众筹成功，但是经营失败。所谓众筹成功，是指款项筹集达到目标，钱筹齐了。然而真正关乎投资者利益的是钱筹齐了以后，怎样有效地运用好这笔钱，并且挣来更多的钱。而在这个经营的过程中，如果进展不顺利，投资者投入的资金就会遭受损失。

2014 年 5 月，一位叫作樊学锋的火锅爱好者萌生了自己开一家火锅店的想法，于是通过众筹的方式找到了 40 位股东，每人出资 1 万元开业了一家火锅店，由于是合众人之力所以起名"合众老火锅店"（见图 8-14）。投资人中既有家庭主妇也有大学生，大家都很认可这种投资方式，于是众筹很快就成功了。

图 8-14　合众老火锅开业时的照片

但是在火锅店开起来之后，由于经营、管理、市场等多方面原因生意时好时坏，磕磕绊绊地持续了半年左右。当 11 月又需要交纳新一期租金时，由于之前股东投入的资金已经用光，经营期间也没有赚取足够的资金，所以得向股东们继续筹资。经过开会讨论，股东之间没有达成共识，最终决定解散公司，火锅店以关闭告终。资金清算之后，每位股东亏损 5 000 元。这个案例告诉我们，对支持者来说，支持出去的资金是去参与实实在在的商业经营，一旦经营开始后失败的概率极大，因为收入方面很不确定，但是支出方面却板上钉钉，每个月都要支付房租、工资、水电等。因此，如果企业经营不善，不能产生足够稳定的收入来覆盖支出，就会使支持人丧失部分投资，甚至全部投资，所以支持者一定要慎之又慎。

（二）现金分配风险

股利是一个企业从经营的利润中拿出一部分向所有者进行分配的部分。由于大多数发起股权众筹的企业都是小微企业或者初创企业，都处于发育成长的阶段。而处于这样阶段的企业几乎很少向股东分配现金股利，因为公司的成长壮大还需要把利润再投资。大多数能够分红的企业一般都处于成熟阶段，经营规模比较稳定，市场比较成熟，比如大多数上市公司每年都会用现金发放股利。

其实这种做法很好理解，我们可以把一家公司的成长比喻为一头羊羔的成长。一般而言，小羊羔在长成熟之后，牧羊人才会把当年新生长出来的羊毛（利润）剪下来，出售给羊绒企业来挣钱，然而在小羊羔长大的过程中，牧羊人只是辛勤地呵护和喂养羊羔，是不会割小羊羔的羊毛的。同理，对于初创企业，呵护和培养是最重要的，投资人不宜操之过急要求现金回报，所以初创企业很少按年支付现金股利。对习惯于每年都有现金流入的债权投资者或者房屋租赁者来说，要做好每年没有现金流入的心理准备，应对好现金流不足的风险。

（三）变现退出风险

股权众筹的支持人所获得的权益是初创公司的股权，由于前面已经分析过，初创企业很少分配现金股利，所以主要财务收益是需要依靠长期持有，并在企业价值增加后出售给其他买家后才能赚取差价，获得不菲的财务收益。

股权的投资周期较长，一般需要 5 年乃至更长时间，在持有期间很难出售变现，所以属于流动性很差的投资品种，投资者在投资前一定要评估自己未来的流动性需求，在能够接受这种长期持有的条件下再做投资决策。

在几年后将股权出售给别人叫作退出，一般有如下退出方式：大股东回购、被其他公司并购、出售给下一轮投资者、上市后在股票市场上卖出。然而，这些退出方式都是投资者美好的愿望，在实际运作中具有很大的不确定性。如果每一条退出渠道都无法实现，那么投资者就存在很大的退出风险，无法保证将股权变现。

（四）股份稀释风险

对股权众筹来说，支持人所持有的股份在未来可能会被后续的融资活动所稀释，因为今后公司增发新的股份时，股份总数的增加，会导致支持者持有的股份占总股份的比例减少，这就是所谓的股份稀释。

当公司增发新的股份时，如果原有的股东没有继续按比例买入，就会导致自己的股份遭到稀释，而一旦稀释就有可能损害自己在该公司的利益，如投票权的减少、分红的减少、所持股份价值的减少等。

用来对抗股份稀释风险最有效的手段就是优先购买权，即当公司增加新的股份时，原有股东有权在同等条件下优先于第三方进行购买，防止自己的股份被稀释。所以在支持者参与股权众筹时，一定要留心投资协议中是否有关于优先购买权的约定。

三、支持人应该怎么做

（一）正确认识股权众筹的高风险属性

虽然股权众筹目前很火，也会给支持者带来许多潜在的好处，但是一定要清醒地认识到股权众筹的失败率极高，不要对股权众筹的成功有过高的预期，不要过于乐观，否则操之过急地去盲目参与是十分不理性的做法。

虽然说支持者参与股权众筹，希望找到下一个阿里巴巴，但是不要想当然地期待每一笔投资都是下一个阿里巴巴。要做好投资20～30个项目，才有2～3个项目能够存活的心态。在这2～3个存活的项目中，如果有幸能出现一个伟大的公司，就已经是中了大奖。虽然需要正确认识到股权众筹投资最终取得成功的概率比较低，但是也不应该过度悲观，因为与购买福利彩票这种风险性活动相比，其成功率还是相对高一些的。

（二）将股权众筹仅作为投资组合中的一个品种

首先要把自己富余的资金根据用途作区分，将短期内要动用的资金储存起来，购买安全性和流动性极好的产品，如银行存款、银行理财等。在需要的时候，能够马上变现，如娶妻生子、孩子用钱、父母用钱等。

当你将自己的资金区分为储蓄和投资之后，在投资时一定不要把所有资金都用于投资股权众筹，而是应该广泛地分布在各个品种上，只拿出很小的一个比例进行股权众筹投资。这些投资品种要分别代表不同的风险水平和收益水平，如债券、股票、房产等。

由于股权众筹属于风险相当高的投资品种，所以建议在投资组合中所占的比例不超过20%，具体而言设定为多少取决于每个人对自己风险承受能力所做出的评估。每个人在投资之前应该问问自己，如果投出去的钱在最坏的情况下会全部损失，那么我最多能够接受失去多少元？根据自己的回答就可以确定出一个股权众筹的合适比例。

（三）确保你真正理解了所投资的企业

由于投资的本质是把你的钱给别人用，所以一定要确保你了解你的钱给谁使用，他具体打算怎么使用。在阅读完某个企业的筹资页面后，要问自己如下几个问题，并要确保自己能够给出明确的答案。

1. 该企业提供的产品或者服务到底是什么

假设你向另外一个人讲述你将要投资的一家小微企业，你要能做到只用30秒或1分钟就能把这个企业所提供的产品是什么，服务是什么说得清清楚楚。

2. 你是否能清楚地说出这个产品或者服务为谁解决了其什么问题

一般来讲，许多客户购买一项产品可归结为三种情形：①要么是希望买到的东西可以解决当前所遇到的问题，或者叫作"痛点"，不仅包括身体上的疼痛、不适，还包括心理上和情绪上的不适，如按摩器、矫正带，还有e袋洗，打车软件等。②要么让人们更加开心，比如虚拟现实眼镜，这些东西人们没有不会很难受，但是有了却会更加开心。比如3Dmax电影院，更好地提高了用户的体验，提高了用户的享受程度。③要么是防止人们在未来出现不适和不愉快，如保险产品、vitamin。

然而无论你看到一个小微企业的产品外形有多炫、描述有多酷，除非它是一个真正的"人类麻烦解决者"，即它自身的属性能够满足人类的需要，为人类带来丰厚的价值，否则它将永远被消费者束之高阁，只会是一个摆在货架上有价无市、无人问津的商品。人们没有需要，不能解决人们的麻烦，人们是不会去试图拥有的，这样该企业就不会获得收入，企业就不会自己造血，所以死亡是必然的。这样的小微企业是"天生营养不良"，就没有必要再去考虑触碰了。

3. 这个企业的客户到底是哪部分人

当我们谈论某个创意时，我们常会脱口而出说这个东西太适合"谁谁谁"了，"谁谁谁"太需要这款产品了，中年妇女会喜欢这款产品，有宠物的人将成为我们的客户。但是一个小微企业永远不会有能力将自己的产品销售给每一个中年妇女或者每一个养宠物的人，就算这个小微企业有这种产能和服务能力，其目标也不可能是人人都来购买自己的产品。

所以一定要明确小微企业对自己的目标客户群有一个清晰的认识。比如："我们的客户是距离我们店面 6 公里以内的女性群体，这些女性都要上班，都有孩子，而且希望富有营养的有机食品能够送货上门，并且每周至少两次，这样她们就可以节省出少做几顿饭的时间，让自己的精力能够有所休息。这些女性的年龄大约在 30 ～ 45 岁。"类似这样的答案就是高分答案，如果对自己目标服务群体的认识能精细到这种程度，就不会盲目地进行经营和投资了。

（四）东西卖得出去才能保证长久的财务收益

问自己：你自己会买这个产品吗？如果市面上出售这款产品或服务，你真得会掏钱购买吗？买了这个产品你真得会经常使用吗？（要知道买是一回事，用是另一回事，有多少次我们冲动地将某个东西买回家，但是发现新鲜了两天之后基本上长期闲置在那里，并没有真正地使用它来改变我们的生活。）你真的愿意向身边的亲朋好友推荐吗？

这几个问题看似简单，但是许多投资者在购买小微企业的权益前是根本不问的，然而这些却是关乎主旨的问题。一定要清楚地回答目标客户到底是谁，这些人有哪些困境，你的产品真的能帮助他们走出困境吗？只有真的能帮助其走出困境的东西，才会被他们珍视和渴求，他们才会愿意掏钱拥有并使用，并回馈以赞美和推广，才会介绍更多的客户，才会给企业带来更多的收入，才会为你这个投资者带来更多的财务收益。

（五）仔细阅读网页上网友和发起人的在线问答

关于投资一家企业，以前一直是专业风险资本投资家或者天使投资人在干的事情，但是现在通过互联网时代众包给了群体的智慧或大众的智慧。所以支持者刚刚参与的时候，有可能会经验不足，不知道应该关心哪些问题，或者有可能被发起人单方面的美好宣传所迷惑。

不过没有关系，股权众筹由于本身具有线上属性，几乎全部交流都会在网上进行并留下文字记录，所以你要认真阅读在项目页面上其他支持者与发起人之间的交流，看看别人怎么看待这个项目，都提出了哪些质疑，是否有足够的理由让你信服。然后再看看发起人对于这些问题的回答是否专业，是否有足够的数据让人信服。这样多参考大家的意见之后，既能丰富自己的视野，也可以让自己做出更明智的决策。

（六）仔细阅读关于退出的部分

退出是股权众筹的重中之重，因为投资收益需要靠股权退出才能落袋为安，否则就算有增值，也都是账面上的增加，不是实实在在的收益。为了避免今后不必要的纠纷，在参与股权众筹前，一定要重点浏览众筹页面中关于退出事项的说明。如果不是很清楚，就要与发起人进行有针对性地沟通，确保双方没有歧义、达成共识。

关于退出方案主要应该关心三个方面：一要看退出打算采用何种方式。发起人是计划挂牌新三板，还是准备出售给并购者，抑或是大股东回购。二要看退出时间。是 2 年、3 年、5 年还是不确定。三要看对于回购约定有无担保。有些项目大股东承诺回购时，为了确保让投资人更安心，会承诺将自己所持股权进行质押，如果到期没有履行回购义务，则支持人有权处置大股东所持有的股权，但是有些项目没有回购担保，所以支持人一定要把关于退出的细节搞清楚。

（七）要在法律的规范下去进行资金投入

为了避免遭受过大的损失，各国监管层都颁布了参与众筹的各种规则，用来保护支持者的权益。在参与之前，不论是从合规的角度，还是从保护自身的角度，务必了解监管规则，并且自觉遵照执行。

为避免投资者狂热的不理性投资行为，美国 JOBS Act 对参与股权众筹的资金额度具有明确规定，要根据支持者的年收入来计算其能够投资的最大金额。如果一个人年收入不足 4 万美元，那么一年最多只能投入 2 000 美元。如果一个人年收入在 4 万～10 万美元，则最多 1 年投入 5%。比如一个年收入 5 万美元，最多拿出 2 500 美元参与众筹；一个人年收入 8 万美元，最多拿出 4 000 美元。如果一个人年收入大于 10 万美元，则可以拿出 10%，但是无论如何不得超出

10万美元。也就是说，年收入50万美元的人最多拿出5万美元；年收入90万美元的人最多拿出9万美元；而一旦年收入超过100万美元，不论是180万美元，还是200万美元，还是800万美元，这时都不得超过10万美元的投资限额。

（八）利用领投人传递的信号进行跟投

在股权众筹中，发起人和支持人之间的信息掌握程度十分不对称，会导致比较严重的逆向选择问题，即有两种可能：本身很好的项目由于发起人不愿意公开核心技术或者关键信息，在支持人眼中看起来就比较一般，所以支持者不会去投资；而本身一般的项目由于发起人大肆宣扬或夸大事实，在支持人眼中看起来就非常优秀，所以支持人反而最终会投资这个一般的项目。这种信息不对称导致的逆向选择问题严重地扭曲了股权众筹市场中的资源配置，理想情况应该是资金能够流向最优秀的项目，然而现实却是真正好的项目可能得不到资金而死去，而比较一般的项目却可以得到资金而生存下来。

根据博弈论中有名的"信号传递理论"[1]，要想解决逆向选择中的资源错配，项目质量特别好的发起人需要利用某种信号将"质量真的特别好"这个信息传递给支持人，支持人根据该信号就可以判断出项目的好坏，进而做出更为有利的投资决策。那么这个信号该以何种形式呈现呢？在股权众筹中，大家逐渐摸索出一套由第三方的行为来呈现的信号模式，具体来讲就是领投人模式。由于众筹项目大多为高科技领域，其核心信息往往要对外保密以防止有机会主义倾向的投资人进行剽窃，所以发起人很难将自身独家信息公开传递，这样一来，互联网众筹中最佳的信号传递行为应该由一个第三方实施，这个"第三方"实践中就被称为"领投人"，即专门从事股权投资的专业人士或者专业机构，有一整套流程来调研和判断项目的价值好坏。发起人首先与专业投资人在线下约谈项目细节，这些专业投资人会对项目进行详细的尽职调查，如果决定投资后则成为领投人在线上显示出来，以此向其他非专业投资人释放一个强大的信号——"该项目质量好"，其他非专业投资人在接收该信号后跟进投资，故又被称为"跟投人"。所有，在股权众筹中支持人要利用好领投人释放的投资信号，在著名投资机构的带领下进行理性的跟投操作。

---

[1] 该理论的提出者是Michael Spence（迈克尔·斯宾塞），2001年诺贝尔经济学奖获得者，其最重要的研究成果是市场中具有信息优势的个体为了避免与逆向选择相关的一些问题发生，如何能够将其信息"信号"可信地传递给在信息上具有劣势的个体。

第九章

后众筹

一、为什么要谈后众筹

当前大家谈论最多的话题是众筹的成功，比如媒体经常报道某某项目上线几秒内就获得了上百万的众筹金额，某某项目成功筹集到目标金额，甚至完成目标金额的若干倍。在这些报道中，似乎认为众筹的成功仅停留在"筹"这个阶段，即募集到了目标数额的资金。而这样的理解却似乎忽略了更为重要的事情，就是筹到钱之后的阶段会发生什么。难道筹到钱就代表成功了吗？其实不全是。筹到钱固然重要，因为这是一个良好的开端，但是真正的考验还在于筹到钱之后所面临的后续问题。

因此，我们认为对于"众筹成功"的含义应该给出更为全面的诠释。在狭义上，"众筹成功"仅指对于某个金额的筹款成功，是通过互联网在特定的时间内是否筹集到了特定的金额。然而在广义上，除了筹款成功之外，还包括后续的项目执行或者经营管理是否能够顺利进行，是否满足了各方利益相关者的利益。基于众筹成功在广义上的理解，就会涉及对筹款之后时间段的关注，而这就是所谓的"后众筹"。

后众筹包括众筹结束之后所涉及的各项事宜。对产品众筹而言，是指筹款结束后，发起人如何运用众筹资金完成项目并向支持人发送当初承诺的产品；对股权众筹而言，就是筹款结束后，发起人运用众筹中募集到的资金进行公司的经营管理并最终实现盈利，为众筹股东创造价值。

本章我们分别介绍产品众筹和股权众筹的后续事宜，首先列举实践中各类众筹出现的有代表性的问题，然后对这些问题的产生原因加以适当分析，最后结合一些行业的做法尝试着给出一些有助于后众筹成功的思路。

二、产品众筹之后

（一）众筹之后面临哪些问题

对产品众筹来说，其众筹之后发起人就需要开始组织生产过程并及时将产出品发送给支持者。而出现最多的问题就是"跳票"，即发起人由于主客观原因在约定的时间没有按时发货，而且一拖再拖导致支持者的情绪严重不满，支持者从支持转为对发起人的敌对，并且在网上谩骂攻击发起人。这不仅不利于发起人今后的声誉和发展，也不利于大众对众筹的普遍信任。因此我们说：由于交货瑕疵而造成的双方关系紧张是产品众筹之后面临的最重要问题。

> 📷 **案例 9-1   麦开智能随行杯 Seed 的一拖再拖**
> **让支持人从支持变敌对**

2015 年 10 月，作为一家致力于智能饮水的创新团队，麦开团队在京东众筹上为其新项目 Seed 智能随行杯发起众筹（见图 9-1），筹款十分成功，从 15 426 位支持者处筹到了近 77 万人民币[①]。本项目原计划于 11 月底就可以准时将 Seed 送到大家手中，在 10 月 27 日，麦开团队还在网上发布了 Seed 随行杯的最新进度，表示试产和量产的备料都会陆续到位，同时对第一次小批量试产、第二次小批量试产、试产品的测试、大规模量产的各个时间节点都给出了明确的日期。

moikit seed

进口304不锈钢、LED点阵屏，3 款容量，超多色款

– 全新 Air-Elastic 智能饮水监测技术 –

图 9-1　麦开智能随行杯外观

---

① 详见 http://z.jd.com/project/details/24647.html?from=jr_search&type=0。

然而在 11 月 14 日的最新进度公告中，说试产中发现：①部分杯子的电池触点与 PCB 板接触不良；②杯盖在与杯体旋合时因金属配件间的摩擦会发出高频噪声。针对这两项试产中的问题，工程师已经给出修改方案，但是对于模具的修改需要 10 天时间。

1. 第一次延迟

就在原定的交货日期临近时，麦开团队 11 月 27 日再次发表声明《我们还需要一点时间》，表示之前量产中电池接触的问题已经解决，但是由于对杯盖的配件"行程限位开关"的修改，导致原有模具不能再用，需要重新建造新的模具，而模具厂需要在 12 月 15 日左右才可以交付新的模具，所以 Seed 随行杯的交付时间也因此推迟到 12 月底。此时，根据支持者在公告后的留言可以看出大家的情绪还比较正常。

有人回复"还算有诚意"。

有人回复"态度还行，就看你们送出的产品是怎样的吧"。

还有人回复"想要的是好产品，我可以等"。

"现在众筹没几个不跳票的，表示能理解，毕竟搞产品很多时候都是推倒重来的。赠品什么的都不在乎，在乎能给我一个暖到心的保温壶吧。"

2. 第二次延迟

2015 年 12 月 25 日，当圣诞节的钟声敲响时，麦开团队在这样的时候又给大家带来了第二次延迟的消息。虽然在 12 月 14 日时告诉大家之前那个要订做的模具已经做好了，可是这次公告中说又发现了一个新的问题，杯盖中的一个零部件有可能在长期浸泡时进水，进而导致接触不良。为了解决这个新问题，工程师给出的解决方案是用硅胶把该零部件全部包裹起来，这样一来就需要进一步制造一个硅胶模具，而这样就又需要等待一定的时间。所以原定于 12 月底的发货时间又要延迟到新的一年 2016 年的 1 月底。从支持者的反应来看，正面回应和负面回应几乎对半分。由于这是第二次延迟，虽然大部分支持者还能表示理解，但是支持者当中已经有些负面情绪开始酝酿了。

正面情绪的言论包括："做产品的就是这样，客官们给点耐心，你们也不想到手一个有问题的产品，麦开希望你变得强壮起来。继续支持你。""嗯，虽然再次的延迟发货有些意外，不过也不希望收到不好的东西。姑且不考虑其他，表面上表现出来的负责态度还是值得肯定，就是希望下次看到的是发货的相关信息……""不急，慢慢来，慢工出细活，完美的使用体验才是王道。"

负面情绪的言论包括："他们就想做一锤子买卖，坑完这次，下次保证没几个人买，反正我是看都不看""我实在是不明白，作为一个团队，你们的效率真是……请原谅我可能不懂你们中间有多少流程，有多少需要优化的东西。但是，大家至少都明白什么叫'言而有信'，最次也该知道什么叫'一鼓作气，再而衰，三而竭'吧。你说你一而再再而三地去延期真的好吗？以后谁还会相信你们家的信用？？？"等等。

3. 第三次延迟

2016 年 1 月 22 日，就在上次约定的发货时间临近时，麦开团队再一次发布了名为《最后的等待》的公告。公告开篇用高亮的字眼告诉支持者将延迟至春节后 3 月份发货，这次的理由是虽然所有问题都已经解决，但是由于春节临近，工厂工人返乡过年导致工厂产能不足，需要春节后再安排生产。此时，支持者已经再也耐不住自己的性子了，负面情绪一波一波袭来。

"为了让宝宝能在外出时喝到热水，我等了一个冬天。你们无数次地跳票。三月发货，冬天过去了，我还要保温杯干吗？请问，你们的诚信在哪里？一次一次地跳票你把我们当什么了？"

"说难听点，这样的企业行为在强奸消费者。字里行间流露着我们很努力我们要给你最好的产品你们不能有怨言的即视感。完了不想想补偿消费者而主动让消费者退款。真的气死了。"等等。

4. 第四次延迟

2016 年 3 月 25 日，麦开团队再次发布公告，声称量产在即，决定 4 月中旬发出全部货品，但是截至 4 月 20 日，支持者在话题区的留言表示还没有发货。

（二）问题的原因分析

通过对以上问题的分析，其本质上是由于延迟发货或者货不对板所造成的支持者与发起者之间的纠纷。而这种纠纷产生的原因可以分为两端来看：从发起人的角度看，主要出现在供应链延迟、技术障碍、轻易承诺三方面；从支持人的角度来看，主要是对最终结果的期待过高、对自己支持的产品成熟程度认识不足、对所参与众筹项目的风险估计不足等。

1. 供应链延迟

首先，我们来看第一个原因：供应链管理不善导致生产进度延误。对参与众筹的创业团队来说，对大多数情况下团队中人数不多，美国 Kickstarter 上 2 ～ 3 人的团队比比皆是。而这些团队成员的优势主要是设计、创意、发明方面，而很少有供应链管理方面的人才加盟。要知道一个简单的智能硬件也有若干零部件需要向外部供应商采购，那么与众多零部件的供应商谈判、商定交货日期、货品质量、违约赔偿等事宜都需要十分专业的供应链知识，一旦某个供应商的交货出现质量问题或者延迟问题就会导致整个生产进度受阻。目前这是造成延迟发货的主要原因，下述项目延期发货后的致歉声明可以证明这一点。

2015年3月20日，MOCA S 3D打印机项目在京东众筹社区发表《项目致歉声明》中说道："由于我们的供应链出现了比较严重的生产失误，可能导致无法在承诺的日期内按时发货。"①

2015年6月12日，MIO 7×24团队在京东众筹社区发表《延迟发货的致歉信》，说道："由于供货商提供的某电子元器件需从美国发货，经过海关延误了，从而导致了整个产品周期滞后，这是我们没有预料到的。我们对此表示非常的遗憾并抱歉地通知您，发货将推迟3周左右的时间，恳请谅解。"②

2015年9月28日，广州冠维团队在京东众筹社区发表《关于韩国掌上LED投影项目下架的事宜》，写道："我方上架的韩国投影项目因在产品供应上出现了问题，在和供应商多次沟通未果的情况下，我们现在向平台方申请项目下架。""我方未来将更加重视供应链与运营商的结合。""因为我们的供应链问题导致此次项目进展得没有前期那么顺利。再次对大家表示歉意！"③

2016年1月25日，小益魔术相机团队在京东众筹社区发表《小易魔术相机，萌物来袭 延期发货》："由于是采用品质非常好的定制版电池，供应商临近年关供货紧张，导致现如今不能给大家按时交货，对此我们非常抱歉！根据电池供应商的反馈，我们预计小易魔术相机的量产时间将调整为2016年3月3日前后。"④

2. 技术障碍

其次，我们来看第二个原因：生产过程不顺利导致生产进度延误。有许多案例的问题并没有出现在供应链的延误上，其所需的各种原材料和配件已经基本备齐，但是在产品的生产过程中，出现了各种技术上的问题。这些技术问题有可能是生产环节的重要模具坏了，也有可能是团队在测试产品性能时发现产品不达标，因此需要时间想办法解决生产环节遇到的这些技术难题，这些额外

---

① 详见 https://zbbs.jd.com/thread-1339-1-1.html。
② 详见 https://zbbs.jd.com/thread-3529-1-1.html。
③ 详见 https://zbbs.jd.com/thread-10466-1-1.html。
④ 详见 https://zbbs.jd.com/thread-20584-1-1.html。

花费的时间最终导致了交货的延迟。

比如，上面提到的小易魔术相机团队之前是因为供应链的问题将交货时期延迟到 2016 年 3 月 3 日，但是到了那一天，虽然产品所需的电池已经到货，但是该团队仍然交不出满意的作品，这是为什么呢？原来据该团队的第二篇声明中说，在生产过程中，其最重要的模具出现了问题。从其声明中可以看出，模具这种生产环节中非常重要的东西都会出现意外，反映出该团队在生产管理方面的经验、技能是有所欠缺的。

再比如另一个延迟发货的案例。2016 年 2 月 19 日，Dr. Ya Ya 儿童智能牙刷团队在京东众筹社区发表《关于 Dr.YaYa 儿童智能牙刷发货延迟的说明》[①]，写道："12 月 24 日结束众筹，项目原定在 1 月 24 日前发货给用户。而在产品刚出来之时，我们也进行了用户的测试，发现刷头的尺寸设计对于 4～6 岁的儿童是适用的，而对于 3 岁的儿童不适用，这与我们产品定义于 3～6 岁的儿童使用相悖。我们不能抛弃 3～6 岁任何一个年龄层的宝宝用户，为了使产品更完美，更符合用户期待，我们公司推翻了之前的刷头尺寸设计，重新开模，重新投入资金进行生产。"从这篇说明中可以看出，产品生产出来，在进行产品测试时，发现产品的性能在很多方面与设计初衷不符，达不到想要的效果，所以此时就需要想新方案重新解决问题，而一旦重新思考解决问题的手段，并付诸实施，就需要花费额外的时间，所以就导致了生产的整体延误。

3. 风险揭示不充分

一般来说，仅有一个产品概念或处于起步阶段的企业会采用股权众筹，因为仅涉及投资者的投资而不涉及面向消费者交付产品，所以减少了很多来自市场的压力，企业可以专心利用投资者的资金来好好研发自己的产品。然而随着小微企业的逐渐发展，产品研发逐渐成形，有了初步的样品，并且已经建立好一定的生产线，这时候就可以考虑发起产品众筹了，因为毕竟产品众筹面对的是直接来自市场的消费者，需要企业在约定时间向其交付产品，所以企业发起产品众筹时要比发起股权众筹时的产品形态更加成熟，生产技术手段更加现实，基本上要有八九成的把握才会去发起产品众筹。虽然产品众筹与股权众筹相比，发起人的产品生产能力已经更加成熟，交付产品的可能性更大，但是毕竟还没有发展到一个成熟企业的规模，并不能像天猫京东上面的电商那样，产品生产成熟到可以一手交钱一手交货。所以说，产品众筹企业产品的特点是生产成功的可能性很大但是仍然具有不确定的风险，而这一风险点是应该在众筹时就向

---

① 详见 https://zbbs.jd.com/thread-21579-1-1.html。

广大支持人充分揭露的。

由于发起人十分希望自己的众筹项目能筹款成功，一般都会将自己的产品图片用电脑软件修改得十分完美、十分成熟，让潜在支持者看起来好像就是真实存在的商品，同时发起人会信誓旦旦地向支持者许诺一定会按时交付其最终产品，以此来吸引广大支持者的支持热情，帮助众筹项目的筹款早日完成，甚至完成金额有时会超出目标金额若干倍。但是发起人往往遗漏的重要工作是没有向支持人充分揭示产品研制中可能存在的风险，以及未来存在延误或无法交付最终产品的可能性，同时也很少有发起人在众筹时就给出无法交付产品时的应对预案（比如，在约定日期无法交付时，是马上给支持人全额退款，还是给予其他补偿同时延长交付日期等）。就因为发起人对于风险的揭示不足以及对于风险发生后的应对预案约定不明，一旦发生风险就极其容易造成发起人与支持人之间的纠纷，导致二者之间的关系紧张。

（三）问题的解决思路

根据以上我们分析的导致双方关系紧张的几方面原因，我们提出一些解决问题的思路和方向，试图从根源上缓解双方的紧张关系，让双方之间更为和谐，共同促进众筹事业的健康发展。

1. 如何确定交货日期

不要盲目承诺交货日期，合理评估自身情况，为交货日期留出足够的时间。从以上产品众筹交易双方矛盾激化的过程中来看，矛盾的每一次升级都伴随一次交货日期的延迟。因为支持者们的耐心是有限度的，当第一次延迟来临时，大多数支持者还是抱着宽容的态度，第二次延迟来临时就会有一部分支持者开始大骂发起人没有信用了，当第三次延迟再次出现时，大家抱着"再一再二没有再三再四"的固有理念就已经情绪失控了，要么演变成网络上对创业者的谩骂，要么还有可能诉诸法律进行维权。而无论如何，不断地延迟对众筹双方都是不利的，对发起人来说丧失了名誉、打击了斗志，对支持者来说耽误了时间，也未必能立刻收到货品。

所以为了避免出现这些对双方都不利的局面，发起人在发起众筹时，一定不要乐观地估计未来的生产制作过程，要按照尽可能坏的打算来估算交付时间。根据网站"雷锋网"作者黄金龙（该作者在软件和硬件行业从业超过 10 年）的原创文章《互联公司做智能硬件要注意什么？》[①]，一般智能硬件从原型机

---

① 详见 http://www.leiphone.com/news/201410/guF1poojZ3mMBk5o.html。

做好到生产就绪之前都至少需要 3 个月的时间，在这 3 个月内要做的事情是制作模具和采购物料，而制作模具是个耗时很长的过程，一般都要 30 天左右。另外，在以上众筹案例中，有些项目如 Seed 随行杯团队在试产和测试后发现一些问题，因此要改动其初始设计，而这样一来，就会导致重新做模具和进物料，直接延后了出货日期。正如黄金龙所说，"硬件的改动非常麻烦，比如一些功能的增加，就必须要换芯片重新布一个线路板了，而外观的改动会影响模具结构的改动，很有可能整个模具损坏，并且大大拖延产品周期"。当然，笔者是硬件方面的外行，在浏览上述 Seed 随性杯的延迟案例时，看到一次一次的拖延也是气不打一处来，但是看到这位业内人士中立的解释后，释然了很多，也多了一份对智能硬件创业团队的理解。

正如黄金龙所说："做一个硬件产品比单纯做一个软件产品的周期和链条更长，而且硬件是一个很靠经验的技术活，任何的试错都要付出高昂的成本，只有丰富的经验才能够避免走弯路，可以说毫无捷径可言。"所以说在智能硬件团队进行众筹时，为了避免因为拖延造成的双方关系紧张，可以冷静客观地将承诺交付时间设定得更久一些，不要动辄众筹结束 30 天后发货。大家又不是买淘宝，越快越好？大部分支持人其实觉得半年到一年之间也是可以接受的，只不过不喜欢被发起人一次又一次地爽约。所以索性就留够充分的时间交货，这样发起人有足够的时间来打磨产品，并且有时间与支持人进行更长时间的交流和互动，大家都不浮躁，岂不是更好？岂不是更有利于产品众筹的发展？

2. 如何解决供应链以及生产环节的问题

上文谈到产品众筹之后最容易出现问题的环节在于产品的生产制造环节，在这个环节上所遇到的各种问题造成了迟迟无法发货，进而导致"发起＋支持"两方的气氛紧张。可见要想消除这种紧张的气氛，除了不承诺过早的交付时间，以及向支持者充分揭示项目的风险外，还需要从根本上解决创业项目的生产水平问题。而要想提高创业项目的生产水平，我们提供以下三种思路供大家参考。

（1）众筹成功之后可以将创意和发货义务打包卖给大公司如三星、小米等。这个思路虽然有些激进，但也不失为一个可以考虑的方向。首先我们来分析一下创业团队和大公司各自的优势：创业团队更有创意，但是除了设计出鬼斧神工的创意外，在采购、生产、测试、营销方面都不具备优势；然而大公司（如三星、小米等）却正相反，其拥有现成的产能和销售渠道。如果一个项目在众筹平台众筹成功，就证明这个项目是有市场价值的，此时创业团队就可以将自己的项目面向业内的大公司进行招标，大公司如果希望收购该项目就可以来竞标，最后竞标成功的大公司接手这个项目的生产和落地，并且要负责为众筹中的支持者发放产成品。

如果按照这种模式操作，整个生态链中的各个主体都是有好处的。创业团队作为发起人就可以只做自己擅长的设计研发部分，而不必受虐于后期的由各种自己不熟悉的事情所带来的问题。对大公司而言，可以直接从外部收购自己感兴趣的新项目，丰富自己的产品线，缩短产品研发周期，而且产品开发的风险也大大降低，因为所收购的项目都是已经在众筹中被测试过很有市场的产品。对支持人来说，大公司对项目收购，并且负责组织生产发货，有助于自己能够尽早收到货品，而且质量较有保障，因为大公司的售后服务也相对较好。

这种思路的提出其实也并非空穴来风。2012 年 5 月 7 日在 Kickstarter 上线了一款多人游戏纸牌桌游的众筹项目（见图 9-2），该项目叫作 "the Doom that Came to Atlantic City" [①]，这款桌游的发起人是 Eric Chevalier 和他新成立的公司 The Forking Path，上线后成功从 1 246 位支持者那里筹集了 12.2 万美元。可是让所有看好这款桌游的人都大失所望的是，发起人 Eric Chevalier 带着这一大笔钱销声匿迹了，他先是在众筹网站上以各种理由欺骗支持者说这个项目遇到问题了，后来索性根本不再出现回答任何有关项目的问题，支持者们无法联系到他。就在大家失望透顶的时候，桌游行业内的一家知名公司 Cryptozoic Games 接手了这个项目，短短时间内就将其生产出来并一一发送给当初的支持者们。虽然这个案例在生产环节出现的问题不是技术问题，而是发起人自身的诚信问题，但是给我们看到了行业内的大公司接手和介入众筹项目的可行性。

图 9-2　桌游卡牌 "the Doom that Came to Atlantic City"

---

① 　详见 https://www.kickstarter.com/projects/forkingpath/the-doom-that-came-to-atlantic-city/description。

另外一个相关的案例是我们在前面章节提到的智能手机按键 Pressy 和米键、智键的案例。Pressy 这款智能按键在该创业团队网站上的定价是 7 美元一个，而国内小米公司和 360 公司生产智能按键却只卖 3 ～ 7 元人民币，这就说明小团队创意能力虽强，但是成本控制能力不足以使生产成本下降，所以才会销售得如此昂贵。另外在生产效率和质量方面，小团队 Pressy 对于当年在 Kickstarter 上发起的项目到现在为止都没有妥善地执行完，在支持者留言的界面上可以看到一大部分支持者反映还没有收到这款产品，而收到产品的支持者们普遍反映质量太差，经常接触不良。与此相反，小米公司、360 公司的产品在上市当天就能保证上万个产品的销售和准时发货，而且良品率控制得非常好。这就说明小团队 Pressy 既无法有节奏地控制生产进度，也没有能力驾驭如此大批量生产中的质量控制，而大公司只看了一下他的创意，在后期复制生产的时候就能驾轻就熟地保质保量生产出来。所以如果存在一种机制可以让 Pressy 团队当时将众筹成功的项目出售给小米公司，那么一定是各方同赢的皆大欢喜。

（2）确保团队中除了创意人才，还要有生产人才。

刚才的思路是需要出售众筹成功的项目，然而有些团队对自己的创业项目是有特别感情的，不希望出售给第三方，而是希望由自己一手做大。那么也没有问题，但是一定要确保自己团队中有一位擅长硬件生产流程的成员。虽然现在智能硬件项目主要采取外包代工的模式，但是如果自己这方没有一个懂行的人驻厂监督生产过程，就无法提高生产速度和控制次品率。所以，一定不要忽略生产和供应链专家在自己团队中的重要地位。

（3）行业协会牵头组建外包方案解决中心，服务所有众筹创意团队。

这个思路也是现实中还不存在的，但是我们认为整个众筹生态环境中的确需要存在这样一个机构，这个机构有点类似孵化器。比如许多孵化器，或者创业基地就能同时为若干创业团队提供财务记账服务、文印服务、法律服务、人力资源服务、房租服务，由于这些一般性的服务是每家创业团队都需要的，那么由一家机构统一为大家提供岂不是更有效率，避免每一家创业团队都去自己寻找。同理，既然大部分众筹项目的团队在众筹成功之后都要去寻找代工厂来进行生产，有些团队比较有经验所以能找到很好的工厂，有些团队却不慎找到一般的工厂，那么为什么不能由一家机构统一为大家提供代工服务呢？

所以我们建议由所有众筹平台组成行业协会，一起为创意团队提供后期生产服务，面向全球招标找到最佳的代工机构，然后监督其代工质量。这样的话，以后每个众筹成功的团队在需要生产的时候，就来找这家"代工解决中心"，由于代工解决中心接的单子多就可以对外招标最好的代工机构，而且一旦代工厂出现质量问题，"代工解决中心"可以向代工厂施压要求赔偿，赔偿的金额可以相应用于对于支持者们的赔偿。如果所有众筹平台能够联手组建这种"代工服务中心"，为所有创业团队服务，就能避免大部分产品生产不顺利的情况，就能大量防止"跳票"的出现，就能让平台上的项目更加可信，进而增加平台自身的公信力，这样未来就会有更多的支持者信任自己的平台，有利于维护整个众筹行业的声誉和净化众筹行业的生态环境。另外，这种模式也能让创业团队避免各自去寻找自己的代工厂，而是将精力更多地集中于自己擅长的设计领域，确保能把更有创意的项目奉献给支持者们。Kickstarter 目前的做法与本思路有着异曲同工之妙，虽然没有成立一家专门的外包方案解决中心，但是在网站上为成功筹款的发起人提供了一份各种外包服务提供商的推荐名单，让有需要的发起人可以联系这些优质的外包服务商，进而让项目的完成更容易成功，这些外包服务目前包括生产设计服务、CD 录制服务、仓储服务、包装服务、快递服务、游戏制作服务、硬件加工服务、出版服务、法律服务等。[①]

3. 如何充分揭示风险

根据上述失败案例的原因分析，我们总结出一条就是：之所以支持人会对发起人的行为产生不满，是因为发起人对产品生产可能面临风险的披露不充分，导致支持人对产品成熟程度的理解存在偏差，认为自己介入的是一个十分成熟的产品买卖关系，所以一旦出现交付延迟或者项目宣告失败，就会认为自己被骗。殊不知产品众筹其实是针对"比较成熟的产品"进行的预购合同，"比较成熟"就意味着不是"百分之百的成熟"，就无法像成熟的可口可乐产品一样，只要你下单第二天就有人给你快递过来，产品众筹中的产品一般多少还是会有一些研制失败的风险。

因此，要想缓解发起人与支持人在产品研发受阻时产生的焦灼状态，需要为支持人建立清晰的产品成熟度，让支持人了解并接受所支持项目中产品的发展阶段。而这种认识上的建立，需要从发起人这边入手，在发起一个众筹时，在文案中尽量不要信誓旦旦地承诺产品一定会研制成功，不要百分之百地承诺产品的交付日期；相反，要向潜在支持者充分地揭示可能存在的不确定性，告诉支持者你们的支持是有很大风险的，有可能最后不会收到最终产品，同时客观地将可能存在的风险点列出来，把这些信息全面地呈现给潜在支持者后再让其做出支持与否的选择，这样就会给支持者一个心理准备，让其知道自己所参与的是一个具有风险性的预购合同，一旦产品无法交付发起人还要给出应对预

---

① 详见 https://www.kickstarter.com/help/resources。

案，是退款还是补偿，提前向支持人交代清楚，防止出现意外时双方发生纠纷。

三、股权众筹（互联网私募）之后

（一）股权众筹（互联网私募）之后面临哪些问题

杭州，聚咖啡。2013 年 5 月 26 日，在浙江省杭州市跑马场巷的黄龙雅苑商圈开业了一家叫作"聚咖啡"的众筹咖啡馆。这家咖啡馆当时由 110 位股东总共出资 60 万元。开业之后，生意时好时坏，个别月份可以盈利，但是多数时间处于亏损状态。在经营一年半之后，当初众筹的 60 万元资金陆续花完，而股东们不愿意继续投入资金，最终在 2014 年年底聚咖啡关门停业。

北京，Her Coffee。2013 年 8 月 18 日，在北京市知名商圈建外 SOHO 东区 2 号楼处有一场类似奥斯卡颁奖典礼一样的开业活动，红毯、美女、礼服、名流，这些元素充斥着整个场地。原来是一家名为"Her Coffee"的众筹咖啡厅正式开业，66 位众筹股东全部是海归美女，都是各行各业精英，每人拿出 2 万元凑成了 132 万元来支持她们这家梦想咖啡厅。然而，仅仅支撑了一年，这家曾经在开业时风光无限的咖啡厅却面临倒闭关店的窘境。

泰州，500 人咖啡。2015 年 6 月 20 日，名为"500 人咖啡"的咖啡馆在江苏省泰州市万达金街盛大开业，开业典礼上 500 位股东坐在广场上看着发起人在台上剪彩，景色十分壮观（见图 9-3）。每位股东仅出资 2 000 元，资本金共计 100 万元。开业后不到半年内股东间争执不断，前后换过 4 届管理层，生意十分冷清，濒临倒闭的边缘，2016 年 1 月 19 日，换到了第 5 任管理团队，未来如何尚不得知。

以上列举的是近来媒体报道较多的互联网私募之后相继倒闭的几个案例。对股权众筹来说，筹款成功之后面临的最大问题无疑是经营失败、公司倒闭。因为大家参与股权众筹的目的就是公司能够挣钱，今后要么上市要么被巨头收购，到时候能够获得超额收益，然而在众筹之后半年到 1 年死掉的公司却比比皆是。这样一来，公司宣告破产，对支持者来说就是投资血本无归。以下我们重点介绍两个近几年媒体报道过的通过股权众筹形式发起的公司经营失败案例，一个是湖南"印象湘江"餐馆，另一个是武汉"CC 美咖"咖啡厅。

图 9-3　泰州 500 人咖啡开业典礼现场

案例 9-2　　　　印 象 湘 江

2014 年 9 月，一家叫作"印象湘江"的湘菜馆在长沙市开业了（见图 9-4），资本金 100 万元来自 93 位股东的投资。发起人牟跑强在发起这场股权众筹之前做过 5 年的厨师，所以对餐饮行业有一定的了解，而且当时"众筹""O2O"等概念十分流行，牟跑强灵机一动计划利用众筹这种方式来打造一家以野生食物为主题的餐厅——野菜、野果、野粮、野鱼、野味，从食材的源头来采购最新鲜的无污染的食材，如西藏的牦牛肉、香格里拉的松茸、云南的板蓝根和藏红花、自制的剁辣椒、手工擂茶等。另外，食客在店内吃到可口的食物以后，还可以在线上预订各种食材，以此来完成 O2O 的线下体验、线上下单模式。

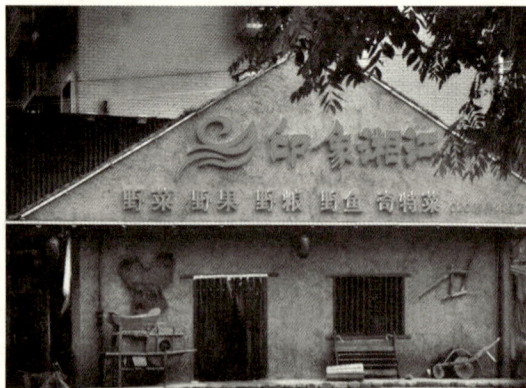

图 9-4　众筹餐厅"印象湘江"的门店外观

当时在筹集资金时，投资条款中约定股东具有的权利包括：①公司利润的

80%用于股东分红；②股东消费可享受75折；③股东的亲戚朋友消费可以享受88折。不仅能分红，消费时还有折扣，这样的条件吸引了很多投资者。不到2个月就筹集到了100万元，其中投资最少的有5 000元，最多的为5万元。由于第一家众筹店（世纪城店）顺利开业和媒体的热烈报道，印象湘江的人气逐渐升温，陆续又开了两家分店——梅溪湖店和星沙店，还有一家店在筹备——城南店。这四家店铺共计约从200多名股东手中筹集到970万元。因为这样突出的成绩，其创始人牟跑强还在2015年4月份收到央视《创响人生》栏目的邀请，录制了《发现中华好食材》的访谈节目。

就在访谈节目录制的半年后，这家成立刚一年的连锁餐厅却宣布倒闭。2015年10月29日，印象湘江世纪城店的股东们决定餐厅停业并开始清算。此时餐厅不仅没给股东分过一毛钱，还对外欠了100多万元的债务，员工的薪水欠了2个月，导致员工在店面前聚集准备去劳动部门讨说法。另外，由于世纪城店的倒闭，导致一直在筹备的城南店直接胎死腹中，也就是说城南店的众筹股东们在投资后，连自己的店面开业都没看到就遇到了血本无归。于是2015年12月在长沙芙蓉北路派出所，30多位众筹股东带着当初签订的城南店众筹协议书来找民警报案，称发起人牟跑强在城南店的众筹中存在诈骗的嫌疑，至此印象湘江的经营失败被推向了故事的最高潮。

📷 案例9-3　　　　CC 美 咖

2014年3月8日三八妇女节这一天，50位美女股东在武汉光谷最繁华的街道上开业了她们众筹的咖啡厅——CC美咖。名字中第一个C是Crossover，代表跨界；第二个C是Career，代表职业生涯。与之前在北京成立的Her Coffee不谋而合的是，开业当天50名美女众筹股东全部身着红色抹胸礼服，这样一群美丽的女性出现在武汉街头时造成了巨大的轰动（见图9-5），也引来了记者进行拍照和报道，当天就上了头条。

说到CC美咖的发起人宋文艳，她有过12年外企工作经验，之后在武汉成立和运营自己的人力资源培训公司，主要是给学员进行授课，帮助学员通过考试、拿到人力资源师证书，其培训公司有大约108平方米的教室。2012年，宋文艳在北京看到许多写字楼里面有用类似大小的空间组织各种聚会、学习活动，其中还能提供咖啡等饮品，让学习、交流活动的环境更加温馨。于是在2012年年底，她回到武汉就把自己的培训教室改造成了一个咖啡书吧。

图 9-5 CC 美咖开业时美女股东的集体照

在咖啡书吧的基础上，宋文艳的人力资源培训生意越做越好，学员越来越多，人力资源圈子的朋友也越来越多，好多人都会从很远的地方赶来参加活动。但是时间久了这些家住较远的学员或朋友就觉得不太方便，都希望宋文艳能在武汉的其他地方再开一间类似的咖啡书吧，方便附近的学员和朋友来参加活动。在当时，宋文艳还拿不出上百万元再开一家咖啡厅，但是"众筹"的概念那时却特别流行，于是她抱着试试的心态写了一个众筹招募书，发在自己的朋友圈。结果没想到出人意料，两周内就筹到了 100 万元启动资金，每人 2 万元出资，一共 50 人。

可以说这家咖啡厅开了一个好头——筹款成功、开业顺利、媒体曝光，按照童话的发展应该就是马上要走入正轨获得成功的节奏，然而事实却谁也没有料到。开业当天进店的客人就寥寥无几，接下来的几个月客人始终也不多，店里十分冷清，仅仅过了 6 个月 CC 美咖就宣告关店。8 月，宋文艳给全体股东写了一封长信，告诉了大家决定关闭 CC 美咖的决定。9 月，50 位股东对咖啡厅的资产做完清算，并且正式在工商局办理了注销登记。

（二）问题的原因分析

1. 经营本身有硬伤

对于经营失败的归因，首先最重要的因素是这家企业与其所处市场环境的互动是否协调，具体而言就是这家企业所选择进入的市场是否竞争惨烈，竞争者的数量是多是少，是否有足够的消费群体，店面的选址是否科学等。由于这些方面的决策失误导致的企业倒闭在许多企业身上都发生过，无论是通过众筹成立的企业还是以传统方式成立的企业都无法逃脱，所以不能在众筹企业倒闭时就不明就里地马上把原因归结为众筹这种模式导致了倒闭。

在一家众筹企业倒闭时，分析者要首先对这家企业本身的主业和其所处的市场环境进行扫描，进而判断其主营业务是否有足够的市场来支撑其蓬勃发展。因为一个企业所从事的业务有没有充足的客源是由市场供求关系决定的，如果进入了饱和的市场，那么创业失败的概率就会比一般情况高出很多。从以上列举的失败案例中可以看到这些倒闭的企业大多集中于餐饮行业，而要知道餐饮行业本身就是竞争最激烈的市场，我们经常可以看到小区门口的餐馆隔几个月就会换人，竞争、淘汰、更新在这个行业中本身就非常普遍。而以上众筹失败较集中的咖啡厅行业，更是竞争激烈，因为本身我国居民咖啡消费量就不是特别高，而市场上却出现了开咖啡店的热潮，在供过于求的情况下，无论谁来开咖啡店，关门停业的概率都很高，而这与是否众筹关系不大。

另外，以上案例中有些失败也是出在了店面的选址问题上，这是可以从发起人事后的采访中得到验证的。长沙市"印象湘江"世纪城店发起人牟跑强在事后分析经营失败原因时提到"店子位置靠近湘江世纪城北边，相对偏僻"。泰州市"500人咖啡"的选址也被其一部分众筹股东所诟病。当初众筹款筹满后，有两个地址可以供股东们选择：一个是税东街胡桃夹子咖啡馆；另一个是万达金街的牛尾巴酒吧。前者本身就是咖啡馆，所以盘下来以后马上就可以营业。后者当时是一个酒吧，盘下来后需要重新装修把酒吧的格局改成咖啡厅，并且有个缺点就是其所处的万达商圈已经存在4家咖啡厅——星巴克咖啡、猫屎咖啡、蓝湾咖啡、名典咖啡，其中蓝湾咖啡和名典咖啡由于竞争激烈已经快要倒闭。但是不知决策者出于何种考虑最后选定了这个一条街上有4家咖啡厅同自己竞争的地理位置。显然这种不平衡的供求关系也对500人咖啡最后的冷清造成了影响。

以上这些原因仅仅是冰山一角，说出来只是为了让大家知道，这些原因是经营者本身的商业判断出了错误，而这些错误不能被归结在众筹之上。这些原因的避免是需要商业知识和商业经验的积累，所以在后文我们也不会提出针对这条原因的解决方案。

2. 经营管理水平欠缺

众筹成功只是为企业未来的运作带来可以支配的资金，接下来在创业的过程中如何有效地使用这些资金进行生产经营让客户满意，进而创造利润供股东分配才是更重要的问题。大多数众筹成功但是创业失败的企业普遍具有的一个问题就是，缺乏一个有效的管理经营团队来对企业的业务进行有效的日常经营。

在上述印象湘江这家公司倒闭后，创始人牟跑强总结失败原因时就提道："团队管理经验不足，内部管理问题，股东结构不合理，地理位置问题……"可见其中最重要的一条就是团队管理经验不足。在当初众筹成功之后，印象湘江陆续开业了三家店：世纪城店、梅溪湖店、星沙店，这三家店都由创始人牟跑强本人任总经理，负责对三家餐厅进行日常管理。要知道餐饮业是一个十分操心的行业，涉及各种食材的进货、员工的招聘、厨房的设计、对食客的接待、卫生的打扫等，琐碎的事情特别多，十分需要能够驾驭全局的能力。一般人要是没有几年餐饮管理的经验，很难一下子就驾驭 3 家餐厅的同步管理。回过头来再看我们的总经理牟跑强，在众筹之前他只干过 5 年厨师，虽然对厨房有所了解，但是说起对整个餐厅的全局性管理还只是一个"小学生"。此外，其他众筹股东也大多没有餐厅管理经验，其身份以学生、普通员工、普通市民、个体户为主。

以下是两位众筹参与者在印象湘江关门清算时对记者说的话。股东杨永福说："从众筹层面来说，印象湘江众筹很成功，或者说筹钱是成功的，但从管理运营来说，它失败了。众筹仅仅是成功的第一步，众筹与商业运作管理是两码事，得请专业的人做管理运营。"股东苏丽说："经营管控能力缺乏，既不开源也不节流，导致成本无限放大，工资占开支的 55%，这非常可怕。"①

Her Coffee 股东、负责人卫梦婷坦言，在过去的一年时间里，她们的确感受到了众筹模式带来的问题，决策上没问题，但是缺少落地的人。武汉 CC 美咖的发起人宋文艳也在失败后对外介绍了当时咖啡厅的管理团队："由 A、B 两位主要股东和另外的 4 位员工负责具体的咖啡厅经营，然而 A 以前是做 HR 的，B 以前是做设计的，都没做过咖啡厅经营，也没有做过平台的建设和运作。A 比较努力，但 A、B 两位都不是风风火火的创业人，没有创业吃苦精神，这对一家创业公司是硬伤。"②

3. 缺乏众人认可的治理规则，参与人间责权利不清晰

这一条可以说是大多数众筹企业事后经营失败的罪魁祸首，需要大家引起最高度的重视。因为众筹本身就具有一个特点，那就是人多！而人一多就需要有规则来避免人多后带来的混乱和无序。大部分经营失败的众筹企业就是因为缺乏明确的议事规则和决策程序，导致决策缓慢、决策难以达成共识、决策无人执行、经营秩序混乱，最终从自己企业内部出现了瓦解。正如"聚咖啡"停

---

① 详见 http://www.hnmsw.com/show_article.php?articleID=39883&ipage=2。

② 详见 http://event.sj998.com/shijian/455876.shtml。

业后总经理给出的反思，"议事规则还没有制定好就开始实施，本身就是个问题"。 首先我们来从上述失败案例的当事人口中了解一些他们遇到的问题，然后对其话语中反映出来的问题进行点评。

印象湘江的众筹股东苏丽说："众筹的功能不仅是筹钱，更是筹人、筹智、筹资源，当股东的意见一次次得不到听取时，许多股东便也不再热衷于此店。"股东的意见为什么得不到听取？还不是因为没有一个规则给出股东提意见的程序吗？既然是公司，按照《公司法》所给出办法，股东是可以召开临时会议，并且提出提案的，这是每个股东应有的权利，如果无法听取意见，股东就应该维护自己的权利，甚至罢免董事会的成员。说白了，股东意见得不到听取，就是因为"聚咖啡"事先没有规则，没有告诉股东可以怎样提交自己的意见。

CC美咖的创始人宋文艳说："到了4—5月，光谷店因为是新店所以没有知名度，客人很少，成本高出汉口许多，尤其是房租，第一次我召开股东会，50位股东们就只到了30多人，很多人说要上班，要带孩子，来不了，我只好又召开一次，原本只想召开一次，大家都是股东，都来出些主意，如何开店，并能经营下去，好多人不来开会，她们认为，我投钱了，等年底来分红就行了，可是一家店开了是容易，关键是后面谁经营，如何经营。"从宋文艳的谈话中，我们发现她将企业的经营不善归结为股东的不参与，而却把自己没有制定有效决策规则的责任丢得干干净净。她说第一次召开股东会，50人股东只到了30人，所以没办法表决。股东到不到场是股东的权利，并不是股东的义务，只要到场股东进行表决过了半数就可以通过决策。我国《公司法》第一百零三条明确规定："股东大会做出决议，必须经出席会议的股东所持表决权过半数通过。"其中并未要求全体股东必须出席，而只是说在出席人数中过半数即可。可见，宋文艳的失败案例仍然是因为缺少规则。

CC美咖的宋文艳还进一步抱怨说："我们成立了9个人的董事会，原以为有了董事会效率会高，但就是这9个人都出了问题，里面分了好几派，因为这9个人都来自不同的地方，价值观、沟通方式都不同。比如，我是外企2012年工作出来的，喜欢直来直去，简单高效，但许多人国企风格，当天不说、当面不说，却在背后说。当天不发言，背后不执行，沟通出了问题，造成决策不了，什么事不能立刻开会定下来，一家小小咖啡厅，决策极慢。

"有一些董事中只爱说却不动手做的，有一些董事开会啥也不说，一派和气，还有一些董事，干脆就不来开会，这种沟通风格我极其不喜欢，这是老国企的作风。效率极低。这点是我发起咖啡厅创业时没有考虑到的，因为我在外企工作12年，我本以为沟通不成问题的。"

从这段谈话中，可以看出宋文艳将经营失败也归结为开会无法定下来事情，而开会定不下来事情又归结为部分董事的个人性格和拉帮结派行为，而这样的判断似乎也很不妥。首先，董事会分派本身就是好事，这样才能照顾到不同群体的利益，实现一个整体利益的均衡。其次，她说有些董事开会不发言，造成会议上无法做出决议。做出决议是需要董事会们一人一票进行举手的，发不发言和举手没有什么关系。

除了以上原因，有些人会把决策程序的无效归结为股权众筹中的一种特殊情况，那就是平均分配股权（因为目前平均分配股权只是一部分情况，并非全部情况，在京东东家等平台上的股权众筹基本上都是有大股东小股东之分的，发起人一般占有大部分股份，只拿出 20% ～ 30% 的股份来进行股权众筹）。比如"500 人咖啡"，大家均分股权，每人占 1/500，或者 0.2%。比如"CC 美咖"，100 万元资本金中每人投资 2 万元，占股 2%，也是平均分配。CC 美咖的创始人宋文艳在回忆经营失败原因时所说的话可以代表一大部分人的意见，她说："1% 的股权对她们来说，没有吸引力，再加上没有创业精神，注定会这样。由于众筹股东太多，导致股权分散，制约决策，必然造成极大风险。"

然而这种归因方法是正确的吗？不尽然。平均分配股权确实有其弊端，没有占大部分股权的股东来关注自己的利益，并且推动公司的良好发展，而且在表决起来效率也不如有大股东的情况快。但是，股权平均分配也有其固有的优点，更符合经济民主的方式。而且目前在国外发展非常好的一些商业组织（如英国、美国、日本所运行的 Co-operative Society，这种组织形式我们会在下文的解决思路中简要介绍），是以会员制的方式筹集资本和经营管理，会员每人的入会费构成公司的资本，入会费相当于股东的股本，每个会员都是平等的，每人享有同样的一票投票权。在这种组织形式中，可以说就是股权平均分配，而且以英国最大的该类组织 the Co-op Group Limited 为例，其会员人数超过 80 万人，这些人的权益都是一样的，没有人是大股东，但是这家商业组织依然有序运转，可见平均化股权并不是恶魔，保证企业顺利运转的根本是一套行之有效的规则。

（三）问题的解决思路

1. 要么聘请专业团队，要么由专业团队发起

在上述创业失败案例中，很重要的一点原因就是出在了经营管理水平不够上。对于这一条原因要想避免，有两条思路。思路一是股权众筹的公司成立以

后，股东不要盲目自信自己参与经营管理，一定要找到懂行的、有相关行业管理经验的职业经理人或者管理团队。因为隔行如隔山，众筹股东可能是自己行当内的佼佼者，但是到了新的行业未必就能马上摸透新行业的经营规律，况且在目前如此惨烈的竞争环境下，也没有过多的时间留给新入行的人慢慢学习。所以一定要注意经营管理人才的选择和配置，无论是咖啡厅、餐厅、水果店，一定要聘请能人进行实战操盘，切不可冒冒失失自己摸着石头过河。

很多人都会说那样的经营管理人才是十分难找到的，况且就算有，那人家还不已经自己干了么，还会给你打工吗？没错。不可否认，有相当多的能人在熟悉了自己行当的业务、并具备了丰富的经营管理经验后，都会选择出来自己做。那么这也就引申出了我们的思路二。那就是在股权众筹支持者选择一个项目时，一定要对发起人的资质有所了解，要审慎地判断该发起人过去的工作经历是否足以担当起新创业公司的经营管理职务，一定要选择那些由专业团队所发起的众筹项目。比如我们看到两个众筹快餐店的宣传书，一个项目的发起人以前只是做过 5 年厨师（如上述"印象湘江"的发起人牟跑强），一个项目的发起人之前在 KFC 做过 5 年的店长，这时候我们一定要选择后者。因为后者作为发起人，有更大的可能性，利用其之前的经营管理经验，能够将众筹快餐店的未来设想实操落地，并且有序发展。

2. 要给股东巧分类

在以上案例中，一些失败的企业抨击许多众筹股东不积极参与到公司的经营管理中，只是投资一笔小金额资金后，就当"甩手掌柜"，坐等年底分红。而其他积极参与的股东在付出了努力之后，往往觉得被不参与的股东"搭了便车"，别人干得不如自己多，最后有好处时分配得却和自己一样多，因此处于不平衡的心理，进而也调动不起积极性继续为公司付出心血。由于众筹强调的精神就是不仅筹钱，更要筹人、筹智、筹资源，希望众筹的股东都能够为自己的企业添砖加瓦，所以希望所有众筹股东都积极参与进来是一种合理的愿望。

但是要注意，合理的愿望不能与现代公司制度的本身发生冲突。现代公司制度最引以为傲的精神就是所有权与经营权的相分离，股东就是股东，管理者就是管理者，股东是没有义务来被要求对公司的经营管理负责的，而只是有权利行使自己的表决权来决定公司的一些重大事项。但是，现在我们的众筹却希望股东投了钱之后，还要付出更多自己的资源，比如当志愿者来咖啡厅、餐厅接待客人，为公司当免费宣传员为餐厅拉来更多的客人，比如要用自己的专业知识（如法律知识或财务知识）来为公司解决问题等。这时就会将过多的期待加在众筹股东身上，而这虽然合情但是很不合理。

所以解决这种两难困境的一种思路就是将股东群体进一步细分成若干子类，在众筹的时候就明确地划分好公司准备设立哪几类股东，分别对应着什么样的权责利，然后在招募众筹股东时，就明确好入股的股东属于哪一类。这些子类的划分可以包括：①只出钱不参与的股东。这类股东可以将其持有股份的表决权去掉，可以列席股东会但是没有投票权。分红可以是一个固定的收益率。这种类型的股东有点类似优先股股东。②除了出钱，还能够为公司带来收入的股东。这类股东不仅出资入股，而且在公司营业后，不仅自己经常来消费，而且还会带来若干亲朋好友来店消费，为店面的收入做出巨大贡献。对于这类股东就可以约定每年按照其累计消费额为其返还一定奖金。以此奖金作为区别第一类什么都不做的股东。③除了出钱，还能够为公司的经营发展提出专业建议，并且以自己的专业知识服务公司的股东。对于这类股东，他们本身都是自己行业的人才，其自身的专业知识和专业技能就会给企业带来很大帮助，所以他们所持有的股份可以享有表决权，参与公司的重大决策。另外，在分红方面，这类股东也可以约定分配到更多的收益。

通过这样根据对公司的贡献大小来对股东进行分类，并赋予每类股东不同的权利、责任和利益，可以有效地识别每位股东对公司贡献的大小，贡献大的股东可以分配更多，贡献少的股东就分配得更少，这样就可以很好地平衡股东之间由于付出和回报不成比例的不满情绪，有助于调动各类股东的积极性，并且有助于把股东们能够付出的资源恰如其分地付出给公司。目前按照这种思路设计的是阿里旗下的蚂蚁达客股权众筹平台，该平台上的项目在众筹时，会将股东分为战略股东、财务股东和用户股东，根据能为企业带来什么决定自己成为哪种股东，相应的后续权利、责任和利益也都是不同的。

3. 要么建立公司制度，要么借鉴国际流行的消费者合作制度

上述案例创业失败的原因中最重要的一点就是缺少一个能够约束众人的有效规则。无论是5个人、50个人，还是500个人，只要是集体就需要规则来协调众人的思维和行为，最终产生一个集体的决策，然后付诸实施。在上述案例中，有些明明是按照公司制度设立起来的公司，可是在实际治理过程中，根本没有按照公司法要求的治理机制和决策机制去实施，表面上有了股东会、董事会，可是竟然会因为有些股东未到场、有些董事不发言就无法做出决策，这只能够说发起人没有很好地理解公司制度，并不能说明公司法不适合股权众筹的运作。

所以思路的一种就是在现有的法律框架下，完善创业公司的组织机构——股东会、董事会、监事会、经营管理团队，并且按照公司法的规则去严格执行。

谁有权召开会议，会议上出席人数票数达到什么要求就要达成决议，然后将决议交给经营管理团队去执行，对经营管理团队按照经营成果进行考核，决定管理团队成员的奖惩和去留。

另一个思路就是借鉴英国、美国、日本存在的一种企业组织形态 co-operative，以这类形态存在的企业有一些响当当的大企业，比如：在保险行业，Zenkyoren （National Mutual Insurance Federation of Agricultural Cooperatives）这家日本保险企业的保费收入为 633.4 亿美元（数据均来源于 ICA 网站 2013 年统计数据），美国知名的 State Farm 其保费收入为 609.6 亿美元；在批发零售行业，英国的 Co-operative Group Limited 和 John Lewis Partnership PLC 的营业额分别是 211.6 亿美元和 167.8 亿美元，还有我们之前介绍过的美国体育用品销售品牌 Recreational Equipment Inc.，其销售额为 20.2 亿美元。这些企业有的已经存在了上百年，其会员人数众多，但是决策的制定和执行依然井然有序，那么其运行的规则就是值得我们学习的，看看其规则到底是怎样约束所有成员之间的相互关系，怎样有效地激励组织中的成员们为组织的发展贡献力量，怎样为企业的发展做出具有前瞻性的重大决策，又是怎样将这些决策落实到日复一日的日常操作中去的。

目前对于 co-operative 的运作模式，我们多少都亲身经历过一些，比如我们在商场购物可以办理一家会员卡，然后在购物时出示会员卡可以享受会员折扣，而且每次消费都可以累积积分，等到一定时间，可以将这些积分兑换成现金，或者用于再次购物时抵用。但是，我们还是觉得我们没有和这家商场连在一起，因为我们仍被定义为消费者，而不是这家商场的所有者或主人，我们不能决定商场卖什么东西，不能决定让谁来当商场的经理等。然而真正意义上的 co-operative 是让消费者就变成这家商场的主人，每个消费者会员一人一票拥有在一年一度的会员大会上的投票权，商场的一些重大决策都是要由全体会员参与投票的，这是一种经济上的民主和消费者自治。

📷 案例 9-4　　　Co-operative Group Limited[①]

Co-operative Group Limited 是世界上最大的几家 consumer co-operative 之一（见图 9-6），这个企业由超过 800 万位会员共有，并且自我进行管理。其旗下涉足的产业五花八门，食品业、法律服务业、丧葬业、旅游业、银行业、

① 详见 http://www.co-operative.coop/。

保险业都有涉足。以其食品零售领域来说，Co-operative Group 在全英国拥有超过 2 800 家超市、便利店，规模在英国能够排第 5 名，与其他四家零售巨头（Marks & Spencer，The Body Shop，John Lewis，Tesco）展开激烈的角逐。其丧葬业务在英国排名第一，另外其保险业和法律服务业也名列前茅。这家企业的前身最早成立于 1863 年，后来经过 150 多年的兼并重组才成为今天的巨无霸。在该企业官方网站显示，2015 年总收入为 93 亿英镑，实现盈利 8 100 万英镑。

图 9-6　英国 co-operative 集团下属的食品超市

　　Co-operative 的目标不是为了股东创造利润，而是为其客户或者会员创造价值。强调会员制是 co-operative 的核心，任何成年人只需要认购 1 英镑的份额，就可以成为企业的会员，整个企业由全部会员共同拥有，企业经营管理的目的就是为所有会员创造价值，因为会员是企业的主人，由于每个会员认购的份额都是 1 英镑，所以每个会员的权利也都十分平等，在有关企业的重大事项进行投票表决时，每个会员是一人一票。在对企业的治理过程中，每位会员都具有被选举权，可以被推选为企业两个重要权力机构 Group Board 和 Council 中的成员。消费者之所以愿意成为 Co-operative Group 的会员，是因为可以得到以下好处：更优惠的购物价格、更好的商品质量、更便利的购物位置、更满意的客户服务体验、心情上的愉悦等。

　　整个企业规则的基础或者灵魂是基于 International Co-operative Alliance（国际合作联盟）制定的 Co-operative Values and Principles。其价值理念（Values）包括 self-help（自助）、self-responsibility（对自己负责）、democracy（民主）、equality（平等）、equity（公平）、solidarity（团结）、honesty（诚实）、openness（开放）、social responsibility（社会责任）、caring for others（关心他人）。其基本原则（Principles）一共 7 条。

（1）Voluntary and Open Membership 会员资格身份自愿、开放。[①]

（2）Democratic Member Control 由会员进行民主治理。[②]

（3）Member Economic Participation 会员要在经济上参与企业的交易。

（会员为企业提供资本是其成为会员的前提条件，企业的资本由全体会员以平等金额提供，这些资本由全体会员以民主的方式来管理使用。企业的经营盈余会用于壮大企业、会员分配、支持某项公益。在分配盈余时采用按消费额分配的方式，会员在企业的消费额越多能够分配的盈余就越多。）

（4）Autonomy and Independence 坚持会员的领导，不受外部人影响。

（5）Education，Training and Information 教育会员。

（6）Co-operation among Co-operatives 开展合作。

（7）Concern for Community 关心社区。

根据其 2015 年修订的最新规则，主要介绍其治理模式和分红模式。

A. 治理结构

该社团（Society）有三大结构，会员（Member）、代表会（Council）、董事局（Board）（见图 9-7）。代表会可以将部分职权进一步委托给委员会（Committee）或者 Senate。董事局可以将一部分职权进一步委托授予给一些委员会（Committee），如风险与审计委员会（Risk and Audit Committee）、提名委员会（Nomination Committee）、薪酬委员会（Remuneration Committee）。

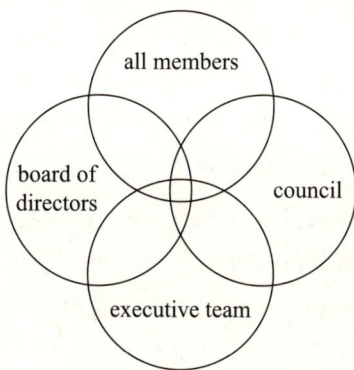

图 9-7　Co-operative Group Limited 的治理结构模型

① 开放是指面向所有人进行会员招募，不受性别、种族、政治、宗教等影响，任何人只要是使用该企业的产品和服务并且愿意遵守会员规则，就可以成为该企业的会员。自愿是指加入会员不强求、不忽悠，这一点与传销或者黑社会有很大不同。
② 企业的治理是由积极参与的会员们以民主的方式完成的，会员们会一起制定企业的各项政策并做出重大决定。被选为会员代表的代表们要对全体会员负责。这点有点像我国的人民代表大会制度。

B. 会员（Member）及分配方式

社团的会员分为两类，第一类叫 Individual Member（IM）；第二类叫 Independent Society Member（ISM）。IM 是指自然人会员，任何年龄的人只要想与社团之间进行交易并且认同社团的价值和原则，都可以成为社团的会员 IM。16 岁以下的年轻人在监护人的许可下可以成为会员，可以收取社团分配的红利，但是不具有投票的权利，直至其年满 16 周岁才能获得该权利。ISM 是指对于自然人以外的那些法人也可以成为社团的会员，如其他社团、其他公司等，只要想与本社团进行经济业务，并且本社团的价值理念就可以申请成为本社团的会员。对 ISM 来说，要保证持有一定金额的 corporate share，至少要保证每两个会员持有不少于 5 英镑的 corporate share。

会员除了在社团的治理上有投票权、选举权和被选举权以外，还有按照在社团的消费额参与利润分享的权利。利润分享是通过累计会员积分来实现的，这个形式比较类似我国目前许多购物中心或者大型超市所办理的会员卡，每次在结账时出示会员卡，就可以按照消费金额的多少将相应的积分存入会员卡中。比如在社团旗下的食品部门每消费 1 英镑就能积 1 分，在社团旗下的保险部门购买一份汽车保险就可以积 750 分，这些积分政策在社团网站上有明确的公告。在年底时社团会根据当年可用于分配的利润除以所有会员当年的全部积分来计算出每 1 分所对应的现金金额，然后根据每位会员的积分进行分配。分配时是采用代金券（Voucher）的形式，会员拿到代金券后可以直接在社团购物时抵用，也可以在社团下属的便利店或者银行将其兑换成现金。

在 Co-operative Group 的会员也可以应聘成为企业的雇员。对于雇员身份的会员来说，还有更多的福利。包括：①购买企业销售的食品类产品可以打 9 折。②企业旗下的律师事务所可以提供免费的法律咨询，而且对于遗嘱书写的法律服务费用可以打 7 折。③在企业旗下的保险业务可以打 8.5 折。④企业旗下的旅行、SPA、酒店业务也都有相应的优惠和折扣。⑤租赁个人房屋时，还可以申请租金贷款。这些专享折扣都是针对兼具雇员和会员身份的人提供的，这点很类似目前股权众筹成立的公司承诺给予众筹股东的各项福利，比如众筹股东在公司消费可以享有某种折扣。因为 Co-operative Group 在这方面已经实践了很久，所以国内股权众筹的发起人在设计众筹股东的福利时可以向其学习，将只出钱不出力的股东和既出钱又出力的股东的福利区别开来，通过为出力的股东（有可能是正式的雇员，有可能是兼职的雇员）提供特别的福利，来鼓励众筹股东尽可能多地为企业效力。

在本书写作时，刚好恰逢 Co-operative Group 准备召开一年一度的会员大会（Annual General Meeting）。在该企业的官方网站上，专门为这次大会的召开建立了专属的网页。会议定于 2016 年 5 月 21 日（周六）在英国曼彻斯特的总部召开，欢迎所有会员参与进来。为了鼓励会员积极参与投票过程，企业向会员承诺，只要参与投票就会为红十字协会捐款 50 便士。本次会议共 17 项议案（motions），包括审核年度财务报告、审核董事局成员的薪酬报告、对某些董事席位的重新选举、对社团规则的部分修改等。英国对于合作制企业的立法处于世界先列，2014 年推出了 *Co-operative and Community Benefit Societies Act* 2014 这部法案，根据这部最新的法案，为这种商业形式在英国的顺利运行提供了法律护航（见图 9-8）。

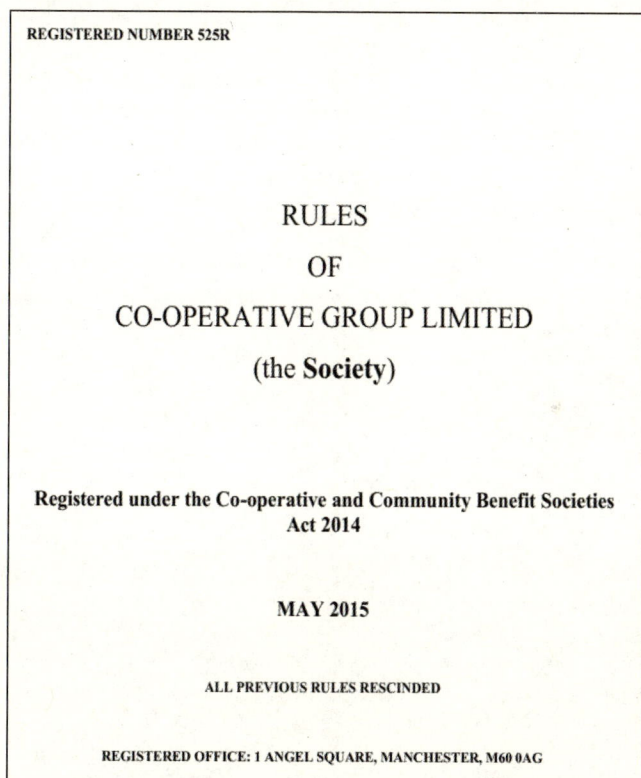

RULES

OF

CO-OPERATIVE GROUP LIMITED

(the **Society**)

Registered under the Co-operative and Community Benefit Societies
Act 2014

MAY 2015

ALL PREVIOUS RULES RESCINDED

REGISTERED OFFICE: 1 ANGEL SQUARE, MANCHESTER, M60 0AG

REGISTERED NUMBER 525R

图 9-8　Co-operative Group Limited 的 2015 年最新规则

第十章

众筹平台

众筹是互联网金融的重要组成部分。上至巨头，下至创业者，均想挤进众筹这个领域，在这场盛宴中分得一杯羹。经过数年的发展，国内众筹平台的格局已经逐渐清晰，但跨领域而来的巨头们却也有着颠覆现有格局的能力。

一、众筹平台的当前格局

2011 年 7 年，点名时间网站上线，正式将众筹引进中国。时至今日，点名时间虽然已经逐渐式微，但仍拥有一批铁杆粉丝，因而在其转型后所专注的智能硬件产品众筹领域仍有相当的竞争力。点名时间的创立，彻底拉开了中国众筹的帷幕。如今，众筹平台的数量仍保持着持续稳定上升的趋势。据鸣金网数据中心不完全统计，[①] 截至 2016 年 8 月 31 日，全国正常运营的众筹平台共计 360 家，其中产品众筹平台 164 家，互联网私募平台为 134 家，混合众筹平台（包含两种或两种以上众筹类型）50 家，公益类众筹 12 家。

蚂蚁金服作为国内互联网金融的大玩家，在各个细分领域中都有着很强的实力和话语权，我们不妨选取一个比较有意思的时间点——2015 年 11 月 18 日，即蚂蚁金服旗下互联网私募股权平台"蚂蚁达客"的上线时间，作为这个故事的转折点。在这个时间点之前，京东集团在产品众筹和互联网私募上齐头并进，旗下两大平台相辅相成，综合优势明显，可谓当时毫无争议的众筹行业老大。被寄予厚望的互联网三巨头 BAT，尽管均在互联网金融产业积极布局，并于细分领域内厮杀已久，但对于众筹行业，只有阿里巴巴的阿里系表现比较活跃。淘宝众筹这个从"淘星愿"演变而来的"非纯种"众筹平台的取名，在"淘宝星愿"与"淘宝众筹"之间可谓反反复复。淘宝众筹从改名风波中走出

---

① 详见 http://www.mingin.com/p2p/report/714-1.html。

来以后，虽然在产品众筹平台之争中仍屈居京东众筹身后，但其选择的路线与京东不尽相同，并没有绝对的可比性。阿里系的"蚂蚁达客"于2015年6月在上海成为首个获得工商登记确认的股权众筹企业，营业执照编号为"001"，这也是全国第一例[①]。再加上对36氪（即36Kr）的战略投资，阿里系在股权众筹及互联网私募相关领域的表现颇为进取。

"百度众筹"于2015年9月才正式上线，虽然推出了号称对产品众筹进一步创新的"消费众筹"概念，将"众筹"与"理财"捆绑销售，但由于先发优势尽失且平台血统缺乏金融基因，发展稍显缓慢，平台上只有寥寥可数的几个项目，与百度的互联网巨头地位差之甚远。同时，百度众筹平台上的项目"类团购"（或称为"消费众筹"）属性明显，与一般的"产品众筹"不尽相同。2016年4月，百度低调上线私募股权平台"百度百众"，但与"百度众筹"在产品众筹领域的尴尬遭遇相似，截至当年9月底，"百度百众"平台列示的所有项目只有5个（其中一个项目仍未开始）。

在BAT中，与众筹最不来电的要数腾讯，相比在其他领域全面的迅速占坑，腾讯当前对众筹的涉足仍仅限于腾讯公益下的腾讯乐捐。美国众筹网站Kickstarter早前宣布，截至2015年10月11日，游戏类项目历史总筹资金额仍在其全部分类中稳居第一。[②]因此，业界普遍认为国内尚未发力的游戏众筹会是众筹行业日后重要的细分市场，而腾讯在游戏方面的巨大优势，必然成为今后发展游戏众筹乃至众筹业务的莫大助力。腾讯与京东于2015年10月17日共同宣布"京腾计划"[③]。二者之间的紧密联系揭示了腾讯在众筹方面并不是表面看来的几近毫不作为。

除了上述几大互联网平台巨头，专业的众筹平台在行业中的竞争力也不容忽视。根据零壹财经《中国众筹行业2014年度简报》，[④]截至2014年年底，在众筹成功项目数量上，众筹网以总数1386个，比第二名淘宝众筹多出整整1 000个的绝对优势领跑全行业。根据鸣金网2015年众筹行业8—10月简报上的统计，在产品众筹领域内，众筹网、聚米金融、青橘众筹等专业众筹平台，面对电商平台起家，自带巨大流量的京东、淘宝、苏宁三家，仍惊人地保有一定的总体筹资额占比。而在互联网私募股权平台这个重要战场上，专业垂直的

---

① 详见 http://www.ceweekly.cn/2015/0623/115731.shtml.。但需要强调的是，目前蚂蚁达客平台上的项目依然是互联网私募的项目。

② 详见 http://tech.163.com/15/1105/10/B7LAVCJ4000915BF.html。

③ 详见 http://www.cb.com.cn/index.php?m=content&c=index&a=show&catid=32&id=1151231&all。

④ 详见 http://www.01caijing.com/html/zc/1439_8230.html。

平台更是以其专精的特点，呈现出群雄围剿京东的局面。人人投、大家投、天使客、云筹、36Kr 等一批其中的佼佼者表现出可与京东东家一战的实力或潜力。

2015 年 11 月 18 日后，众筹行业的格局似乎一下子变得有点微妙。根据鸣金网数据，刚上线的蚂蚁达客，在 12 月的融资额就已经超过京东东家，位列当月行业第一。蚂蚁达客走的是一条相对创新之路，平台的项目非常少，但每个项目都很"大"。也正因为如此，蚂蚁达客在一月甚至没有被鸣金网纳入数据统计的项目，但在随后的二月中，再携大型优质项目而来的蚂蚁达客再次轻松登顶。这里需要补充的一点是，虽然蚂蚁达客是全国首个获得工商登记确认的股权众筹企业，但平台上线的项目并非经国务院证券监督管理机构批准的、真正的股权众筹，即蚂蚁达客平台上的项目仍然只是"互联网私募"项目。换言之，蚂蚁达客到目前为止，仍然只以"互联网私募"平台的形式存在。蚂蚁达客对于互联网私募股权行业的最大影响来自其对优质项目的吸引力。更强的平台优势和相近的融资费用，使蚂蚁达客毫不费力地就将融资需求者心中的"股权融资平台首选"角色从京东东家手中夺过来。于是，京东东家只能与其他股权融资平台争夺其他稍显不那么优质的项目，或是从京东集团内部挖掘项目资源。最直接的结果就是，处于这个质量水平上的项目在京东东家、36Kr 等第二梯队平台中分布越发均匀，这使得蚂蚁达客的地位越发稳固，京东东家的份额已有萎缩之态。蚂蚁达客上线前，行业内普遍持乐观态度，对蚂蚁达客超越东家深信不疑，但如此势如破竹之势，却是令人惊叹。

随着互联网金融产业的持续高速发展，无论是为了获得新的盈利增长点，还是完善平台生态圈以保证平台竞争力，互联网行业的各大巨头争相涌入众筹领域可以说是大势所趋。而专业的众筹网站及涉及面稍广的互联网金融服务网站，能否抵抗互联网巨头们的强烈攻势，目前仍是未知之数。

（一）产品众筹平台格局的进一步分析

在这里，我们将使用网络效应的相关理论，包括同边网络效应与跨边网络效应的概念[①]，对众筹平台进行分析。简单地说，平台连接 A、B 两个群体，若某个群体人数的增加或减少会使该群体的效用发生变化，我们就将这样的效应称为同边网络效应；若某个群体人数的增加或减少会使另一群体的效用发生变化，我们就将这样的效应称为跨边网络效应。网络效应又有正负之分。电商

---

① 相关概念出自陈威如，余卓轩 . 平台战略 [M].2013.

平台卖家的增多让买家获得更多的选择，从而提高买家的效用值，这就是正的跨边网络效应；反之为负的效应。

虽然我们不能将产品众筹与预售、团购简单地混为一谈，但不可否认的是，产品众筹平台跟电商平台、团购平台相比，在很多方面具有一致性。比如，它们都具有消费者（众筹支持者）这一边的正向同边网络效应和消费者（众筹支持者）与商家（众筹发起者）之间的正向跨边网络效应。产品众筹平台的机制设计与早期的团购平台相似，一个是筹资金额达到一定数量，众筹才算成功，产品才会送达支持者手上；另一个则是团购的消费者人数达到一定数量（其实也可理解为消费金额达到一定数量），团购才算成功，消费者才能享受到团购优惠。因此，产品众筹平台与早期的团购平台一样，具有正向的同边网络效应——同一平台聚集的用户越多，众筹或团购成功的可能性越大。一般来说，功能齐全的产品众筹平台、电商平台与团购网站还有另外一种正向的同边网络效应，那就是评价机制。使用同一平台的用户越多，积累的评价就越丰富、越可信，对其他用户来说，可以更容易地选择到适合自己的相应产品。再说跨边网络效应，对于这三种平台来说，消费者群体的壮大势必吸引更多的商家入驻；而越多商家入驻，又能为消费者提供更多的选择甚至更大的优惠，所以它们均具有正向的跨边网络效应。也就是说，产品众筹平台中的一小部分，依靠网络效应，可以快速壮大自身，拓展平台生态圈，成为胜出者。

目前，产品众筹平台的格局是三足鼎立。在众筹成功项目的数量和筹资额上，京东众筹和淘宝众筹拥有绝对优势，苏宁众筹势头强劲，上线较淘宝众筹和京东众筹都要晚，却也凭借电商平台优势，经过前期的稳步前进后逐渐坐稳了第三把交椅。以 2016 年 7 月为例，8 家主要产品众筹平台中，除上述三家外，其他各家的融资额总和也未及"老三"苏宁众筹的一半，令人唏嘘。

实际上，产品众筹平台的竞争更像是电商平台（此处指 B2C）战场的延续。速途研究院数据显示，2016 年第一季度中国电商 B2C 市场份额前三分别为天猫、京东和苏宁易购。两个相似却又不同的行业，同样的"三国演义"。

京东的产品众筹业务主攻智能硬件，屡创佳绩。零碳星球度假村和爱情博物馆携手老凤祥共同在京东众筹平台发起的"爱的约定众筹计划"，于 2016 年 5 月 18 日正式上线，最终支持人数为 374 864 人，共筹集资金 104 万元，为截至 2016 年 8 月底的产品众筹行业单项目支持人数次高的项目（最高者为苏宁众筹平台项目，详见下文）。同属京东众筹的"三星 S6 钢铁侠定制版"共有 359 592 名支持者，为产品众筹行业单项目支持人数第三高的项目。截至 2016 年 8 月底，上述二者是京东众筹平台上超过 30 万名支持者的所有项目。

京东众筹的"小牛电动 M1 智能锂电踏板车""小牛电动智能锂电电动踏板车"和"魅族快充移动电源"三个项目，筹集金额分别为 8 138 万元、7 202 万元和 6 220 万元，分别为截全 2016 年 8 月底产品众筹行业的前三。京东众筹截至 2016 年 1 月的各月总筹资金额亦稳居行业第一，相比第二的淘宝众筹，优势尚算明显。

传统的产品众筹均聚焦于科技产品，而淘宝众筹则打破这样的惯性思维，将更多的目光投向了生活娱乐、动漫影视等方面，实现了产品众筹概念对这些领域的渗透，取得了不错的阶段性进展，在产品众筹领域内开辟了第二战场。截至 2016 年 8 月底，淘宝众筹上超过 30 万名支持者的项目共有三个："三亚海鲜排档诚信管理基金""小 K MiNi 智能微插"和"【德国直供】我的手工巧克力博物馆之旅"，三者的支持人数分别为 348 739 人、348 122 人和 331 119 人。同时，支持人数超过 10 万人的项目超过 30 个[①]。暂时来看，淘宝众筹相比京东众筹的优势在于成功项目的总支持人数及单项目支持人数，这与淘宝平台本身受众更多更广的事实相符。笔者相信，众筹的"众"字会被淘宝众筹利用流量优势完美诠释，这正是淘宝众筹与京东众筹一决高下的最重要武器。

2015 年 4 月才上线的苏宁众筹作为后起之秀，选择了迎难而上，在智能硬件方面与京东正面对决。根据《经济参考报》2015 年 4 月 17 日《苏宁众筹正式上线 将推国内首款体育类金融产品》报道，苏宁众筹是国内唯一一个实现同时在线上平台、线下实体门店同步开展众筹产品体验的全渠道平台。正是凭借这个优势，苏宁众筹在优质项目的个数及单一项目筹资额等方面与京东众筹战至旗鼓相当。根据苏宁众筹官方页面显示，2016 年 3 月的"惠而浦 Radiant 光芒滚筒洗衣机"项目，支持者达 823 730 人，为截至 2016 年 8 月底的产品众筹行业单项目支持人数之最[②]。2015 年 8 月的"Citycoco 电动滑板"项目总共筹资 5 107.58 万元，亦成为为数不多的破五千万项目之一[③]。

在产品众筹领域，相比于互联网巨头们的大手笔，专业众筹网站更多地选择了对细分市场进行深耕细作。乐童音乐是一个专注于音乐众筹的专业众筹平台，拥有众多媒体合作伙伴，创立至今一直大受好评；摩点网自称是中国首家专注于游戏、动漫、影视、文学等文创领域的众筹平台，在游戏、动漫方面成绩斐然，有着大批铁杆粉丝；淘梦网专业于微电影众筹，并为众筹发起者提供一系列的资金、技术等支持。还有同样聚焦于音乐众筹的 5SING 众筹等一大

---

① 详见 https://hi.taobao.com/market/hi/list.php?spm=a215p.1596646.1.3.N9YdWI#page=1&sort=4。

② 详见 http://zc.suning.com/project/detail.htm?projectId=6101。

③ 详见 http://zc.suning.com/project/detail.htm?projectId=1428。

批的专业众筹平台取得了不错的进展。这批专业众筹平台，虽然在产品众筹的主流市场上无法与巨头们直接竞争，但通过扎根细分领域，真正地做到了专精。他们成功地汇聚了人气，拥有了自己的小圈子，为这批粉丝提供了温暖的小窝，真正地将"众筹"概念普及至各行各业的产品或服务中。因此，这批众筹平台作为产品众筹领域重要的拼图，与众巨头之间起到了互补的作用，影响力不容小觑。

总的来说，京东、淘宝和苏宁众筹这三家以电商平台出身的众筹平台赢在了起跑线上。它们凭借着生态圈优势及从所属电商平台直接引流而形成的巨大流量优势，驱动了网络效应，在行业竞争中势不可当，目前占据着绝对的统治地位。此后，三家平台之间的市场份额如何再分配，百度是否加大投入全力相拼、腾讯是否顺应潮流入局混战，我们拭目以待。

（二）互联网私募股权平台格局的进一步分析

比起产品众筹平台间的绝对强弱，互联网私募股权平台之间的战况则显得十分微妙。专业众筹网站（如人人投、天使汇、众筹网），金融信息服务网站（如36Kr）及"捞过界"的互联网大佬（如京东东家）之间呈现出一片混战的状态。

同样地，我们依然先用网络效应的相关理论来简单分析一下。在平台信誉度一致的情况下，投资者（即众筹的支持者）比较看重的是投资项目本身的优劣（如年化回报率、回报周期等），优质项目的数量与平台可供选择的项目总数虽然一定程度上成正比，但小平台未必没有特别优质的众筹项目。同时，投资者对于投资项目选择较消费者进行购物选择时要审慎得多，加上在平台间的转换成本近乎为零，常会于不同平台的项目之间进行细致的对比，很可能出现对多个平台上的不同项目同时进行投资的情况。互联网股权融资项目的发起者以小微企业为主。小平台可能给予更大的优惠，如约定降低手续费（或佣金）、平台内加大推广力度等，针对性均极强，因而吸引力相当高。于是，优质项目落户小平台的可能性被进一步放大。换句话说，互联网股权融资平台并不存在太高的正向跨边网络效应。目前，由于互联网股权融资平台在经营中都是以"私募"性质存在，对投资者有一定的门槛要求（即"合格投资者"制度）。"合格投资者"相比产品众筹所面向的用户群体，规模相去甚远。我们不难从实际数据看出这一点，京东东家官方页面 2015 年 10 月 31 日的数据显示，京东东家（互联网私募股权）的历史参与人数约为 4.8 万人，而前面说过，京东众筹（产品众筹）单项目最高的参与人数为 37.49 万人，更不用说历史参与人数了。

再加上"合格投资人"单一项目的投资一般较大，这样就导致了一个互联网私募股权项目即使筹资成功，参与者也不会太多，更别提为了规避法律红线而设置的 200 人限制了。也就是说，私募股权项目支持者这一边客观上不存在、也不允许存在明显的正向同边网络效应。

但是，上述的简单分析都是建立在平台信誉度一致的前提之下的。现实的情况是，很多小平台会遇到经营困难的问题，直接跑路的亦不在少数。所以，用户对于大平台"天然地"亲近也就成为了蚂蚁达客、京东东家等在起跑线上的优势。总体来说，在融资成功项目的融资额上，蚂蚁达客优势较为明显。京东东家虽也拥有一定优势，但无法拉开与其他竞争者之间的距离，甚至有被赶超的趋势。这样的格局，与传统金融行业巨头之间的竞争比较相似（华泰证券、中信证券、海通证券、广发证券等券商在市场份额上一直是不相上下），符合互联网私募股权的投资性质。京东是互联网巨头中最先登陆互联网私募股权战场的。在日新月异的互联网行业中，京东自身的平台优势已经在相对的很长一段时间内帮助东家压制住了其他玩家。但当蚂蚁达客进场后，京东沦为此前的"其他玩家"的征兆已经浮现。不得不说，BAT 三巨头，尤其是互联网金融血统纯正的阿里系，在金融属性十分明显、对平台体量依赖性较高的互联网股权融资上优势十分明显。日后，若腾讯随百度入局，互联网股权融资的行业格局恐怕仍将引发新一轮的动荡。

相比专业众筹平台，京东作为主流电商平台中的佼佼者，凭借其大体量及长时间的稳定增长，在信用方面拥有着天然优势。当一部分投资者面对独立的互联网私募平台（平台规模较京东东家小，生态圈更是远远不及，且多为初创不足 5 年的企业）上为数不多又看似优质的项目踌躇不定，评估"平台是否存在跑路的可能性"时，京东旗下京东东家的用户几乎是从潜意识里就已排除掉平台出现信用问题的可能，转而直接进行对项目的选择。

事实上，各大独立互联网私募平台在专业化运营之下，已经取得了不错的成绩，并逐渐成长为互联网私募行业中的"准巨头"。根据京东东家官方页面显示，"凹凸租车"[①] 总共筹资 8 880 万元，截至 2016 年 8 月底，综合各大主流互联网私募股权平台提供的官方数据，为行业内单项目筹资额次高的股权融资项目[②]。而单项目筹资额最高的项目则为投壶网的"独角兽"项目，其筹资额达 1.15 亿元。根据鸣金网（2016 年）《8 月众筹报告》，人人投、粤科创投界、

---

① 详见 http://dj.jd.com/funding/details/4905.html。
② 详见 http://www.mingin.com/p2p/report/665-1.html。

众投邦、众筹客及众投天地这五个平台当月的融资额占比均超越京东东家，分别以 20%、19%、16%、11% 及 6% 的占比位居行业前五。而京东东家当月融资额仅占行业的 5%，位居第六[①]。

笔者认为，这与平台对优质股权融资项目的推介有关。与产品众筹每月动辄数十个项目成功不一样，即使是互联网私募平台中的佼佼者，每个月 10 个以内的成功项目已经算是不错的成绩，甚至常常出现个位数。但依靠单项目的超高融资额，这些平台的融资额占比非常高。这是互联网私募平台当下的常态。所以，互联网私募平台会有选择地重点推介一些项目，以达到推高融资额的目的。比如，原始会的"火热发行"栏目，京东东家与云筹给予重点推介项目较大的展示版面。甚至，其他平台有意识地不以项目开始时间为顺序展示项目也是推介力度不一的表现。结合我们前面已经讨论过的互联网私募平台网络效应不强的情况，优质的融资项目为了得到平台更大的推广力度，以获取更高的融资额，会呈现比较分散的情况。毕竟，每个平台能重点推广的项目数量也是有限的。也就是说，各个平台都会有一定量的优质项目，这些优质项目，就成为了平台间竞争的军备。

人人投通过与棱镜征信平台的合作，建立起了比较完善的黑名单制度，并将"黑名单"字样放在显眼位置，突出健全信用机制的优势[②]。黑名单包括了"企业项目黑名单"与"投资人黑名单"，并对黑名单予以公示。公示的内容也包括了一些正在诉讼维权的项目。再联系人人投作为主角之一的"众筹第一案"，投资者不难建立起对人人投的信任。

云筹（互联网私募平台）在官方首页的显眼位置，打出了"每个项目都由专业的投资人领投，领投人出具专业的尽责报告，不懂也可以放心投"的标示，以此作为卖点，吸引专业知识缺乏或投资经验不足的投资者。根据云筹官方页面显示的"已交易投资人"人数及"累计认筹额"数据，其人均筹资额相当可观，可见"领投＋跟投"模式具有一定的吸引力。

大家投的特色在于把"项目评论"与"投资问答"板块放在了平台网站首页，可见其对评价机制的重视。评价机制对股权融资平台来说也是至关重要的一环。平台内良好的评价机制会使有意向的投资者更快加入优质项目，或者更容易规避高风险低收益的劣质项目。

还有诸如 36Kr，众筹网旗下的原始会、云投汇、天使客等一批的互联网

---

① 详见 http://www.mingin.com/p2p/report/714-1.html。

② 详见 http://www.renrentou.com/risksurvey/gongshang。

私募平台，都或多或少地采用上述三种模式中的一种或者多种。专业化平台由于成立时间都不长，运营模式及机制都尚处于摸索阶段，现阶段的同质化情况比较明显。因此，独立的专业化平台之间，甚至包括京东东家、蚂蚁达客在内的所有平台之间的竞争，谁能最终胜出，抑或持续保持多家共享市场的局面，目前来看仍是未知之数。

二、平台的盈利模式

与巨型生态圈（如阿里系的平台生态圈）向其他行业覆盖的情况一样，这些巨型生态圈现阶段进军众筹行业并非以盈利为首要目的，而多是在为未来"占坑"的前提下"赚吆喝"。这就导致了其他众筹平台只能也把盈利的心思先压下，转而专注于开疆拓土，否则很可能会被市场迅速淘汰。因此，目前众筹行业整体上的盈利状况并不理想，甚至有"99%的众筹平台目前都不盈利"（2014年）这种说法[①]。

国内的众筹行业目前仍处于起步阶段，对盈利模式的探索并不深入，目前的收入以服务费（或称服务佣金）为主。以京东产品众筹为例，京东会向发起人收取募集总金额3%的平台服务费[②]；同样地，根据《苏宁众筹平台项目发起人协议》，苏宁也会向发起人收取募集总金额3%的平台服务费。这样的服务费模式与众筹平台的"中介"性质非常契合，但需要明确的一点是，这种简单地对募集金额收取一定比例服务费的模式对众筹平台来说，并不是一种高明的做法，因为这会导致平台收入来源单一，对优质项目依赖严重。同时，对于急需资金发展的初创企业来说，平台收取的佣金代表他们实际获得资金的减少，对长期发展十分不利。

除了服务费以外，众筹平台同样可以利用其平台性质，争取广告收入。相比于门户网站、导航网页、网购商城无处不在而又杂乱无章的广告，众筹平台的官方页面无疑是清爽干净的，上面只有众筹项目介绍及一些相关资料、公告。但实际上，这里面就有着广告，显眼的位置、醒目的"热门"标签、更大的展示空间等，都是各众筹项目需要争夺的广告资源。而当下优质项目筹资额轻松

[①] 详见 http://www.sc.xinhuanet.com/content/2014-12/23/c_1113738204.htm。

[②] 详见 http://help.jr.jd.com/show/helpcenter/145.html。

破 2 000 万元的行情就使众筹平台有了通过有偿提供这些资源而获利的可能。众筹成功与否对一些项目或者企业本身来说，可谓事关生死，平台更大力度的推广在一定程度上可以提高项目成功的可能性，算是不错的选择，有时更是无奈之举。对于那些大热的众筹项目，相信它们也不会排斥有效地利用广告效应，筹集更多的金额以便自身发展。毕竟，单一渠道短时间取得如此融资额的机会并不多，众筹的火爆行情和大好前景使得广告收入有望发展成为众筹平台今后收入的重要组成。

此外，细分领域内的众筹平台通过深入产业链进行发展，开辟了新的盈利渠道。如专注于影视众筹的淘梦网，目前的经营模式就是打造"众筹营销发行一体的服务平台"。淘梦网更是表示，对于优秀项目，即使只是剧本创意，也会提供资金、场地等支持并最终出品。淘梦网采用的模式将宝压在了影视作品的出品发行上。淘梦网为合作片方的微电影、网络剧及网络栏目等类型（这些品类在网站均为免费点播）的作品提供完全免费的发行服务，为网络大电影等（在网站付费点播）作品做发行则会按一定比例抽取影片票房分成。发行之外的服务（如营销、宣传等），淘梦网也会收取相应的费用。截至 2015 年 10 月 31 日，对比淘梦网约为 540 万元的累计支持金额与其出品的多部网络电影动辄过亿的全网点击，如《国产大英雄》2.2 亿的全网点击①，该模式所获得的盈利显然较服务费模式高。现阶段进行淘梦网这样尝试的多为专注于细分领域的众筹平台，"专精"使得他们更容易深耕其所属的产业链。相信将来，综合型众筹平台也会摆脱服务费这种最简单的盈利模式，进入各个产业链，实现多元化营收。

互联网私募股权平台对于优质项目，可能会将收取的费用折算成股权进行投资。京东东家的京东私募股权平台"融资人规则"中就有这样的一条（第五条 服务佣金 5.2），"融资人无条件同意京东有权（但无义务）将收取的服务佣金按照本轮融资后融资人项目公司投后估值折价入股融资项目公司"②。京东东家设定这样的条款无疑是给自己留了后门，保有对发展较好的融资成功公司强制入股的权利。初创公司筹款成功代表他们得到了资本的青睐，如果运营良好，估值会上升得很快，上述的权利使京东东家增添了一条稳赚不赔的获利途径。值得一提的是，互联网私募股权平台比投资者更早、更深入地接触融资项目，对于项目的了解远非一般投资者可比。互联网私募股权平台在

---

① 详见 http://www.tmeng.cn/plan/11334.html。

② 详见 http://help.jr.jd.com/show/helpcenter/312.html。

对项目的审核过程中得到的信息披露也比普通投资者多。也就是说，对于同一融资项目，互联网私募股权平台若进行投资，承担的风险要比投资者小。更低的投资风险带来最起码是同样的单位投资回报，就使平台有了获得高额投资收益的可能。更别提在融资过程中，平台可能利用自己的优势地位对优质项目进行强制性的投资或者是谋取比出资比例更高的股份占比了。

部分互联网股权融资平台也会通过提供合同、文书、法律等指导工作以获得增值服务收入。值得关注的是，人人投于近期（2015 年 11 月初）推出"投后管理"服务。"人人投"在专题页面中表示，"不同投资阶段的项目需要实施不同方式的严格检查制度，人人投就需要精心构建增值服务体系"，"从战略、财务、法务、营销等组建专业团队，协调人人投子公司与全国地方分站资源，把所有资源整合在一起，给企业提供所需要的帮助，严密监控风险企业的发展动态，加大力度提供更好的增值服务"[①]。同时，"人人投"也在官方首页公布《重要公示》，公布"投后管理"的收费标准为（注：募集资金总额的）5%。显然，人人投推出"投后管理"服务的主要目的在于增加营收。这样的筹后增值服务使众筹（虽然人人投是互联网私募平台）对平台来说不再是一锤子买卖。开发不同的筹后增值服务是增加营收渠道的重要举措。

📷 **案例 10-1　　　　京东东家的盈利模式**

由于我国目前仍未有真正的股权众筹，所以我们选取互联网私募股权平台中的佼佼者——"京东东家"作为平台盈利模式的案例。

京东东家所收取服务佣金的百分比与其他平台相似，据其官方介绍：东家私募股权项目，若募集资金超过 1 000 万元，将收取 3% 的平台服务费、低于 1 000 万元，收取 5% 的平台费用。

此外，京东已经基本完成了以东家为主要环节的私募股权＋产品众筹＋众创生态圈的战略布局。除了融资服务外，京东为东家的项目提供了生态圈层面的扶持，当中产生的增值服务所涉及的服务费用，显然是东家在融资服务佣金以外的重要收入来源。

以产品众筹为例，在东家融资成功的初创企业，后续若有发起产品众筹的需要，其首选自然是京东众筹，而京东众筹会向发起人收取募集总金额 3% 的基础平台服务费。

---

① 详见 http://www.renrentou.com/special/neware。

京东生态圈为初创企业提供了孵化、投融资服务、营销等的功能，完善的创业生态圈为京东带来了多元化的收入可能。

产品众筹平台三巨头之一的淘宝众筹，走的则是一条跟其他平台完全不同的路。根据淘宝众筹的平台规则，"淘宝众筹是一个完全开放、免费的平台，淘宝不向项目发起人或支持者收取任何手续费或利润分成等费用"[①]。显然，淘宝众筹作为淘宝网平台的附属平台，对于阿里系生态圈的最大作用在于完善生态圈和流量导入，而非直接盈利，淘宝众筹的上线使得阿里系生态圈覆盖至众筹行业并保持一定的影响力。淘宝众筹将来自众筹支持者的流量导入核心平台淘宝网上，淘宝网再将这些流量转化为盈利。此外，众筹成功的产品中的小部分明星产品（或称"爆品"），在众筹之后会在淘宝网（此处所指的"淘宝"含天猫）上架进行销售，这也为淘宝平台带来了不少的利润。也就是说，阿里系以淘宝网为核心平台的电商生态圈最终是通过淘宝网实现生态圈盈利的，因而对淘宝众筹并没有盈利的要求。表面上的完全免费也为淘宝众筹快速攻占市场铺平了道路。当然，流量导入也应看作变相的收入。对于那些预期要在将来入局的巨头（如腾讯）来说，由于它们进入众筹行业较晚，已完全丧失先发优势，因而它们最可能采取、同时也最合适的模式就是类似淘宝众筹的纯粹以流量导入为目标的模式。

📷 案例 10-2　　　　　PaPa 口袋影院

高性价比的小型投影仪品牌"PaPa"是淘宝众筹上的明星品牌，先后上线了 5 个众筹项目，均众筹成功。每个项目都实现了超过 1 300% 的达成率和超过 250 万元的筹资额。其中，"随时随地 PaPa 的神器——PaPa 口袋影院"项目的达成率高达 3 572%，"PaPa 口袋影院：手掌大小的千元大屏影院"（见图 10-1）项目的筹资额更是达到近 1 200 万元。"PaPa 口袋影院"的众筹价格为 999 元。PaPa 官方在众筹期间就已预告，"PaPa 口袋影院"在众筹成功后将会登陆淘宝网并以 1 499 元的正式售价开卖。几个众筹项目的大获成功也为 PaPa 官方打下了强心针，兑现承诺，通过已在淘宝网开设的"蓓蓓 papa 口袋影院"官方网店开卖"PaPa 口袋影院"。以 PaPa 系列产品

---

① 详见 https://hi.taobao.com/market/hi/question.php?spm=a215p.1489794.0.0.IQTW95。

为代表的众筹产品，从淘宝内部的众筹平台到电商平台之间的对接，正是"淘宝众筹"平台的盈利思路之一。

图 10-1　PaPa 口袋影院的产品外观

尽管目前众筹平台的盈利模式是以服务费模式为主，辅以各式各样的创新模式，但盈利结构相比其他传统平台，仍显得比较单调。众筹平台，不管是产品众筹平台，还是日后必将出现的真正的股权众筹平台，必然会持续地对盈利模式进行探索，最终找出一系列可以适用于全行业、稳定且合理的盈利模式。笔者认为，对股权众筹来说，较可能出现的情况是将盈利模式后移，盈利最终出现在企业众筹成功后的高速发展中。众筹平台作为中介，应该为投资者制定完善的退出机制，从而在投资者退出并真正获得收益的时候，向其收取收益的一定比例作为整个融资项目的服务费。这种模式既不会在初创公司众筹成功后的起步阶段减少其发展经费而提高破产风险，也提高了服务费的基数（投资者可选择退出的时候，公司估值显然会比众筹阶段要高），在一定程度上提高了平台收入，显然更加理想。

三、平台之间的竞争策略

若要讨论众筹平台之间的竞争策略，我们首先想到的必然是降低服务费。众筹平台通过降低服务费，可以吸引更多的众筹项目落户平台，再利用这些项目吸引更多的支持者。此时，如果平台经营得当，支持者人数的增长又会招来更多的项目，平台就将进入一个良性循环。但在现有众筹平台众多、新平台雨后春笋般出现的行情下，低服务费甚至免服务费的众筹平台不在少数（如免服务费的淘宝众筹）。同质化程度较高的一些平台之间，某个平台通过打"价格战"，可能在市场占有率上压对方一头，如淘宝众筹的"免服务费"，就是抢占京东众筹市场份额的一大利器。而同质化程度较低，或者说根本不在同一档上的平台之间，"价格战"根本是无用功，弱势的平台甚至连发起"价格战"的可能性都没。比如，在京东众筹（3% 服务费）和一家初创众筹平台（免服务费）之间，相信绝大多数众筹发起者都会选择前者。再就是，淘宝众筹和一个小型众筹平台之间，小平台面对淘宝众筹的免服务费的策略根本无法发动价格战。总的来说，在高速发展的众筹行业当中，平台之间差距较大，暂时无法形成全面的价格战。

　　紧随降低服务费之后，服务差异化是平台已经开始考虑甚至实际操作的第二策略。相比其他行业，新兴的众筹行业规则未明，甚至运营模式也各异，让平台更容易在服务内容等方面建立自有的一套准则，以达到服务差异化从而赢得更多市场。在这方面，众筹平台的领军者京东众筹走在了最前面。2015 年11 月，京东众筹推出两种新模式，即信用众筹模式和无限众筹模式：前者将京东白条（注：京东的个人消费贷款服务）与京东众筹进行了结合，使用户可以通过京东白条支持京东平台上的众筹项目；后者对众筹的周期进行了无限期延长，让用户有机会充分参与产品研发过程，按需定制产品。京东白条与京东众筹的结合虽然并非真正地对众筹模式做出创新，但也有其积极意义。一方面，众筹支持者在付款时可以拥有多一项选择；另一方面，众筹成功后发放回报周期过长的问题（一般为 20 ~ 30 天），似乎通过白条的免息期迂回地解决了。根据京东白条 2015 年 10 月 31 日官方页面显示，免息期为 30 天。这种互联网金融的新结合模式，在一定程度上提高了众筹项目的成功率和融资效率。"无限筹"模式则显然是京东为了延长众筹项目的生命周期而开发出来的。众筹一直与"一锤子买卖"联系在一起，即使"筹后管理"也并未真正将众筹的"生命周期"显著延长，而这正是"无限筹"要做的。在无限筹模式之下，众筹发起者通过与支持者更多的互动，对项目加以改良更新，多次持续地提供众筹产品，使支持者获得更好用户体验的同时，也令发起者形成定期按需生产的模式，更利于稳定发展。除了京东的信用众筹和无限筹，人人投推出了"财务监管系统"，还有其他平台推出的各式各样特色服务，无不为了追求服务的差异化。

　　平台之间也可以通过流量优势进行竞争，如淘宝众筹就能从淘宝网获得比京东众筹从京东商城所获更多的流量。同时，平台还可以充分利用生态圈的优势争夺市场，比如阿里系生态圈中的支付宝平台及芝麻信用分服务，就比与人人投合作的第三方支付"易宝支付"要更让人信任。因此，在信用为本的互联网私募股权市场，蚂蚁达客会比人人投更容易胜出。还有其他可能存在的优势此处无法一一列出，但可总结为平台利用各自优势在众筹市场上进行差异化竞争。随着众筹平台的日渐成熟，平台之间的竞争策略日后势必越发完善，行业竞争将更为激烈。平台需要考虑的是，应采取怎样的策略以更好发挥自身优势，从而在汹涌的众筹市场中存活进而胜出。

第十一章

众筹监管

一、众筹监管的发展

从历史的角度可以看出，法律、法规常常落后于人们的创造力和实践。也就是说，资本市场上很难做到完全的有法可依。而为了防止"众筹"这股资本市场不可忽视的新兴力量变成脱缰野马，必要、合理的监管就成为了迫切的需要。在众筹监管方面，美国显然走在了世界最前面，《JOBS 法案》被公认为世界众筹历史上的转折点，为众筹打开了合法的大门。中国在众筹方面虽然还没有严格意义上的法律法规出台，但一系列的相关管理办法、指导意见的出台，让我们知悉国家对众筹的重视以及将众筹规范化管理的努力和决心。在其他国家，众筹规模远不如中、美两国，但相关的法律监管也有了一定进展，如英国金融行为监管局的《关于网络众筹和通过其他方式发行不易变现证券的监管规则》。

（一）美国出台的《JOBS 法案》

美国的《JOBS 法案》可以说是针对小型公司融资难的境况而量身定做的一部法案。该法案于 2012 年 1 月 3 日在美国国会通过，其中的第三章 Title Ⅲ（美国证券交易委员会于 2015 年 10 月 30 日通过）为股权众筹提供了法律基础，成为了最受关注的部分。《JOBS 法案》第三章（也就是所谓的"众筹法案"——TITLE Ⅲ—CROWDFUNDING）在小企业融资方面最根本的两点进步是：①股权融资的范围扩大到包括非合格投资者（non-accredited investors）在内；②集资门户或众筹平台（funding portal）作为新型投融资中介的正式登场。除此以外，该法案也对小型公司的集资金额和个体投资者的投资金额提出了严格要求，同时，也将众筹这种新型融资手段纳入美国证券交易委员会的监管范围之内。几点看似微不足道的改变，却是基于时代背景才可能成就的一次大飞跃。

美国证券交易委员会在《JOBS 法案》之前，一直把投资者明确划分为合格投资者（accredited investor）和非合格投资者（non-accredited investor）两类，从而设置相应的投资门槛。显然，这其中最主要的目的是保护非合格投资者（其实也就是小投资者）的权益。小投资者在资本市场中由于信息不对称性和相关专业知识的缺乏，对特定投资的风险无法进行准确评估，很容易蒙受不必要的损失。而美国（或者说世界各国）此前采取了最稳健的做法，就是把小投资者与相对应较高风险的投资割裂开来。诚然，这控制了小投资者的投资风险，但也熄灭了小投资者对小型公司进行投资获取高额回报的希望之火。

再从小型公司的角度来看，美国的小型公司此前在融资问题上陷入了两难。他们若选择进行 IPO，小公司股票的低流动性及高频交易的市场环境相对大公司股票没有竞争优势的特点使他们无法获得太多融资，相反，会被上市及上市后相关的沉重费用所彻底拖垮；若他们选择不进行 IPO，而仅通过非公开途径进行融资，非公开的融资性质决定了他们必然缺乏可靠而稳定的资金来源。因此，小型公司只能在两难中尴尬而无奈地发展，进一步做大做强似乎成为了一个不可能的梦。于是，"众筹"这个手段可以说是应运而生，小型企业可以通过众筹，快速地获得发展所需资金的同时，避开了高昂的融资费用，并且为传统上的非认证合格投资者提供了一条全新的投资途径，双方在"众筹"上可谓一拍即合，而《JOBS 法案》则为这个完美的组合确立了法律的基础。

JOBS 法案表面上免除了众筹平台登记成为证券经纪商或交易商的义务，但其实还是将监管重点放在了众筹平台上。小型企业在《JOBS 法案》下，可以通过众筹平台（网站）进行具体的众筹行为。众筹模式为众筹平台带来了几近与传统证券中介等同的地位。因此，众筹平台也应该被法律相应地限制。这些限制大体上与传统证券经纪商受到的限制一致，其目的还是出于在众筹这类新型投融资手段下，保障投融资双方尤其是投资者的利益。

小型企业融资难和小投资者投资难的情况由来已久，但是为什么直到2012 年才有了《JOBS 法案》呢？笔者认为，这是互联网时代的功劳。在互联网时代下，特别是通过"双方互评""大众点评"这类针对信息互通有无的模式，信息的不对称性和小投资者相关专业性的问题被降低到可以接受的程度。在这样的背景之下，小投资者需要承担的实际投资风险要比该投资收益应有的风险要小，这样的投资（即股权众筹）无疑是优质的投资项目，小投资者自然愿意接受。而对小微企业来说，众筹平台提供的不但是一条新的、可行的、更低成本的融资渠道，更是直接让投融资双方进行对接，使企业或者项目直接面向投资者群体，从而获得更多的社会资源。总的来说，《JOBS 法案》面世的时间点正合时势，也为其他各国的众筹立法提供了参考。

（二）中国陆续出台的政策

在国务院大力号召创新创业的大背景下，众筹作为创新创业的催化剂甚至是前提，已被政府纳入了监管范围。以下，我们首先回顾一下国内关于众筹的相关一系列政策。

2014年3月5日，在李克强总理任期内的首份政府工作报告——《2014年国务院政府工作报告》中，"深化金融体制改革"的内容明确表明"促进互联网金融健康发展，完善金融监管协调机制""让金融成为一池活水，更好地浇灌小微企业、'三农'等实体经济之树"。这表明了，互联网金融首次正式走进国家领导人视野。互联网金融与小微企业发展之间的重要联系也得到了认可。

2014年3月19、20日两天，央行连续组织互联网金融企业的CEO、高管及互联网金融行业专家对即将出台的互联网金融监管办法进行座谈讨论。腾讯、阿里、百度、陆金所、宜信，以及其他P2P企业、众筹企业的CEO悉数出席。这次讨论最终得出"众筹归证监会监管"的结论（消息来源：法治周末记者戴蕾蕾2014年3月26日报道）。需要强调的是，此处的"众筹"特指"股权众筹"（产品众筹按回报的属性应归商务部进行监管）。自此，股权众筹有了所属的监管单位——证监会，这也为股权众筹在日后获得相应的法律地位埋下了伏笔。

2014年5月9日，国务院发布《国务院关于进一步促进资本市场健康发展的若干意见》。该意见提出"拓宽企业和居民投融资渠道"，"支持有条件的互联网企业参与资本市场，促进互联网金融健康发展，扩大资本市场服务的覆盖面"。该意见在互联网金融这个整体的层次上为股权众筹及股权众筹平台提供了发展的政策环境。

2014年5月30日，中国证监会新闻发言人张晓军说，证监会已于近期对股权众筹行业进行了深入调研，目前正在充分借鉴境外监管经验并结合调研情况的基础上，抓紧研究制定众筹融资的监管规则（消息来源：新华网记者赵晓辉、陶俊洁2014年5月20日报道）。这是作为众筹监管机构的证监会首次明确表示众筹的监管规则正在研究及筹备中。

2014年11月19日，李克强总理在其主持召开的国务院常务会议上指出，"建立资本市场小额再融资快速机制，开展股权众筹融资试点"。开展股权众筹融资试点首次被提及，股权众筹的正式合法面世开始倒计时。

2014年12月18日，中国证券业协会在证监会支持下，发布《私募股权众筹融资管理办法（试行）（征求意见稿）》。该意见稿中对"私募股权众筹融资"及"股权众筹平台"作出了明确定义，并对股权众筹平台、融资者与投资者提出了一系列的要求及监管办法。这份意见稿对股权众筹融资提出了自律管理的要求，对股权众筹行业来说意义极其重大。中国的众筹历史终于翻开新的一页。

2015年3月5日，李克强总理在《2015年国务院政府工作报告》中再次提及"小微企业融资难融资贵问题突出"，要为小微企业减负，使"草根"创新蔚然成风、遍地开花。同时，李克强总理高度认可了互联网金融行业的价值并指出"互联网金融异军突起"。显然，小微企业的艰难境况及互联网金融的蓬勃发展，大大促进了众筹融资的发展。

2015年3月11日，《国务院办公厅关于发展众创空间推进大众创新创业的指导意见》成文。该指导意见提出："开展互联网股权众筹融资试点，增强众筹对大众创新创业的服务能力。"互联网股权众筹平台正式地走进人们视野，众筹对大众双创的重要性得到官方认可。

2015年6月16日，国务院发布《国务院关于大力推进大众创业万众创新若干政策措施的意见》。该意见提出"丰富创业融资新模式。支持互联网金融发展，引导和鼓励众筹融资平台规范发展，开展公开、小额股权众筹融资试点，加强风险控制和规范管理"。也就是说，规范管理下的股权众筹融资可以作为基于互联网环境的融资新模式存在，可获得国家政策上的鼓励。

2015年7月4日，国务院发布《国务院关于积极推进"互联网+"行动的指导意见》。该指导意见将"'互联网+'创业创新"列为重点行动，并提出，"积极拓展互联网金融服务创新的深度和广度。鼓励互联网企业依法合规提供创新金融产品和服务，更好满足中小微企业、创新型企业和个人的投融资需求"，及"积极发挥天使投资、风险投资基金等对互联网+的投资引领作用。开展股权众筹等互联网金融创新试点，支持小微企业发展"，这称得上是互联网金融（包括股权众筹）在政策上得到的首次全面支持。

2015年7月18日，人民银行等十部门发布《关于促进互联网金融健康发展的指导意见》。该指导意见对互联网金融分类进行了指导，明确地将股权众筹融资划分为互联网金融中的一类，并正式落实"股权众筹融资业务由证监会负责监管"。

2015年7月29日，中国证券业协会经证监会批准，发布《场外证券业务备案管理办法》。该管理办法中,将"私募股权众筹"纳入"场外证券业务"范围。8月10日,官方又将该管理办法中的"私募股权众筹"修改为"互联网非公开股权融资"。

2015年8月3日,证监会下发《关于对通过互联网开展股权融资活动的机构进行专项检查的通知》。该通知进一步细化了官方对"股权众筹"的定义,也就是"公开、小额、大众",并将其与"互联网非公开股权融资"(即前称"私募股权众筹")区分开来。该举措无疑有利于日后证监会对股权众筹进行进一步的规范管理。

2015年9月26日,国务院发布《国务院关于加快构建大众创业万众创新支撑平台的指导意见》。该指导意见指出"全球分享经济快速增长,基于互联网等方式的创业创新蓬勃兴起",并提出"四众"——即"众创、众包、众扶、众筹"概念。同时,该指导意见指出,"稳健发展众筹,拓展创业创新融资",其中包括"积极开展实物众筹""稳步推进股权众筹"及"规范发展网络借贷"。自此可以说,众筹(尤指股权众筹)进入国家政策全面大力支持发展的全新阶段。

2015年9月29日,国务院发布《国务院办公厅关于推进线上线下互动加快商贸流通创新发展转型升级的意见》。该意见明确提出"加大金融支持力度",并说到"支持金融机构和互联网企业依法合规创新金融产品和服务,加快发展互联网支付、移动支付、跨境支付、股权众筹融资、供应链金融等互联网金融业务"。这显示出在一定程度上,股权众筹融资在国家决策层面上的地位已经提高到与传统金融融资手段相同的高度,更被寄予厚望。

2016年1月15日,国务院下发《国务院关于印发推进普惠金融发展规划(2016—2020年)的通知》。《推进普惠金融发展规划(2016—2020年)》指出,应"发挥股权众筹融资平台对大众创业、万众创新的支持作用","推动修订证券法,夯实股权众筹的法律基础"。这是国家层面首次发出为"股权众筹"修订证券法的声音。

2016年2月4日,国务院下发《国务院关于进一步做好防范和处置非法集资工作的意见》,要求尽快出台股权众筹融资的监管规则,促进互联网金融规范发展。

2016年8月8日,国务院下发《国务院关于印发"十三五"国家科技创新规划的通知》,要求"加强创新创业综合载体建设,发展众创空间,支持众创众包众扶众筹,服务实体经济转型升级",点明"支持科技项目开展众包众筹",并提出"推进知识产权证券化试点和股权众筹融资试点,探索和规范发展服务创新的互联网金融"。

2016 年 10 月 13 日，国务院下发《国务院办公厅关于印发互联网金融风险专项整治工作实施方案的通知》，明确了"利用互联网思维做好互联网金融监管工作"的思路，多次提及采取"穿透式"监管方法对包括股权众筹在内的互联网金融进行监管，并提出了一些具体的监管要求和措施。

2016 年 10 月 13 日，证监会等 15 部门联合公布《股权众筹风险专项整治工作实施方案》，再次认可了股权众筹支持大众创业、万众创新的积极作用，并提出一定的监管要求。

可以看到，中国的众筹行业被国家决策层定义为小微企业专属的一项互联网融资服务，得到政策大力扶持而获得了高速发展的机遇。

《私募股权众筹融资管理办法（试行）（征求意见稿）》公布至今，互联网私募股权平台遍地开花，互联网股权融资蓬勃发展。但是，我们需要清楚区分"股权众筹"和"互联网私募"二者。

证监会在《关于对通过互联网开展股权融资活动的机构进行专项检查的通知》中明确指出"股权众筹"是"公开、小额、大众"的，"未经国务院证券监督管理机构批准，任何单位和个人不得开展股权众筹融资活动"，目前一些市场机构开展的冠以"股权众筹"名义的活动，是通过互联网形式进行的非公开股权融资或私募股权投资基金募集行为，不属于《关于促进互联网金融健康发展的指导意见》规定的"股权众筹"融资范围。这意味着真正的"股权众筹"应该是"公募"，而非目前业内常见的"私募"（即互联网私募）。

由于针对真正的"股权众筹"的相关法律法规尚未出炉，各大平台只能在现有法律法规允许的范围内从事互联网非公开股权融资服务。各大平台在利用"合格投资者"制度规避了"200 人"法律红线的同时，也令自身失去了"公开"和"大众"的特点，变成了事实上的"互联网私募股权平台"，提供"互联网非公开股权融资"相关服务，而非"股权众筹"相关服务。

国务院多次发布关于股权众筹的相关政策意见，体现了股权众筹在中国不可舍弃的重要性。从政策风向来看，真正"公开、小额、大众"的股权众筹在中国取得合法地位是可以预期的。中国的互联网金融在当前虽已取得惊人的进展，但不可否认的是其仍处于起步阶段。众筹作为互联网金融的重要分类，本身也有多个子类。众筹的子类涉及多个领域，对其进行分类监管就显得尤为重要。其中，"股权众筹"的真正面世，由于需要对《公司法》《证券法》等有关规定进行修订，仍尚需时间。但是，国家对以众筹为代表之一的互联网金融保持着鼓励创新的态度，为其后续的持续发展夯实了基础。

（三）其他各国的众筹监管政策

首先将目光投向资本市场同样发达的欧洲。尽管欧洲各国目前对"众筹"还没有统一的定义，甚至由于众筹市场的发展水平不均衡而对众筹持有不同态度，但部分国家在众筹监管制度的设立上已经交出了令众筹业界满意的答卷。

意大利在美国《JOBS法案》之后，于2012年12月17日通过了《Decreto Crescita Bis 法案》（也称 *Growth Act* 2.0），并于2013年7月率先签署了监管细则，从而超越美国，成了世界上第一个将股权众筹合法化的国家。意大利将监管的重点放在了进行众筹融资的企业和投资者身上，对企业的组成、利润分配及年融资额等做出了较为详细的规定。同时，意大利在随后的《关于创新初创企业通过网络门户筹集风险资本的规定》中将投资者分为由私人专业投资者和公众专业投资者组成的专业投资者及非专业投资者两类，试图通过分类投资者制度将股权众筹投资者分类进行管理。这样的监管方式固然给此后其他国家众筹政策、法规的制定提供了参考，但由于其中缺乏股权众筹平台的概念，很难说是一套完善的，或者说是比美国《JOBS法案》更成熟的众筹法案。

2014年3月6日，英国金融行为监管局（Financial Conduct Authority，FCA）发布了《关于网络众筹和通过其他方式发行不易变现证券的监管规则》（*The FCA's regulatory approach to crowdfunding over the internet and the promotion of non-readily realisable securities by other media*，PS14/4，下称《监管规则》）。《监管规则》仅将P2P网络借贷（债权众筹，crowdfunding based on loan）和股权众筹（crowdfunding based on investment）纳入FCA的监管，但同时，投资者的众筹投资并不会纳入金融服务补偿计划范畴内，也就是投资者的众筹投资风险须自负。相应地，《监管规则》引入"认证合格投资人"概念，将投资者分为成熟投资者及非成熟投资者，从而对非成熟投资者做出投资额度限制。《监管规则》也对众筹平台提出了一定的监管要求。

在法国，众筹被定义为"参与性融资"（leFinancement participatif）。法国政府于2014年5月30日通过了针对众筹的《参与性融资法令》（*Ordonnance no.2014-559 du 30 mai 2014 relative au financement participatif*），该法令于同年10月1日已正式生效，这也使得法国成为世界上继美国和意大利之后第三个对众筹立法的国家。同时，法国也是第一个将各类众筹活动统一纳入法律规定的国家。法国在原有法规将金融服务机构分为"投资服务商"和"其他服务提供商"的基础上，在"其他服务提供商"范畴内，新增了"参与性投资顾问"（CIP）和"参与性融资中介"（IFP）两个新的牌照，并对二者做出相应的规定。总的来说，法国的《参与性融资法令》偏向于以企业融资需求，而非投资人投资需求为出发点，因此显得较为宽松。同时，该法令通过对连接众筹发起者和投资者的众筹平台进行监管，达到降低众筹活动风险、保护融资企业及投资者的目的。

在与美国同处北美的加拿大，安大略省证券委员会（OSC）于2014年3月20日宣布了关于免除特定证券监管要求，并最终许可股权众筹的计划，并就该计划开始向公众征询意见。而加拿大另外一个主要省份——卑诗省，于同日宣布就由加拿大证券管理局公布的CSA提案向社会公众进行征询。CSA提案比OSC计划走得更远，将不要求众筹平台注册，并会规定更低的众筹融资及投资限额。加拿大国家及省份之间的证券管理错综复杂，全国范围众筹合法化的路还有很长，截至2015年10月，加拿大仍只有六个省份允许股权众筹。

韩国、日本、德国等国家也陆续地通过了与上述国家相似的针对众筹（特别是股权众筹）的法令法案。可以预见，在全球范围内，众筹将会取得越来越普遍的合法地位。

总体上来说，各国政府倾向于将众筹视为一种与传统金融手段并没有本质区别的新型投融资手段，从而进行合法化并将其纳入监管范围。虽然各国针对众筹的立法角度可能有所不同，或从企业角度出发，着眼于降低企业融资成本；或从投资者角度出发，为投资者提供更好的投资途径，但各国均将股权众筹视为证券发行行为，并普遍建立以小额股权众筹融资性质注册获得豁免权的制度来对股权众筹实现监管。笔者相信，还在筹备众筹立法的国家此后都会将目标定在积极探索如何在现有法律框架及金融体系内，通过立法为众筹开辟出一片新天地。而这其中最主要的问题就是对众筹行业给予何等程度的豁免，众筹平台需要获得何种许可或是经营资质。世界各国对于众筹监管的这些宝贵经验，可以为我国日后针对股权众筹立法提供重要参考。

二、众筹第一案

由于我国尚没有正式的众筹法律法规，因此，众筹案例就自然而然地具有了重要的法律风向标意义。此前，纷扰已久的国内"众筹第一案"尘埃落定，其判决大大鼓舞了众筹业界。虽然此处所指的"众筹"仍只能算是互联网私募，但此案对股权众筹行业确有重大影响。

2015 年 9 月 15 日下午，海淀法院对备受关注的原告（反诉被告）北京飞度网络科技有限公司（以下简称飞度公司）与被告（反诉原告）北京诺米多餐饮管理有限责任公司（以下简称诺米多公司）居间合同纠纷一案进行公开宣判，该案为全国首例"众筹"融资案①。

2015 年 1 月 21 日，飞度公司与诺米多公司签订《委托融资服务协议》，诺米多公司委托飞度公司在其运营的"人人投"平台上融资 88 万元（含诺米多公司应当支付的 17.6 万元），用于设立有限合伙企业开办"排骨诺米多健康快时尚餐厅"合伙店。协议签订后，诺米多公司依约向飞度公司合作单位"易宝支付"充值 17.6 万元，并进行了项目选址、签署租赁协议等工作。飞度公司也如期完成了融资 88 万元的合同义务。但在之后的合作过程中，"人人投"平台认为诺米多公司存在提供的房屋系楼房而非协议约定平房、不能提供房屋产权证、房屋租金与周边租金出入较大等问题，之后双方与投资人召开会议进行协商未果。2015 年 4 月 14 日，飞度公司收到诺米多公司发送的解除合同通知书，通知自即日起解除《委托融资服务协议》，要求其返还诺米多公司已付融资款并赔付损失 5 万元。同日，飞度公司也向诺米多公司发送解约通知书，以诺米多公司违约为由解除了《委托融资服务协议》，要求诺米多公司支付违约金并赔付损失。后双方均诉至法院，原告飞度公司诉请：①诺米多公司支付飞度公司委托融资费 4.4 万元；②诺米多公司支付飞度公司违约金 4.4 万元；③诺米多公司支付飞度公司经济损失 19 712.5 元。反诉原告诺米多公司诉请：①飞度公司返还 17.6 万元并支付相应利息；②飞度公司赔偿诺米多公司损失 5 万元。

由于该案是法院系统首次就"众筹"融资案件进行司法审判，其中涉及如"人人投"平台交易是否合法合规等焦点问题，社会、行业以及广大投资人均十分关注。结合双方履约情况，法院对本案本诉、反诉诉请进行了相应处理，最终判决："一、被告北京诺米多餐饮管理有限责任公司于本判决生效之日起十日内给付原告北京飞度网络科技有限公司委托融资费用二万五千二百元、违约金一万五千元；二、反诉被告北京飞度网络科技有限公司于本判决生效之日起十日内返还反诉原告北京诺米多餐饮管理有限责任公司出资款十六万七千二百元；三、驳回原告北京飞度网络科技有限公司其他诉讼请求；四、驳回反诉原告北京诺米多餐饮管理有限责任公司其他反诉请求。"

总体来看，该案的审理在一定程度上对于众筹行业的发展具有指导意义，

---

① 案件信息来源：北京市海淀区人民法院网站"案件快报"。

其支持和鼓励众筹交易发展的结论为众筹行业发展留下了空间。该案判决认定案中《委托融资服务协议》有效，也即认定该起互联网股权融资有效。虽然这并非完全等同于认定"股权众筹"合法，但也无疑给国内互联网股权融资行业注入了强心针。《证券法》《关于促进互联网金融健康发展的指导意见》及《场外证券业务备案管理办法》在法院判决的依据里被提及，这表明，国内在目前还尚未有具体的法律法规落地之前，上述三者可以作为互联网股权融资行业当下一定程度上的法律参照，即互联网股权融资行业并非完全无法可依。作为"公开发行证券"定义中的关键因素，"200 人"也在判决中被用作判断根据，涉案项目投资人未达 200 人，是案中股权融资合同有效的有力证据。同时，该案判决中提及"人人投"平台对项目方融资信息的真实性实际负有相应审查义务，这对互联网股权融资平台关于项目的风险控制义务提出了要求——互联网股权融资平台应对投资人利益进行保护，这与国外现行众筹法令法案及国内的相关文件精神一致。

该案判决除了对众筹行业鼓励性的象征意义外，也给出了法律上重要的启示：互联网股权融资行业在目前的法律环境下，应当明确遵守《证券法》及一系列现有的相关管理办法、指导意见，避开法律红线，以保护投资人利益为出发点，方可进行相应的融资行为。该案作为全国首例"众筹"融资案，其判决也将国务院对众筹行业的政策鼓励首次落到了司法系统的实际操作上。我们相信，该案作为案例，对日后相似案件具有重要的借鉴价值。

互联网私募被认为是股权众筹在现有法律法规下的股权融资方式，其在得到了应有的法律保护的同时，也为股权众筹将来正式落地后的相关法律问题提供了一定的参考价值。

三、众筹监管的着眼点

众筹按回报划分，可以分为捐赠众筹、产品众筹、股权众筹和债权众筹四类。这其中的捐赠众筹和产品众筹属于共同体众筹，由于其不具有投资属性且涉及金额较少，与现行法律体系之间的矛盾也较少，所以二者对于具体的监管方案或法律法规并没有迫切的需求。

对捐赠众筹的监管重点应该落在物资的去向上。近年来，接受捐赠的机构、组织的信用问题受到了社会的普遍关注。出于保护捐赠人和受捐人隐私的目的，捐赠物资的金额、数目、去向等通常不会公开，更不会有清晰的账单。这就为腐败的滋生提供了温床。捐赠众筹可以说是大众通过互联网进行的一场更盛大、更广泛的捐献活动，如何杜绝腐败并让捐献的物资物尽其用，是其中的关键。与传统的公益机构、组织相比，捐赠众筹平台无疑要更透明。平台应当尽可能披露捐赠的相关信息，接受大众和有关部门的监管，借此重树大众对捐赠的信心。

产品众筹在国内落地后，其预售、团购性质在本土化过程中更突出。然而，众筹产品普遍的"高新"性会使产品在其策划设计、生产、供应链管理等方面仍有较大的不确定性。产品众筹出现"跳票"并非小概率事件。事实上，产品众筹的支持者普遍对众筹产品的合理"跳票"持包容态度，他们无法接受的是恶意欺诈。如何区分众筹产品的"跳票"和恶意欺诈，是产品众筹的监管重点。淘宝众筹和京东众筹给出的办法是"众筹保险"，将"跳票"和恶意欺诈的隐患一并解决。目前，在产品众筹仍未有具体监管细则的情况下，"众筹保险"无疑是一招妙棋，但有关部门（应为商务部）对产品众筹的监管也应尽快落实。其他诸如对产品规格、质量等的监管，在根据实际情况稍作调整的同时，应尽量向一般的同类产品靠拢。

众筹保险，是众筹发起者为项目所投的保险。众筹成功后，若项目发起者无法按期发货，或直接"跳票"，承保方将对项目支持者进行相应的赔付。众筹保险显著降低了支持者的风险，从而可为项目带来更多支持者。2015年5月，淘宝众筹上线众筹保险，旨在防止违约发货，有效保障用户权益，解决众筹行业"跳票"这一痛点。该众筹保险由众安保险承接，采用标准化设计方案。众筹项目发起方可以按照一定比例自愿投保，募资成功之后即行缴纳。在平台上参与投保的商家均会有明显的"已投保"标识。一旦项目延期超过30天，或项目方直接"跳票"，将由众安保险按照交易额的一定比例对参与众筹者先行赔付。[1] 众筹保险一经推出，"imu幻响创意体验馆"率先尝鲜，其发起的"【imu/幻响】LED智能触控护眼阅读灯 无极调光"项目成为全国首个参与投保的科技众筹项目，在投保当日即获得上千人的支持。[2]

股权众筹和债权众筹是投资性众筹，监管的难度和迫切性都要较捐赠众筹与产品众筹高。

债权众筹，也即P2P网络借贷，由银监会负责监管。由于本书重点讨论

---

① 详见 http://insurance.hexun.com/2015-05-23/176097623.html。

② 详见 https://izhongchou.taobao.com/dreamdetail.htm?spm=a215p.1472805.0.0.AsaTWr&id=24519。

产品众筹和股权众筹，关于债权众筹的监管，请读者参阅有关 P2P 网络借贷的书籍，在这里不再详述。

股权众筹是国内目前对众筹监管讨论的主角。国家目前出台的各项指导意见、管理办法中针对众筹的方面也多聚焦于股权众筹。业内早期对股权众筹的讨论倾向于相信国家会将股权众筹分为"公募"和"私募"，并进行分类监管。而事实上，证监会将"股权众筹"的定义从宽泛化带向了特定化，将"公募"和"私募"区别开来，前者才是"股权众筹"，而后者只能称为"互联网私募"。关于公募和私募的说法，前文也已展开讨论，此处不再赘述。

"互联网私募"在各平台对"合格投资者"制度的运用下，避开了"非法集资"的公开宣传、向非特定对象募集资金等特点，是一种合法合规的私募形式。"股权众筹"的"公开、小额、大众"特点，体现了其"公募"性质。真正的股权众筹项目，需要经过国家有关部门的批准。

（一）对众筹发起者（融资者）的监管

众筹的融资金额应当在数量上有一定限制。一般认为，这个金额应该是小微企业（包括初创公司）发展所必要，但无法通过传统金融手段快速高效获得的数目。数目过大的融资金额若利用众筹进行，由于信用原因，容易将风险大范围扩散而损害大众投资者的利益。从另一个角度来说，需要进行大额度融资的企业理应具有一定的规模和良好的资产结构、运营状况及信用记录，通过传统金融手段获取融资并不难，不应将目光投向众筹这一可以说是小微企业专属的领土。众筹发起者应当对融资有着合理需求，且需求的数目较小。

目前，众筹面临的最大挑战就是过程中的信息不对称。众筹发起者作为融资方应主动降低信息不对称性，促成股权众筹融资项目。也就是说，众筹发起者应当负有信息披露的义务，针对其发起的股权众筹项目进行相匹配的信息披露。众筹发起者应杜绝自身在众筹活动中诸如浪费、挪用资金等的不道德行为，将众筹融资所得合理运用到企业、项目运营中。作为流动性并不高的投资，股权众筹的投资者在众筹成功后相当长的一段时期内，只能依靠估值增长后的上市或并购、分红和股利等相当有限的途径来获取回报。众筹发起者应当在众筹发起之前就预设良好、健全的退出机制。

《关于促进互联网金融健康发展的指导意见》也明确指出，股权众筹融资方应为小微企业，应通过股权众筹融资中介机构向投资人如实披露企业的商业模式、经营管理、财务、资金使用等关键信息，不得误导或欺诈投资者。

📷 **案例 11-1**　　　　**36 氪的"下轮氪退"**

作为国内互联网私募股权平台目前的领军者之一，36 氪在平台的差异化上有所建树，其独特的"下轮氪退"模式成了投资者们钟爱的退出机制。传统的股权融资退出模式只有企业 IPO、企业被并购、管理层回购和股权转让等为数甚少的几种，而"下轮氪退"则是在此基础上的一项微创新。

根据 36 氪官方资料，"下轮氪退"指的是：融资项目正式交割完成后，该企业在两年内的随后两次正式融资，本轮股东均有选择退出的权利；如最终交割后的两年内，融资公司未发生任何一次正式融资，则退出期延长至最后交割后的三年内；三年之后未融资，则跟投人与普通融资项目一样与领投人同进同退。每一跟投人在"下轮氪退"退出时有三个选择："不出让其持有的股份""出让其持有的 50% 的股份"和"出让其持有的 100% 的股份"。对于跟投人出让的股份，将按照领投方、融资公司股东、新股东、融资公司 / 创始人回购的顺序进行选择购买，前一方自愿放弃购买则依次顺延。"下轮氪退"抓住了互联网私募股权投资者最大的痛点，将普遍超过 5 年的投资周期缩短到两三年，使风险随之降低。

（二）对众筹支持者（投资者）的监管

投资者在股权众筹融资中由于信息不对称而处于弱势地位。除了其他降低信息不对称的措施以外，相关部门也应当针对投资者实行一定的监管，以避免投资者做出自己风险承受范围以外的投资选择而遭受严重损失。

互联网私募利用"合格投资者"制度（定义详见证监会 2014 年 8 月 21 日下发的《私募投资基金监督管理暂行办法》），实现了对投资者的监管。"合格投资者"制度对投资者的投资能力（以收入作为重要参考标准）提出了较高的要求，虽降低了对项目进行投资的投资者的相应风险，但也限制了大部分投资者的参与。这与股权众筹"公开、小额、大众"的普惠性质相去甚远，与传统的线下私募并无实质性差异。

股权众筹"公开、小额、大众"对监管提出了挑战。公开、大众的特点使有关部门难以利用限制投资者资格等传统做法来进行监管，有关部门最佳的监管发力点唯有落在"小额"上。事实上，股权众筹的小额特点意味着门槛低、绝对的风险也较低，在社会大众范围内具有普适性。

　　根据《关于促进互联网金融健康发展的指导意见》，投资者应当充分了解股权众筹融资活动风险，具备相应风险承受能力，进行小额投资。笔者认为，针对众筹支持者的监管应以设定个人投资金额上限为主，如设定个人每年股权众筹投资金额上限。对缺乏专业投资知识和风险控制能力的普通投资者来说，在股权众筹这一独立投资类型上设立一定的投资额度（如单一众筹项目3万元，每年全部众筹活动共10万元的投资额）既能满足他们对优质投资项目的需求，也能有效降低他们的投资风险。对于那些具有更高投资能力、更高额投资需求或更强风险承受能力的投资者们，传统的投资项目或许更适合他们。监管部门应就金融市场的实际情况，合理地制定股权众筹的投资额度限制，并按一定年限进行重新修订。此外，有关部门也应通过监管，杜绝众筹支持者的不道德行为（如抄袭剽窃）及相关不利于股权众筹健康发展的行为。

📷案例 11-2　　　　　京东的"小东家"

　　"小东家"是京东东家的低门槛参投机制，扮演着为东家吸引低净值的大众投资者、为投资者分散风险的重要角色。"小东家"参投计划的起投金额根据项目实际情况而定，较"东家"要低不少。同时，"小东家"的人数限制也比"东家"更严格。以"右脑人"项目[1]为例，"东家"的起投金额为5万元，人数上限为50人；"小东家"的起投金额为1万元，人数上限为4人。

　　其他项目的"小东家"计划甚至有5 000元的参投档，"小东家"的低门槛设定使投资者的风险可被控制在一定范围内。但由于互联网私募存在200人限制，"小东家"目前无法更大范围、更大程度地推广，仍然只能作为"东家"的备选项，供风险承受能力较低的投资者选择。"小东家"对于未来针对投资者一端的监管具有一定的启发性，"小东家"模式可作为过渡阶段的重要参考。

（三）对众筹平台的监管

　　虽然我国的《存款保险条例》已于2015年5月1日正式实施，但由于保险上限、适用范围、投资者长期以来的思维定性等原因，投资者仍然更愿意相信：经审批合法设立的金融机构一定程度上等同于拥有政府的隐性担保。这意

---

[1]　详见 http://dj.jd.com/funding/details/8498.html。

味着投资者在金融机构发生危机之时，普遍会要求政府兜底。因此，究竟是否应对众筹平台这一新型投融资中介设立注册审批制，目前仍需要探讨。而在《私募股权众筹融资管理办法（试行）（征求意见稿）》中，证监会暂定对互联网私募股权平台采取的是"备案登记"制。这或许可以为股权众筹平台的监管走向提供一定的参考。为确保众筹行业的健康发展，有关部门针对股权众筹平台进行合理监管是毋庸置疑的。

证监会在《关于对通过互联网开展股权融资活动的机构进行专项检查的通知》中明确指出：根据《公司法》《证券法》等有关规定，未经国务院证券监督管理机构批准，任何单位和个人都不得向不特定对象发行证券、向特定对象发行证券累计不得超过 200 人，非公开发行证券不得采用广告、公开劝诱和变相公开方式。《股权众筹风险专项整治工作实施方案》指出，"向不特定对象发行股票或向特定对象发行股票后股东累计超过 200 人的，为公开发行，应依法报经证监会核准。未经核准擅自发行的，属于非法发行股票"。平台严禁擅自公开发行股票或变相公开发行股票。

而根据《关于促进互联网金融健康发展的指导意见》的描述，股权众筹融资主要是指通过互联网形式进行公开小额股权融资的活动。股权众筹融资必须通过股权众筹融资中介机构平台（互联网网站或其他类似的电子媒介）进行。股权众筹融资中介机构可以在符合法律法规规定前提下，对业务模式进行创新探索。股权众筹融资业务由证监会负责监管。然而，我国尚未有真正的"股权众筹"，一些市场机构开展的冠以"股权众筹"名义的活动，是通过互联网形式进行的非公开股权融资或私募股权投资基金募集行为（即互联网私募），不属于《关于促进互联网金融健康发展的指导意见》规定的股权众筹融资范围。也就是说，在尚未出现真正的股权众筹平台时，相关平台从事的仅是互联网私募业务，互联网私募平台应遵守相应的监管细则，不得以"众筹"等字眼误导投资者。《股权众筹风险专项整治工作实施方案》中的"整治重点"也包括了"互联网股权融资平台（以下简称平台）以'股权众筹'等名义从事股权融资业务"。待法律环境成熟，相关规定顺利落地后，股权众筹平台的成立及股权众筹项目在平台的上线，也应经国务院证券监督管理机构批准。

股权众筹平台应具备完善的投资者教育和投资者权益保护措施。股权众筹平台所面向的大众中的大部分都没有接受系统的金融、投资教育，他们的风险防范意识薄弱。股权众筹平台应向他们提供完善的投资者教育，充分揭示可能的风险，并提供相应的投资者权益保护措施。股权众筹平台应杜绝欺诈客户、利益输送、操纵市场、不正当竞争等行为，并担负起信息披露的义务。项目发起方理应充分披露项目相关的信息，股权众筹平台对其进行督促和监管，在其信息披露义务缺失时，承担起相应的义务，降低项目过程中投融资双方之间的信息不对称性。

股权众筹平台应完善股权众筹业务相关的内部管理制度，包括但不限于内部控制、风险控制、投资者保护等。完善的内部管理制度可让项目整体流程有据可依，投融资双方遭遇实际问题时有迹可循。股权众筹平台建立完善的内部管理制度是为投融资双方提供合法合规的优质投融资服务的前提。

需要强调的是，股权众筹平台对众筹项目在筹资过程中及成功后进行的具体运作均应保持持续的信息跟踪及披露，确保众筹发起人遵守约定的条件。其次，股权众筹平台在被禁止为众筹项目进行担保以避免导致刚性兑付的同时，也应避免资金池的设立。这也是人民银行金融研究所所长姚余栋于2015年3月8日在主题演讲中对股权众筹提出的"五四三二一"方案中的"二"。目前，真正针对股权众筹的法律法规尚未出台，行业自律成为了重要的讨论内容。事实上，早在2015年年初，中国证监会股权众筹协会就已成立。根据《私募股权众筹融资管理办法（试行）》，中国证券业协会依照有关法律法规及该办法对股权众筹融资行业进行自律管理。[①] 行业自律组织的诞生，意味着股权众筹行业有了自主制定行业准则的可能性。平台作为连接股权众筹项目投融资双方的中介，其自我监管是行业自律的重要一环。制定合适、在未来合法合规甚至更为严格的行业准则，以行业协会的形式，督促平台加强自我监管、平台之间相互监管、行业协会对成员进行监管，均有利于建立起股权众筹在大众心目中的良好形象，也为股权众筹未来的规范化发展打下坚实基础。

我国目前仍未有真正的股权众筹，互联网股权融资平台均以互联网私募的性质存在。2014年12月出台的《私募股权众筹融资管理办法（试行）（征求意见稿）》（以下简称《管理办法》）正是针对互联网私募的监管文件（该文件的"私募股权众筹"是指互联网私募）。

《管理办法》要求平台应当在证券业协会备案登记，并申请成为证券业协会会员。《管理办法》对平台准入条件、平台职责和禁止行为进行了详细的介绍，要求平台对募集期资金设立专户管理，确保投资者充分知悉投资风险。《管理办法》对股权众筹平台的禁止行为包括：通过本机构互联网平台为自身或关联方融资；对众筹项目提供对外担保或进行股权代持；提供股权或其他形式的

---

① 　此处的"私募股权众筹"是指融资者通过互联网股权融资平台以非公开发行方式进行的股权融资活动（即互联网私募）。但其行业自律的相关精神对以后的股权众筹行业自律具有一定的借鉴意义。

有价证券的转让服务；利用平台自身优势获取投资机会或误导投资者；向非实名注册用户宣传或推介融资项目；从事证券承销、投资顾问、资产管理等证券经营机构业务（具有相关业务资格的证券经营机构除外）；兼营个体网络借贷（即 P2P 网络借贷）或网络小额贷款业务。

《股权众筹风险专项整治工作实施方案》（以下简称《实施方案》）的整治重点、工作要求等部分内容意味着，互联网股权融资平台（以下简称平台，即互联网私募平台）不得以"股权众筹"等名义从事股权融资业务；不得以"股权众筹"名义募集私募股权投资基金；不得通过虚构或夸大平台实力、融资项目信息和回报等方法，进行虚假宣传，误导投资者等。《实施方案》严禁平台擅自公开发行股票、变相公开发行股票、非法开展私募基金管理业务、非法经营证券业务等行为。

当下，股权众筹仍未真正面世，关于股权众筹的监管问题仍处于理论阶段，在未来需要进一步考证。另外，互联网私募股权平台的监管已然面临严峻的挑战，互联网私募股权项目的发起者、支持者及平台如何在现有的法律体系内，实行自律监管、创新监管和适度监管，成为了亟须解决的问题。

第十二章

众包

讨论众筹的同时，不能不提众包。众包与众筹在思维上都与"众"字紧密相关，二者都建立在大众参与的基础之上。众筹和众包，均可简单地理解为"有钱出钱，有力出力"或者是"群策群力"。大众可以通过众筹，将个体小额的资金筹集在一起，完成个体不能完成的事；而众包则是让大众将个体自身的创造力组织起来，完成个体无法完成的事。美国知名作家杰夫·豪①更是将"众筹"归为"众包"中的一类。若是从"大众一起来完成一件事"的角度来看，众筹就可以看作大众一起掏钱来完成一件事，显然也应算作众包。

国务院于 2015 年 9 月 23 日下发《国务院关于加快构建大众创业万众创新支撑平台的指导意见》，提出"积极推广众包，激发创业创新活力"，包括"广泛应用研发创意众包""大力实施制造运维众包""加快推广知识内容众包"和"鼓励发展生活服务众包"四点意见，并肯定了众包的资产轻、平台化、受众广、跨地域等特点及其在研发制造、百科、视频、生活服务等领域的应用。

InnoCentive（"创新中心"）②告诉我们，世界 500 强公司的专业研究团队解决不了的问题，在校大学生未必不能解决；Threadless③让我们明白，专业设计师的作品并不一定比业余设计爱好者的设计更受欢迎；Istockphoto④在业余摄影爱好者的帮助下，颠覆了库存图片领域的传统……将科研众包、T 恤设计众包、摄影众包……这些国外的著名平台无一不是利用众包模式获取了巨大

---

① 杰夫·豪，美国《连线》（*Wired*）杂志著名资深编辑，出版了重要的商业书籍 *Crowdsourcing: Why the Power of the Crowd is Driving the Future of Business*，该书于 2009 年被中信出版社在国内出版，译为《众包：大众力量缘何推动商业未来》。

② InnoCentive 是一家科研众包平台，一些大公司会将自己科研人员解决不了的问题放在平台上悬赏。平台网址 https://www.innocentive.com/。

③ Threadless 是一家设计 T 恤衫的众包平台，平台每星期都会收到上百件来自业余或专业艺术家的设计，通过让用户对这些设计打分，每星期会有 4 到 6 件得分最高的 T 恤设计被投入制造。平台网址 https://www.threadless.com/。

④ Istockphoto 是一家摄影图片众包的平台，摄影师可以通过上传自己的图片来赚钱。平台网址 http://www.istockphoto.com/。

的成功。国内众包模式的起步比国外晚，但对于众包的全面创新和全面应用却是国外平台无法望其项背的。简单来说，众包在于"众"，国内的大众力量之强，似乎使任何项目的众包都有成功的可能性。那么，众包究竟是什么？众包目前的主要应用是什么？什么样的项目适合众包？众包的平台如何发展以及如何监管？本章将回答这些重要问题。众筹和众包，都是大众力量的体现，如果让它们通过有机结合展现更巨大的创造力，将会大大提高社会整体福利。

一、什么是众包

相信很多读者第一次接触"众包"这个词是因为小米的"粉丝经济"。2010 年，小米公司在研发 MIUI 操作系统的时候采用了"众包"的模式，通过与粉丝之间的互动收集意见，并在其后每周对系统进行快速的更新从而实现不断的改进。后来，小米在手机研发中也延续了这个思路。小米目前取得的成功有目共睹，其 MIUI 系统更是安卓系最受欢迎的系统之一。众包于其中发挥的作用无须多说。其实，"众包"（crowdsourcing）一词，最早由杰夫·豪于2006 年 6 月在《连线》杂志的一篇文章中首次提出。"众包"指的是把过去由内部员工或者外部承包商所做的工作以自由、自愿的形式外包给一个大型且没有清晰界限的群体（通常是大众网络）去做。

"众包"与"外包"的区别在于"众包"在"专业"与"业余"之间搭起了桥梁，外包只是在"同行业"这个范围内将企业内部的工作交由企业外部完成，完成工作的主体仍然是"专业人士"，而众包则是由大众"业余"群体来完成的。这里的"业余"并非贬义，完成众包的"业余"群体可以是"工作时间以外"的专业人士，也可以是"本业之外"的真正非专业人士。"专业"与"业余"（或"非专业"）的界限，在众包模式下被模糊化了，这无疑使大众对从事专业工作重新燃起了热情，不再被"专家说了算""专家最权威"这样的论调所绑架。其实我们都清楚，很多伟大的艺术作品来自艺术家们眼中的门外汉，甚至不少著名经济学理论是由哲学家、数学家所创造的。以 Threadless 为例，平台上的 T 恤设计，可能来自下班回家闲极无聊进行创作的专业设计师，也可能来自上课开小差灵光一现偷偷设计的在校大学生。

"众包"又与"开源"（即"开放源代码"）密切相关。杰夫·豪在《众包：大众力量缘何推动商业未来》一书中，就提出了"开放源代码模型"这一说法，甚至认为"众包的本质是采用开放源代码的方法生产包括软件在内的产品"，即将"众包"等同于"开放源代码模型"。Unix 操作系统的开发者汤姆森当时将 Unix 拆分成一个个独立的小程序，这就等同于他将劳动分解成数量众多的小零件，令劳动碎片化，使软件开发工作可以由多人共同完成。正是这样一个伟大的举措， 为众包在软件开发领域的实现提供了土壤。在 Unix 基础上开发的 Linux 操作系统是开放源代码软件的代表。Linux 系统的"开源"性质，让众包的含义发挥得淋漓尽致，越来越多的人参与到系统的改进中，令 Linux 系统保持着惊人的发展速度。Linux 系统沿用众包模式至今，在操作系统市场上仍占据着重要地位。显然，杰夫·豪的"开放源代码模型"的重点在于"开放"二字，只有相关的工作面向大众"开放"，众包才有可能实现。相对于软件开放源代码需要考虑到的专利问题，其他行业的工作向大众开放就显得较为容易接受。

其实，"众包"概念被正式提出之前，我们就已经在很多领域接触了实质上的众包——UGC（User Generated Content，用户生成内容）。优酷、土豆、YouTube 等国内外知名视频网站上，一大批的用户上传视频为我们带来了与传统版权视频（如电视剧、电影）不一样的体验。这些用户上传的视频，就属于 UGC。同样地，我们在微博写下的简短的时事评论或心情日志等 UGC 汇聚在一起，将微博构建成了一个特殊的信息网站、社交媒体，理论上可以让我们看到我们想要看到的一切信息。同样地，朋友圈、Facebook 这类社交应用、网站都产生了大量的 UGC。而 UGC 与众包结合最成功的例子，就是我们熟悉的维基百科。这个拥有数百万词条的免费网络百科全书，是全人类基于众包模式共同编写的。维基百科的用户在百科上编写的内容显然属于 UGC，这些 UGC 共同组成了一部伟大的百科全书。作为维基百科的对手，《不列颠百科全书》（也称《大英百科全书》）以传统方式编就，第 14 版邀集近 140 个国家和地区的 4 000 多位学者专家参与撰述，但在词条的绝对数量和增加速度上远远落后于维基百科，甚至在《自然》杂志的随机抽取研究中，一直引以为豪的低错误率也被发现与维基百科接近 [1]。这甚至可以说是对那些认为"用户生成内容都是垃圾"的人最有效的反击。在公开的平台上，UGC 可以作为大众的信息源，承担起平台为大众提供信息的任务，这自然是众包；在各个平台、网站内（包括公开和非公开的），UGC 是互联网企业的信息源，这些信息（或者说是数据）可以帮助企业进一步地对相关内容或者是用户本身进行分析。也就是说，大众

---

[1] 详见 http://news.xinhuanet.com/herald/2012-03/26/c_131483221.html。

是在用众包的模式，帮助企业完成信息采集的任务。

📷 案例 12-1　　　　　　　　　Papi 酱

被称为"2016 年第一网红"的 Papi 酱，从 2015 年 10 月开始在各大视频网站发布原创视频（即 UGC），随后在 2016 年 2 月，她凭借着新一轮的变声原创视频迅速走红（见图 12-1）。根据 Papi 酱经纪人杨铭在 2016 年 3 月 27日所透露的数据，"Papi 酱目前（微信）公众号粉丝数 240 多万，各类平台叠加总粉丝数 1 000 多万人，公众号阅读量最高为 220 万次，总的视频播放次数将近 3 亿"。Papi 酱的首个贴片广告在刚过去的 4 月 21 日以不可思议的 2 200万元天价拍出，震惊了包括自媒体在内的整个互联网行业（见图 12-2）。

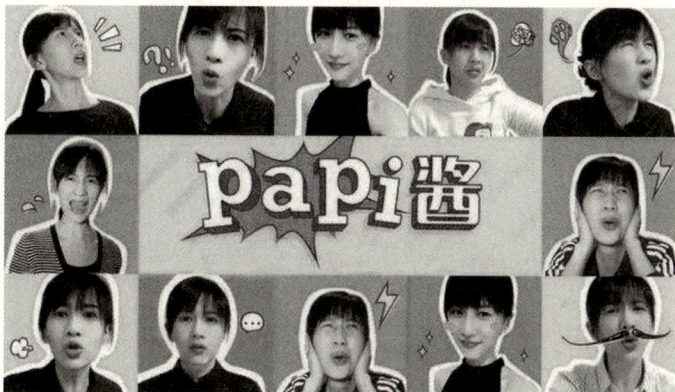

图 12-1　网红 Papi 酱的各种表情

图 12-2　网红 Papi 酱的广告拍卖现场

Papi 酱在她的代表作品中均以张扬、毒舌的大龄女青年形象出现，作品内容以特点鲜明的吐槽、调侃为主，夸张的表演风格和代入感极强的内容迅速吸引了大批网友。其中，《台湾人说东北话》《男性生存法则》等保持着持续的热度。

乐观的自媒体业界人士相信，Papi 酱的走红会使国内原创内容加速迈向 UGC 时代。UGC 内容可以获得的高质量和高人气在 Papi 酱身上都得到了充分的体现。作为众包模式在内容领域的应用，UGC 模式是视频网站未来必不可少的重要板块。

事实上，Papi 酱所用的素材（吐槽、段子等）均来源于网络，其中甚至不乏"千年老梗"。各路网友的"集体智慧"被 Papi 酱用精湛的演艺展现出来，这何尝不是一种"众包"呢？

简单说来，众包就是将大众愿意付出的各种个人资源（包括知识、劳动等）有机地结合在一起，完成个体所不能轻易完成或无法完成的任务。而众包模式最大的特点就是将众包的任务碎片化，使其与大众碎片化的空余时间（可能是工作日午休的几分钟，也可能是下班后的一小时，甚至是周末的一整天）相匹配，为这些空闲时间转化为实际劳动提供实际有效的解决方案，充分发挥整个社会空余时间的作用，并使其产生惊人的能量。

二、众包的应用

众包模式的具体应用目前仍处于积极的探索过程中。但在不少领域当中，众包模式已经落地，其展现出来的优越性更是令人惊讶，具体包括众包物流、众包地理信息采集、众筹软件开发、众筹评论审核等。

（一）众包物流

1. 众包物流 vs. 传统物流

传统物流体系需要建立一个全国性的物流网络，其中包括干线与支线运输、分拨中心（也称集散中心或转运中心）、仓储中心及最终的落地配送（或最初的上门揽件）等环节，运输的货物按照网状结构，逐层往下传递。传统物流在地区之间的运输（尤其是跨省市的情况），由于货物量大且集中，所以平均成本低，甚至可以通过航运加快速度，但地区内（尤其是市内短途）的运输时效性却极低。在淘宝上网购过的读者应该了解，在一般情况下，就算是同城商家所发的货物，最快也是次日送达，很少有能做到当日送达的。

而众包物流，作为目前各大网商平台的最新发力点，被视为传统物流体系的最佳补充。发件人在众包物流平台发布发件订单，发件人所在地附近的众包快递员通过平台获取这些订单，并直接前往发件人所在地取件，然后直接奔赴收件人所在地派件。从物流的角度来看，众包物流具有区域性、即时离散运输、点对点直达的特点。众包物流可以针对即时产生的运输需求，无论该需求是单件还是多件货物，也可以即时开始运输，且由于是从发件人到收件人的点对点直达，并不需要经过传统物流的中转环节，因而时效要更快。举个简单的例子，A离B仅有2千米远，但他们各自附近的快递站点距离最近的转运中心都有2千米远（试想象一个等边三角形），传统物流将货物从A送达B手上，需要经过A到转运中心再到B的过程，合计4千米；在众包物流的模式下，该货物从A到B，只需要2千米。在这样的情况下，就算不计算快递员揽收、货物统一装车等一系列极其耗时的中间操作环节，只计算运输距离，众包物流也可以完胜。而在实际情况下，众包物流耗时30分钟的一次快递，传统物流需要的可能是一天。

针对城市内快递需求越来越大的现状，要实现这种"众包物流"，我们就该将目光放在"众包"二字上。由于成本高、快递员人数不足、资源难以合理调配等各种原因，传统物流无法涉足这种时效快的短途快递业务，而众包物流模式就可以完美地解决这些问题。众包物流采取的是平台模式，快递费用的大部分作为快递员的报酬，平台收取的费用极低，而平台在物流系统上的直接成本比起传统物流企业，可谓近乎为0。当大众都可以成为快递员、都愿意成为快递员的时候，快递员人数不足的问题自然迎刃而解了。众包物流平台通过对实时数据的整合，可以更有效地配置大众运力，使其更好地满足大众的运输需求，如距离发件人最近的空闲快递员可以抢到这张单子，更快地开始运输，加快时效。而当众包物流承运的是O2O不到店服务（即到家服务，如百度外卖App上的超市商品、药品、花等）时，社区超市、便利店、药店、花店等都可以视为众包物流的服务站或仓储中心，显然将传统物流的仓储环节也众包化了。

众包物流的优势在于解决了传统物流无法解决的区域性问题，实现了区域内的真正"快"递，如果能使众包物流与传统物流有机结合，物流行业的整体效率必将更上一层楼。目前，众包物流与传统物流的互补性已经充分体现出来。

2. 众包物流现状

不少人称众包物流是物流行业的 Uber。实际上，Uber 在国外的确推出了按需快递服务 UberRush（即 Uber 的众包物流，Uber 的众包快递员叫作 Messenger），用户可以用 Uber 像叫车一样叫快递；亚马逊与 Uber 短暂合作测试付费让 Uber 司机送货之后，也着力于开发众包物流 App；沃尔玛更是早在 2013 年就透露出启动众包物流项目的意愿，其大概内容就是让到店购物的顾客可以顺路带走线上顾客所购物品并进行投递以获得一定的优惠。

在这场物流行业的革命中，中国巨头并没有落后于国外同行。2015 年年初，"京东众包"正式上线，这意味着以 B2C 物流起家的京东，在推出"京东到家"正式进军 O2O 市场的同时，将众包物流模式视为 O2O 业务在同城最后几公里物流配送的解决方案。目前，国内"懒人经济"迅速兴起并高速发展，"懒人"们不想做饭，甚至又不想出门，可以通过 App 叫外卖；想吃零食，但是不想去超市，还不想等两三天，也可以通过 App 解决，超市零食送到家；打扫卫生、洗车、家教等，都可以通过 App 实现。这些正是"懒人经济"与"互联网＋"在国内最大的伴生品——O2O 不到店服务。而 O2O 不到店服务此前一直无法完全走进大众生活的原因在于同城物流无法实现快速高效的即时配送。试想一下，懒人 L 通过 App 在自家楼下的超市买了一份生牛排，这份牛排通过传统物流的揽收、转运等一系列环节后再实现配送，时效之低是难以忍受的。而且懒人 L 收件的时候，牛排也早坏了吧？就算牛排不坏，这其中的冷冻成本又该多高呢？这时，众包物流在 O2O 领域的优势就体现出来了，众包快递员可以从超市拿到牛肉后直接送到懒人 L 家里。"京东到家"通过"京东众包"，可以保证这个时间小于 2 小时，实际上可能 10 分钟就完成了，而且成本可以看作只有众包快递员的人力成本。不难看出，众包物流可谓是为 O2O（尤其是生鲜品）量身定做的物流体系。因此，有能力的 O2O 平台，都试图踏足众包物流领域以满足自身 O2O 服务的配送需求。京东也正是希望通过布局众包物流完善物流体系以强化自身在物流方面的优势。

作为国内最大的餐饮 O2O 平台之一，"饿了么"面对高速上涨的外卖订单数量和送餐员人数不足之间的矛盾，做出的选择同样是采取众包物流模式。饿了么推出"开放配送平台"（即"蜂鸟系统"），引入第三方物流团队的同时，也将重点放在了"众包"上。相比其他 O2O 服务，餐饮配送的订单绝大部分集中在高峰时段（午饭及晚饭时段），而其他时段，订单数量则非常低。如果平台采取自建物流模式，想要满足高峰时段的顾客需求，需要雇用的配送员数目非常大。从另一个角度来看,在非高峰时段,这些配送员由于没有足够的订单,会空闲下来、无事可做。这不但加重了平台的运输成本,与平台的利益最大化目标不符,同时还对社会整体的人力资源造成了浪费。因此,众包物流就成为了餐饮O2O平台的选择。午、晚饭时段是一般大众午休时间和下班后的时间,这样就等于整个社会存在足够的空余时间可以转化为运力,愿意在这些空余时间付出劳动从而获取额外报酬的大众,就可以摇身一变,成为配送员,满足餐饮配送需求。众包物流在餐饮O2O方面的应用,充分诠释了众包优化社会资源调配的重要作用。

国内在众包物流方面除了上述已经提及的,目前市占率较高的还有"达达"和"人人快递",前者专注于B2C,后者定位于C2C,但也有涉足B2C。"达达"官方首页有"空闲时间的赚钱神奇"这样的广告语。同样地,"人人快递"官方首页也标示着"利用空闲时间获取丰厚收入"。可见,二者深知"众包物流"的重点在于"众"字,只有先吸引大众加入众包物流平台,才有可能通过App调用大众运力;也只有当驻扎于平台内的大众运力足够庞大的时候,平台才可能在行业内分得一杯羹。

📷 案例12-2　　　　达达配送[①]

以"中国领先的O2O运力平台"自居的达达配送,于2014年6月上线,专注于解决最后3千米的物流需求。达达以平台的形式介入,连接产生配送需求的商户和兼职(众包)配送员。商户通过达达发送订单,兼职配送员抢到订单之后完成配送。根据达达官方资料,在上线的20个月后,达达已经拥有130万名实名认证的达达配送员,日订单量超过150万单,是国内最大的众包物流平台。

达达的商业思路非常清晰,以解决O2O到家业务的最大痛点——物流为切入点,通过众包模式,降低商家的配送成本的同时,提高物流配送效率。目前,不具备自建物流能力的商家在不提供配送服务的O2O平台上所出的单子,大部分都通过达达完成配送。2016年4月15日,京东集团刘强东发布内部邮件,证实旗下的"京东到家"与达达合并,"京东众包"与达达将整合,并继续使用"达达"品牌。至此,"达达"成为国内毫无疑问的第一众包物流平台。

---

① 详见 http://www.imdada.cn/aboutDada/。

3. 众包物流的困境

业界公认众包物流与O2O是天造地设的一对，众包物流也在O2O高速增长的强劲需求下迅速地成长起来。但实际上，监管的尚未完善使众包物流陷入了一定的困境。对法律及相关政策的不同解读，使众包物流的发展十分艰难。

📷 **案例 12-3　　　　"人人快递被叫停"事件**

自称"众包配送第一平台"的"人人快递"是基于众包模式的第三方电子商务信息服务平台。人人快递比达达更早上线，提出了将快递从"重资产"中解放出来，变成"轻资产"行业的观点，后来者达达基本沿用了人人快递的模式。然而在2014年中，人人快递在湖北、河南、上海等地相继被叫停。根据《中华人民共和国邮政法》第五十一条，"经营快递业务，应当依照本法规定取得快递业务经营许可；未经许可，任何单位和个人不得经营快递业务"，人人快递显然并不具有经营快递业务的资质。虽然人人快递一再强调自身只是众包物流平台，并不实质性从事快递业务，但地方有关部门并不买账。

所幸的是，国家邮政管理局相关部门负责人表示，目前国家邮政管理局已经注意到人人快递及其业务，正在研究相关情况，对于人人快递没有具体的支持或叫停措施。北京市邮政管理局的相关负责人也表达了相同观点。有关部门模棱两可的态度使针对众包物流的监管变成了灰色地带，这个情况一直持续至今。但是，盯上了众包物流领域的资本的热情却并未消退。IT橘子的资料显示，人人快递在叫停事件的影响仍未减退的2014年11月即完成了1 500万美元的A轮融资，更是在2016年4月完成了5 000万美元的B轮融资。

人人快递或者说众包物流行业如此尴尬的局面，难免让人联想起关于"滴滴打车"等打车软件是否合法运营的风波。二者不同之处在于，经过数年的争论与妥协后，滴滴快的于2015年10月终获国内首张专车牌照，宣告打车软件的合法化，而众包物流目前仍然只能打着擦边球。从打车软件合法化的进程中可以看出，国家对有助于提高社会整体福利的创新一直持肯定态度，但由于快递业务涉及环节更多更复杂，国家与社会需求短期内应该无法获得共识。众包物流是否属于快递服务？众包物流平台应该被认定为新型快递业务经营者吗？众包快递员是不是众包平台的雇员？这一连串的问号，只能等待国家相关部门研究得出的最终结果了。

除了法律的底线，众包物流在配送过程中的问题同样不可忽视。由于众包物流实行的是点对点的收发，所以中间环节经手的一般只有众包快递员，在配送途中，如何保证货物的质量呢？举个最极端的例子，快递员在餐饮配送的过程中，对餐饮投毒导致顾客食物中毒后失踪。传统物流情况下，当然由企业承担责任，但众包物流的情况下，平台会埋单吗？此外，货物在配送途中可能会损坏，尤其是容易变质的生鲜类产品，顾客因此蒙受的损失，该由商家、平台还是配送员负责？目前在行业内仍未有定论。而各大众包物流平台的规定也只是针对配送时效，配送员接单的时候一般会被平台冻结相应的款项（或信用额度），配送员要是无法在规定的时间内完成配送，被冻结的自然会被扣除。只重视时效而忽视货物质量，显然是众包物流目前被人诟病最多之处。众包物流平台普遍对货物如何保质保量送达的问题避而不谈，暴露了平台对于并非直属员工的众包快递员管控能力低下的问题。这又延伸出了服务质量与安全的问题。众包快递员素质参差不齐，平台对他们也缺乏统一管理，有的平台甚至不提供制服。假设顾客收到一名"犀利哥"般穿着的快递员送达的货物，会对这样的快递服务感到满意吗？众包物流平台为众包快递员提供的订单里包括了详细的收发件人信息，这是否会造成个人信息泄露，是否会为顾客带来安全隐患？众包物流需要面对的一大挑战，正是通过提高对众包快递员的管控从而保证货物质量、提高服务质量和避免安全隐患。

目前，众包物流在平均成本远高于传统物流的情况下，行业整体效率其实也远不如后者。传统物流采取的是系统性的批量操作，可以很好地控制成本，从而形成规模经济。即使是快递业内公认最快但最贵的顺丰速运，北京全市范围内的标准快递（1千克以内）也只需15元[①]。而众包物流中的人人快递，一个从清华大学到北京大学的超短途快递的收费是13元。虽然众包物流在市内最后几千米的快递时效上远胜传统物流，但其性价比确实太低。很显然，对于非急件的寄件人，众包物流并不是首选。这就限制了众包物流的发展，使其只能专注于与O2O商家的合作。根据人人快递的服务费计算标准[②]，快递收费的20%（只取整数）作为服务费归平台所有，余下部分则成为众包快递员的收入。可见，众包物流收费之所以高，一定程度上是为了以高收入吸引更多大众投身众包物流。由于众包物流当前以平台模式为主，所以除降低众包快递员收入以外，并没有其他更好的办法降低快递收费。但收入的降低显然会打击众包快递员的热情，从而导致平台内快递员的流失，也无法吸引新的快递员加入。这对

---

① 收费信息源于顺丰网站 http://www.sf-express.com/cn/sc/dynamic_functions/price/。
② 收费标准详见人人快递网站 http://www.rrkd.cn/help/38.html。

众包物流来说，似乎是一个死局。另外，传统物流的快递员在派发件的时候，常常是带着同区域的几十件快递出发，可能在同一个写字楼里，就能完成数十件快递的派送；而众包物流强调即时性、离散性的同时，放弃了批量派送的可能。这就导致了众包物流在派送这个终端环节上，平均效率远不如传统物流。也就是说，某种程度上众包物流并没有充分利用大众运力，对运力资源造成了浪费。

（二）众包地理信息采集

不提社交网站所产生的数据可以理解为社交网络平台变相采集信息这种特殊情况，在信息时代中，地理信息采集的众包可能是真正意义上最早的信息采集众包。网络地图服务的地理信息来源主要有几种：向专业的测绘商采购；从政府部门的数据库获得；网络地图服务公司亲自采集，如谷歌的"街景采集车"；最后是我们这里要说到的重点，也就是众包的地理信息采集，如谷歌的"Map Maker"。

若是单从数据量来考虑的话，联系一下目前移动设备（以智能手机为主）的普及率，我们很容易发现，用户提供的地理信息是网络地图服务最主要的信息来源。相比其他领域的 UGC，用户在地图服务领域所提供信息的主观情绪、倾向并不多，也就是在整体上要更客观：如公交线路的众包信息采集，一般来说，用户只需要打开智能手机的 GPS，然后安静地把公交车全程坐完，信息采集就算完成了，当中甚至并不需要用户进行任何的手动输入。这样，众包的地理信息采集结果相比于其他领域的 UGC，要更"纯净"，更容易投入实际的研究分析等操作中。

国内的两大地图及导航巨头——高德和百度，在地理信息采集的众包上进行了创新，以"任务"和奖金形式吸引用户参与。由于百度地图的众包App"地图淘金"跟高德地图、高德导航的众包 App"道路寻宝"在整体模式和设计机制上都极为相似，所以在这里主要对二者之一的"道路寻宝"以"案例"形式进行介绍。

📷 **案例 12-4**　　　　　　　　**道 路 寻 宝**

"道路寻宝"是高德地图旗下的一款 App，以"手机赚钱应用"的定位切入地理信息采集的众包领域，以自由的任务式系统淡化了用户的兼职工作感。

"道路寻宝"的不少用户甚至不清楚高德发布这些任务的动机何在，只是安静地捞外快。进入"道路寻宝"App中，我们可以发现有几类"寻宝任务"——公交线拍拍、公交站拍拍、道路拍拍、POI拍拍等，分别对应不同的地理信息采集。

以公交站拍拍为例，我们可以通过地图发现附近有不少可供选择的任务，大致内容就是到某一特定的公交站并将站牌拍摄下来，当然还会有一些用户需要注意的细节。按照"道路寻宝"App内的标示，用户进行这样的拍摄，每条可获取5元的报酬。同理，公交线拍拍和道路拍拍就是让用户开着GPS完整地把任务要求的公交线的全程坐完或把任务要求的道路走完，POI拍拍则是到指定地点对指定目标进行拍摄。这样的任务对普通用户来说并不难，用户只需要一点时间和一台普通智能手机就足够完成了，还能捞到不少的外快。

对高德来说，相比传统的信息采集方式，众包模式在一系列现代科技的基础上发挥了大众力量，在扩大数据来源的同时，还能保持数据的真实性，在新的地理信息的采集上节省了经费、提高了效率的同时，也完成了对现有数据库的补充和检验校正。除此之外，高德在道路交通方面以众包模式收集正在移动、使用其产品并愿意分享交通信息（如拥堵、修路等）的用户的数据，然后将这些数据实时反馈到后台并对其进行实时分析，最后向用户提供实时交通信息以便其决策。在庞大活跃用户群的基础上，高德接收的数据极其海量，分析结果自然也更精确。用户能够使用这些精确的交通信息从而提高交通效率，自然也就更愿意对交通信息进行分享了。

而对各种各样的导航服务来说，用户使用服务的前提就是提供自己的相应数据（最起码要提供所处位置），这种可以说是"被动"提供数据的模式也可以理解成为众包。导航服务供应商采集这些用户的数据并将其综合，然后进行分析，再向用户反馈最优路线。用户在这样一项看似不能再普通的日常应用中，充当着众包模式下的信息采集员和服务使用者。

其实在众包模式真正被大众接受并变成热门概念之前，网络地图服务供应商就已经一直在运用众包模式，但用户们甚至供应商本身并不知道这就是众包。现在，用户们在开放的互联网环境下，对众包模式越来越了解，知道自己为地图服务提供了数据，可以令自己正在使用的服务变得更好。在这样的大环境下，地图服务供应商也愿意将越来越多的采集任务众包给用户们。

与众包物流相比，地理信息采集的众包遇到的问题甚少。但是，在信息采集过程中，用户能够主动控制的部分并没有多少，更多的是作为 GPS 设备的手持者被动地提供数据。这样的数据无疑是真实的、纯净的，其优点前面也已经提及。问题在于，这样的众包模式（尤指高德"道路寻宝"类），除了报酬（相比兼职或者众包物流来说并不高）之外，用户还可以获得一些什么呢？是手持设备进行信息采集的同时完成了锻炼身体的目标？还是什么？此外，由于数据的真实性比较可靠（这与审核机制也有一定关系），所以绝大多数任务都只是一次性的。高德在获得这些任务要求的数据后，不太可能会有重复的需求。因此，任务的总数量及增长数量明显无法与有兴趣参与其中的用户相匹配，用户更多的是在等待新任务的发布。这样的众包显然并不具有足够的可持续发展属性。

（三）众包的其他主要应用

1. 软件开发的众包

国内目前的互联网创业氛围十分浓厚，对大多数的创业团队来说，可以独当一面的高水平程序员可遇不可求。程序员的稀缺对应的是技术的限制，这使不少创业团队的绝妙 idea 无法落实。此外，小型创业公司由于成本预算等各方面原因，也更倾向于将软件开发进行外包或者众包。软件开发的众包正是在这样的背景之下被热炒的。

📷**案例 12-5** 猿　团[①]

2014 年 10 月成立的"猿团"，是全国最大的创业咨询与技术众包公司（见图 12-3）。项目发布者在猿团平台上发布项目之后，猿团招募的"超过 30 000 名知名企业的开发者，通过兼职的方式为用户（项目发布者）提供来自 BAT 企业级的专业服务"，在"开发速度提升 70%"的同时，将"开发成本降低 50%"。猿团在软件开发众包的机制上，与国外先行者并无本质上的不同，但它开创了一种新型的众包交易——众包模式下的技术入股。2015 年 11 月 26 日，猿团宣布只要 26 800 元＋技术入股，即可帮缺乏技术团队的新创公司承包 App 开发和运营。猿团的这种模式，无疑是将众包和股权有机地结合在了一起。

---

① 详见 http://www.yuantuan.com/about。

图 12-3　众包网站"猿团"的网站首页

2. 评论审核的众包

在互联网时代，评论对我们来说并不陌生，甚至是非常熟悉。在淘宝买东西之前，我们会首先看这下商品的评论；出门吃饭前，我们习惯地看一下大众点评里关于餐厅的评论；甚至还有对快递员的评论、对公众人物的评论、对旅游景点的评论等。我们可以通过这些评论获得很多有用的信息，从而提高做出正确选择的概率。但是，评论里存在着不少恶意评论，比如网店同行之间的恶意中伤，这些评论对于用户正常阅读是完全无用甚至是起反效果的，那么我们有没有办法将这些恶意评论过滤出去？传统的用户举报后工作人员审核，或者是系统自动过滤恶意词语，在大型网络平台（如淘宝网）每时每刻产生大量评论的情况下，存在效率不高或者是不准确的问题。由此可以看出，这项工作需要的是人而不是机器，而且需要的是十分庞大的人群。那么，还有比众包更合适的解决方法吗？

阿里众包就是这样的一款众包，我们在支付宝的服务窗里可以找到它。阿里众包遵循着国内众包平台的传统，将其中的众包项目称为"任务"。可以看到，阿里众包目前大部分的任务都是以"识别淘宝评价图片中的内容，将其分类""识别淘宝评价内容中的正常评论，广告内容，将其进行分类"等"识别"项目（或者说是审核）为主。而显然，审核淘宝网数量庞大的评论对大众的审核力量来说，完全没有难度，因为我们可以看到，此类任务在每天开放后不久就会被抢光。淘宝网通过众包模式，将评论中的广告内容及恶意内容剔除，令用户在获得众包报酬的同时，也享受到了一个更纯净的网络购物环境。阿里众包还有"通知淘宝食品行业的卖家办理营业执照和食品流通许可证"这样的客服通知类任务、"判断两张图片中主题商品的相似程度"这样的甄别假冒产品任务等。这些任务与评论审核都极其相似——需要大量人手操作而并非机器自动操作。这显然会是众包将来发展的一个主要方向。

除了以上众包在我国的应用，还有号称"调研行业的 Uber"的拍拍赚，综合型的"威客——任务中国""微差事"等众包平台，在各自经营的领域对众包模式进行推广。此外，我们在生活中需要看清，我们可能在不经意间就已经参与到众包当中。不提前面已经说过的导航服务，我们日常使用的各种智能输入法，如"搜狗输入法"，我们所键入的每一个词，都可能会成为搜狗词库中新增的词语；我们出门吃饭，看见了一家没有在"大众点评"上显示的新开餐厅，并把其信息上传到大众点评上；广州塔当年定名"海心塔"之前的公开征名活动……这些都是众包。与其说众包渗透进我们的日常生活中，还不如说大众创造力的日益强大将众包与生活结合在了一起。

三、什么样的众包容易成功

作为一种模式，众包可以简单地被套用到不同的行业、工作、项目中。但是，成功与否则取决于它们是否拥有与众包模式相符的特质。成功的众包均有着不少共同点，我们试着归纳出其中关键的几点。

（一）工作量大，且机器无法胜任

众包有着非常多的优点，但大众之间的差异化很容易对项目造成不良的影响。这样的影响固然会随着众包项目的不断推进而逐渐降低，如维基百科的词条通过用户的不断修订实现了超低的错误率。但是，对那些短期内要完成的项目来说，似乎并未留有不断纠错的时间。因此，工作量较小的项目交由传统的团队来执行是更好的选择——这样的团队更加专业、人均工作效率更高，可以达到质量不输于众包模式的同时，时效更快，甚至成本也更低。若一个项目的工作量过大，传统团队就很可能无法完成或无法在一定时期内完成。对于传统团队短期内无法完成的那些项目，如果仍然坚持由他们来执行，中途很可能会面临团队换人、重新磨合等状况，会对项目的进展非常不利，最终很可能无法按时完成。于是，众包模式成为了备选项。

实际上，很多工作量较大的项目可以由机器来完成。大部分商品的生产、数据计算和分析、论坛关键字删帖等不同领域的工作，在现阶段若仍然交由人们手动操作，在耗费大量劳动力的同时会不可避免地出现纰漏。相应的生产机器、计算机技术等完全可以胜任这些工作，人们完全没有必要进行手动操作，也就是完全没必要启用众包模式。然而，社会上仍然存在不少工作量大，且机器无法胜任的工作。如前文提到的主流网站评论审核——主流网站每天生成的评论数极多，由于技术上依然存在不少难点，其中的广告和不良内容依靠机器无法完全剔除，所以需要大量人员进行手动审核。

📷 案例 12-6　　　　　百度百科

根据百度百科官方信息，百度百科是百度公司推出的一个内容开放、自由的网络百科全书平台，是全球最大的中文百科全书。2006 年 4 月 20 日，百度百科测试版上线。2008 年 1 月 16 日，百度百科的第 100 万个词条诞生。2008 年 4 月 21 日，百度百科正式版上线。截至 2015 年年底，百度百科已经收录了超过 1 300 万词条[①]。目前，世界最著名的网络百科——维基百科（Wikipedia）的英文词条约为 510 万条，主要语言（包括英语、中文、日语等，共 10 种）的词条合共超过 1 650 万条。百度百科与之相比，差距已经不大。

参与百度百科编辑的用户（"科友"）数量达到 569 万。"百度百科蝌蚪团"由"科友"团体的中间力量所组成，主要负责词条评审等任务。可见，百度百科词条的编写、评审和修订的权力都被最大程度地下放到用户手上，通过众包模式完成。"在'百科全书式'人物基本已不可能再出现的情况下，百度百科人人可编辑（即众包模式）带来了另一种推动文明发展的方式。"对绝大部分用户来说，百度百科已经成为通过网络获取某些资料、知识的最重要途径，甚至是首选。

（二）门槛较低

对一个众包项目来说，成功的首要因素是足够庞大的参与群体。而经验告诉我们，某个领域的从业者从顶尖级别到普通水平必然是由少及多的金字塔

---

① 详见 http://baike.baidu.com/link?url=xHMk-8Ypk4uYL5DyRD9tQgSJKI_HLGis4LlJUvwBBrqA w6x8xGm9DjPyVnmytNnGTrldICFfKJBiCeTGEmmkz。

型，要想保证足够的参与人数，覆盖足够广泛的参与者，门槛的设置应该更人性化——较低的水平，甚至近乎为零。换句话说，众包项目对于参与者的门槛应处于这个项目所属行业中相应的较低水平。

以目前的众包物流为例，众包快递员的准入要求无非就是参与为数不多的几次线下培训和自备的一台交通工具（一般为电动车）。众包快递员的培训时长比全职快递员要短不少。众包快递员配备的电动车一般以二手市场上流转的"快递员专用车"为主，价格较低，且将来退出时出售也极为方便。以北京为例，价格一般在 1 000 ～ 2 000 元，这要比全职快递员试用期与转正后的单月工资差都要小。两相比较之下，成为众包快递员的门槛无疑要比全职快递员低不少。以众包的地理信息采集为例，参与用户所需一般仅为一个配置有 GPS 功能的智能手机。在智能手机普及率如此之高的移动互联网时代中，这个门槛近乎为零。

众包模式的运行逻辑与传统模式大有不同。众包模式想要成功，重中之重是汇集足够的人。这些人，不一定也并不可能全是顶尖人才。诚然，庞大的人口基数保证了拔尖人才的存在，众包模式下的大众群体并不缺乏人才。但人才战略并不是众包模式的逻辑。对于那些以体力劳动为主的项目，众包模式凭借着与庞大用户群体所匹配的巨量劳动力直接取胜；对于那些以脑力劳动为主、需要出精品的项目，众包模式通过将人数优势转化为"集体智慧"（典型案例包括上述的百度百科），也能取得不下于传统模式的效果。挑选精英、选拔人才等传统做法，在众包模式中行不通，用以区别精英与普通人的"门槛"在众包模式中并不重要，甚至根本没有存在的必要。

📷 案例 12-7   阿里众包为残疾人提供兼职机会

阿里巴巴旗下的阿里众包，继承了阿里巴巴集团"让天下没有难做的生意"的使命，打出了"让天下没有难招的兼职"的旗号。阿里众包的存在，虽然更多地从商家角度出发，但毋庸置疑地为潜在的众包兼职员提供了一个大平台。目前，阿里众包除了最早上线的支付宝服务窗外，也有了自己的官方 App。阿里众包作为众包平台，有着与生俱来的"人群分布广、人数众多、效率高"之特点，更可为企业定制针对性的任务，提供全线解决方案。阿里众包的合作客户除了阿里巴巴集团旗下的各大平台外，还包括中国电信、迪士尼、如家等知名企业。

阿里众包的能量惊人：根据阿里众包的官方信息，阿里众包用户对淘宝推出的图片搜索功能进行搜索结果的测评验证，累计测评样本数超过 500 万，每小时可开展 10 万余次测评。① 阿里众包官方网站还专门提到用户中的残疾人群体：“我们已经累计为 3.2 万余名大学生和残疾人提供了长期在线客服兼职岗位，为 10 万余人次提供了碎片化兼职机会。”可见阿里众包对参与者所设的门槛相当之低。

（三）可以碎片化

如果某个项目是一个难以分割的整体，追求完整性、一致性，那这个项目显然无法以众包模式来完成。如果强行使用众包模式，反而会使项目内部难以协调而导致失败。一个春季时装系列的设计就是只能由一位设计师或一个设计团队完成的项目。同一位设计师或者同一个设计团队内部有着一致的观感，他们可以保证同一系列时装风格上的一致。这类商业化的设计项目是不太可能采用众包模式的，否则会出现同一系列的不同时装出现风马牛不相及的荒谬情况。因此，众包项目应具备可分性，可以分割到更小的个体，且这些个体之间至少不存在较密切的关系。也就是说，众包模式下的项目是可以碎片化的。

众包项目的众多参与者，参与到同一个项目中，他们是在共事。他们之间存在实质上的同事关系，但他们之间却并不存在传统意义上同事之间那么密切的关系。他们可能互不认识，甚至不知道其他各方的存在、不知道确切的参与人数。在以“传统团队”为主体单位的项目中，团队成功完成一个项目是建立在这个团队内部紧密联系、相互沟通的前提之上的。换言之，传统意义上的项目操作有着默认的参与者之间的密切关系为保障。因此，无法分割的项目只能交给这些团队，很难实现众包。

而当项目是可以碎片化的时候，碎片化后的“小零件”之间也就不存在密切的联系。将这些“小零件”交给那些不存在密切联系的众包参与者来完成，这其中并不需要参与者进行沟通交流。不同参与者的水平不同，各自完成的“小零件”质量也会有所不同。难度更高的“小零件”可以由水平更高的参与者完成，水平较低的参与者可以选择难度较低的“小零件”。即使这样的匹配并没有实现，难度较高的“小零件”由于被分发到水平未及要求的参与者手上而导致质量无法达标，也会由于“小零件”之间并不存密切联系而不会对项目整体造成太大影响。

① 详见 http://zhongbao.alibaba.com/。

仍以维基百科、百度百科等网络百科为例，虽然不少词条之间存在关系，但整体来看，词条之间的关系并不紧密，甚至大部分是毫无联系的。某些词条下会有着不同的解释，不少词条的同一解释中也会存在不同的观点。我们可以将细分到最小化的同一观点看作一个最小的"小零件"，那么同一解释、同一词条就可看作较大的"小零件"，这些"小零件"之间都不存在紧密的联系。完成生物学"小零件"的参与者与完成经济学"小零件"的参与者可以同时工作，他们不会相互影响，他们也不需要进行任何的沟通交流。

过去，不少人在业余受限于可支配时间过短，无法做兼职或者从事别的需时较长的活动。现在，众包项目的碎片化特点使参与者可以在业余的任何时间进行众包工作。这使那部分只有很少可支配业余时间的人在打发时间的活动选择上多了一个选项，也就扩大了众包项目所面向的群体。可以说，碎片化是项目实现众包的前提。同时，碎片化特点使众包项目的不少"碎片"可以同时独立执行，起到了加快项目进度的作用。

（四）带来合适的收获

曼昆的经济学入门教材《经济学原理》的广泛流传，给"机会成本"来了一次科普，大众纷纷意识到自己的业余时间似乎也并非毫无价值。于是，众包的"业余"概念自然无法要求大众在毫无收获的情况下参与到众包项目当中。我们在这里说的收获所指的不仅仅是收入，还包括知识、经验、归属感、自我认同感等不同方面。不同的众包项目能为参与者带来不同的收获，参与者加入众包项目正是为了获得相应的收获。无法向参与者提供一丝一毫收获的众包项目是无法实现的。

众包快递员可以按订单数获得收入；众包地理信息采集的用户可以通过完成任务从而获得积分换取商品甚至是直接的现金收入；用户在完成综合型众包平台上的任务后，也可以获得收入……

📷 案例 12-8　　京东众包配送员：月入万元不是梦

在 2015 年博鳌亚洲论坛上，京东集团刘强东曾表示要发动广场舞大妈做京东配送员。广场舞大妈在不跳广场舞的时候，可以通过京东众包，兼职成为众包配送员，赚点买菜钱。2015 年 7 月，京东众包在武汉上线。3 公里内的配送订单，只要在两小时内送达，众包配送员即可获得 6 元／单的收入。当时的优惠政策包括：每日妥投满 5 单，额外获得 6 元奖励；妥投满 20 单，额外获得 30 元奖励。

由于大部分订单的实际配送时间都很短，熟练的众包配送员一天配送 50 单也不算难事，他们的收入颇为可观。以每天 50 单，每单 6 元，额外奖励 30 元来算，众包配送员的月收入约为 1 万元。于是，一时间有了"有车去开滴滴，没车去干京东众包"的说法。同年 9 月上旬，京东众包（武汉）的注册用户数已经超过 1.5 万，日活用户约 1 万人。京东将众包配送员称为"京东兄弟"。但实际上，"兄弟"中不乏家庭主妇、广场舞大妈等的女性。京东众包为平时闲来无事的她们提供了高收入的兼职选择。

那些无法为参与者带来直接收入的众包项目其实也能使参与者有所收获。搜狗输入法词库的众包使词库越来越丰富，输入法更加实用。对参与者来说，这使他们此后的使用体验显著提高，这也是收获。小米 MIUI 系统研发、更新的功能设计众包，以及大众点评的店家信息采集众包等，均属此类。网络百科的众包使参与者在编写词条注解的时候实现了知识的梳理和深入理解，也起到了温故而知新的作用。当编写出现错误时，后来者会对其进行修订，原编写者实现了对知识的查漏补缺。以百度知道、知乎为代表的知识分享型问答平台的回答其实也是一种众包。它们能为参与者带来网络百科众包所能提供的收获之余，还能使参与者获得声望和社会关注度等非物质回报，这与微博大 V、微信公众号所追求的基本一致。

试想一下，如果 MIUI 功能设计的众包成果并不是用在 MIUI 身上，而是用在竞争对手 EMUI（华为手机的操作系统）上；如果搜狗输入法的词库众包成果并非用于丰富自身的词库，而是提供给微软必应输入法用于其词库扩充；如果大众点评通过众包所获得的店家信息不会显示在自家 App 上，而是应用于阿里旗下的口碑网上……那么，用户显然会从 MIUI 转投 EMUI；停用搜狗输入法并启用微软必应输入法；删除大众点评 App、下载口碑 App……若众包项目无法为参与者提供任何收获，是不能持续、不会成功的。

更关键的一点是，上述收获对参与者来说，都是合适的。众包快递员进入众包物流行业，显然希望通过时间灵活的兼职来提高收入，那么收入对他们来说就是最合适的收获，我们不可能以社会责任感等情感回报吸引大批的众包快递员。对那些有能力编写网络百科词条解释的参与者来说，他们在词条相关领域内有一定的知识积累，相比金钱，他们更希望通过编写实现知识的整理和强化……参与者不需要或可以通过更低成本的途径获得的收获都是不合适的。不合适的收获对参与者来说缺乏吸引力。一个成功的众包项目理应能为参与者带来合适的收获。

四、众包平台的发展

众包发展至今，仍处于起步阶段，不同的人对众包有着不同的理解，不同的企业对众包平台自然有不同的运作思路。运作思路上的差别会影响众包平台今后的发展走向。目前来看，很难说清哪种思路是正确的。但可以肯定的一点是，必然存在至少一种最符合众包本质的思路，从而使采纳这种思路的平台在众包这个新的热门领域突围而出、抢得先机。笔者认为，我们应将众包看作一种全新的连接 C 与 C 或 B 与 C 的模式。此处的 C 并非指 consumer 或 customer，而是指 crowd。众包平台是一个平台，它最重要作用自然是连接两端。然而，不同的思路带来的是不一样的连接方式。

以京东众包、高德的道路寻宝等为代表的众包平台，将众包视作自身业务的补充，顺势而为完成布局并希望借此完善主营业务的体系。也就是说，这类平台并未把众包看作一项全新的业务加以大力发展，而只是中规中矩地在原有业务基础之上发展众包。这样的众包平台连接的是大众和运营这个平台的企业，大众通过这个平台获得的众包工作就是为这个企业服务。我们将这种类似京东商城自营电商的模式称为 B2C 的众包模式，其特点是众包工作种类较少、形式较单一。

以阿里众包、威客—任务中国等为代表的众包平台，将众包理解为移动互联网的新趋势，并认为众包拥有足够的能量，能够成为一项独立的新业务。这类平台最大的特点是将碎片化后的众包工作定义为一个个"任务"，发布这些任务的主体并不限于运营这个平台的企业，还包括其他商家。在这种情况下，众包平台担任的角色是商家的劳动力储备池，当商家有工作需要通过众包模式处理的时候，可以通过平台发布任务，依靠大众力量将工作快速、高效地完成。这类平台连接的是大众和不同的商家。我们将这种类似淘宝网 C2C 电商的模式称为 C2C 的众包模式。此处，前一个 C 为传统意义的 C，而后者则是我们已经提到过的 crowd。C2C 众包模式的特点是众包"任务"种类较多，形式更丰富。

通过对比众包的 B2C 和 C2C 模式，我们发现：前者可能会发展成类似所属企业的一个"专场招聘"；后者更可能发展成类似大型"综合招聘会"的存在。

案例 12-9　　威客——猪八戒网 [①]

成立于 2006 年的猪八戒网，是中国领先的服务众包平台、全国最大的在线服务交易平台，其服务涵盖平面设计、开发建站、营销推广、文案策划、动画视频、工业设计、建筑设计、装修设计八大主打类。猪八戒网上的任务几乎完全覆盖了企业所需的所有众包服务。猪八戒网目前拥有 500 万家中外雇主，1 000 万家服务商。2015 年，猪八戒网的平台交易额为 75 亿元，市场占有率超过 80%。

雇主除了发布需求并经过投标、选标阶段最终确认服务商外，还可以直接雇用合适的服务商，或通过申请大赛（包括金点子创意大赛、农产品包装大赛、城市品牌形象大赛、城市地标建筑大赛、企业品牌创意大赛和旅游品牌推广大赛）将全球智慧纳为己用。猪八戒网推出了与"支付宝"担保功能相似的"服务宝"，并以此为基础，加上"雇主保障""诚信服务商"等，建立了健全的诚信交易机制。猪八戒网的"猪八戒规则"极其详尽地分类列明了各类服务规则、协议。拖延时间、抄袭剽窃、付款后作品不能使用、拿不到源码等众包服务的痛点在平台的诚信交易机制下得到了比较有效的解决。2015 年 6 月，猪八戒网获得赛伯乐集团和重庆国有企业的 26 亿元 C 轮投资，估值达到 110 亿元。显然，猪八戒网拥有足够的潜力发展为未来的互联网巨头。

需要强调的是，与京东众包同为众包物流的达达、人人快递并非 B2C 模式，而是 C2C，这是因为达达和人人快递的众包物流并未服务于自身所属企业（这两家公司均只有众包物流业务而未有其他需要使用物流的业务，达达在与京东众包合并后仍然如此）。与达达、人人快递性质相似的饿了么旗下的蜂鸟系统则属于 B2C 模式。京东众包配送员的主要工作是配送京东到家的订单，超市商品、生鲜、外卖、医药等，蜂鸟系统的众包快递员则主要负责饿了么的订单配送，种类与京东众包相似。相比之下，达达、人人快递的众包快递员不但配送不同商家的上述 O2O 产品，还能派送短途的普通快递（如文件、同城网购

---

① 详见 http://www.zbj.com/about/index.html。

商品等）。

京东在盯上O2O市场后推出了京东到家，而京东众包就是京东到家的物流解决方案。京东以高质量的物流服务起家。京东商城在各大城市实现了高效的物流配送，大大提高用户的购物体验。京东也因此将物流这一传统强项视为护城河。京东进入O2O市场后，选取的突破点也是物流。京东希望通过众包模式来完善O2O的物流配送，并形成传统物流（服务于京东商城）和众包物流（服务于京东到家）相辅相成的物流布局。根据京东商城创始人、董事局主席兼CEO刘强东在2016年京东集团年会上的演讲，截至2015年12月31日，京东员工总数11万，众包物流有50万名兼职员工。[①]可见，即使算上与物流不相关的职位，京东的员工数也仅仅约为众包物流兼职员工数的20%。如果以员工数作为主要考量的话，京东众包只用数月时间就积累了50万员工，其吸引大众运力的能力可见一斑。京东大可以利用其众包平台的这一能力，开拓其他需要大量劳动力的新业务，甚至只是作为第三方物流进入京东外的物流配送场景，而并非局限于完善自身的物流配送。目前，京东众包已经与达达整合，并统一使用"达达"品牌。被整合到新"达达"中的京东众包仍延续着此前的战略，以服务京东到家为主。

虽然阿里众包目前仍以淘宝网相关的任务为主，但已经在朝着一个综合型的众包平台发展。以北京市为例，阿里众包上有"寻找店铺美工技师""童装产品推广"等不同的任务，这些任务的简介中均有"线下完成，完成任务请与商家直接结薪"的字样，并强调平台会将参与者的联系方式提供给商家，由商家联系参与者。也就是说，阿里众包扮演的角色只是连接大众和商家的平台，上述的任务与阿里系的产品几乎没有任何关系。阿里巴巴以平台起家，一直以来都致力于强化各领域的平台角色，而并非深度参与。恐怕正是阿里巴巴与京东在基因上的这种不同，导致了二者对众包的不同思路。阿里众包未曾公开其注册人数，但由于其背靠淘宝网，使用淘宝账户可直接登录，参与者人数想必不会少。这一点从热门任务每天刚开放就被抢光可以看出。也就是说，阿里众包有望将淘宝网的庞大用户群转化成众包参与者，在参与人数上天然处于优势地位。阿里众包的C2C模式比之京东众包的B2C模式，由于众包任务涉及的领域更广，覆盖的大众自然也更多，平台未来所能汇聚的大众力量也会更大。

C2C模式的众包平台有着很强的跨边网络效应和较强的Crowd端同边网络效应：商家越多，平台上的任务也会越多，想要到此寻找合适众包工作的参

---

① 详见 http://mt.sohu.com/20160119/n435041037.shtml。

与者自然会更多；大众人数越多，可以完成的任务自然越多，种类也更广，愿意到该平台发布任务的商家就会更多。不少众包项目工作量巨大，需要的参与者人数众多。平台上的大众人数越多，完成这类项目的可能性更大。理论上，该模式下的参与者人数是没有上限的，或者说上限是所有拥有业余时间的人口。而 B2C 模式的众包平台，B 端只有平台所属的一家企业，跨边网络效应无法成立。平台会根据所属企业的实际需要调整对大众劳动力的需要，一旦参与者人数已经满足需要甚至超过上限，平台自然会停止 C 端的扩张。也就是说，该模式下的参与者人数上限较低。

前文已经提及，不管是众筹还是众包，关键在于"众"字。众包平台突围的关键也正是"众"字。也就是说，能够聚集更多大众的众包平台将在众包领域中更具话语权，更容易成功。C2C 模式与 B2C 模式相比，前者在 C 端上的扩张速度更快，上限也更高，在"众"概念的经营上优势十分明显。但是，B2C 模式以企业的"兼职招聘平台"形式存在，众包参与者可以通过从事与传统兼职员工近似的工作为企业带来收入，即 B2C 众包平台能直接为企业带来盈利能力。B2C 众包平台仅作为企业的补充因素存在，这样的盈利逻辑完全说得过去。相反，C2C 模式的众包平台却陷入了与其他平台相似的困境——如何实现盈利？众包任务的碎片化使得每个任务所涉及的金额数不会太大，若直接收取中介费性质的手续费，商家和参与者恐怕都不会买账。猪八戒网的"招标"和"雇佣"交易模式就是免佣金的。

流量变现是不少平台的盈利模式选择，但对诸如背靠淘宝网的阿里众包这类本身就靠关联网站进行流量导入的平台来说，在关联网站上即可实现的流量变现似乎并没有必要在经过多一次的转接后，在众包平台上才实现。事实上，目前的 C2C 众包平台与分类广告平台的招聘页面比较相似，只不过前者的"工作"时长更短，时间安排更灵活，招聘人数也更多。C2C 众包平台的盈利模式向 58 同城、赶集网等分类广告平台看齐是趋势之一。换言之，向付费商户收取会员费及提供增值服务应该是众包平台日后的主要盈利希望。

五、众包平台的监管思路

2014 年 7 月，与人人快递在湖北、河南、上海等地相继被叫停的时间点几乎一致，人人快递的全国注册用户数已逾 600 万人，其中通过实名认证和培训考核的自由快递人数达 180 万人，还有超过 20 万的自由快递人待审核，平台日交易单量突破 8 万，交易额超过 200 万人民币[①]。也就是说，人人快递是一家实际上坐拥超过 180 万众包快递员的大型快递公司。相比之下，顺丰速运2014 年的目标也只是突破 30 万员工[②]。然而，人人快递却一再强调自己只是众包物流平台，并未实质性从事快递业务。

人人快递的用户在平台上发布发件消息后，附近的众包快递员会进行抢单，一旦单子被抢下，快递员前往收件，就意味着形成了事实上的收件行为。这与传统快递的差别，仅仅在于众包快递员并非众包物流平台的正式员工，而传统快递公司的快递员均是快递公司的员工。前文已经提及，众包参与者与传统上的兼职员工性质较为相似。对人人快递这样的众包物流平台来说，众包参与者就如同平台的兼职员工。而在圆通、申通等传统快递企业采用的加盟模式下，加盟网点聘用的快递员与企业之间的关系实际上甚至不如众包快递员与平台之间紧密。也就是说，从快递员的角度出发的话，人人快递显然无法将自己从实质性经营快递业务中摘清。

随着互联网思维的持续升温和进一步发酵，未来出现越来越多的新型互联网模式是完全可期的。与这些模式伴生、相应的互联网平台也会持续增加。众包和分享经济这两个热门模式催生了没有一名正式快递员的大型快递公司、没有一辆属于自己的车的出租车公司、没有一间属于自己的客房的酒店等的平台。或许我们已经明白，未来会有更多这样的平台：可能会出现没有一位正式教师的学校，可能会出现没有一位正式医生的医院，可能会出现没有一辆属于自己的货车的货运公司……在这个时代，传统型企业正被平台型企业不断挑战，生存空间越发缩小，而平台型企业正在逐渐地站到这个时代的舞台最中央。

当人们想起网购的时候，首先联想到的就是淘宝，同理，还有出租车和Uber、滴滴，酒店和 Airbnb、小猪短租，将来或许还有快递和达达、人人快递等。说是需要平台担负更大的社会责任也好，说是法律法规的不完善而导致平台在灰色地带行走也罢，平台在人们的心目中、事实上，已经是不少行业的实际经营者甚至是领军者。目前来看，平台想把自己撇清，通过收取中介性质的服务费而对平台内的内容不管不顾、不闻不问已几乎无可能。也只有当平台对平台内的不良内容担责时，平台才可能实现对其所连接的两端提供良好服务的承诺。

对这些手握行业核心技术的平台来说，它们完全有能力，甚至比监管部门

---

① 详见 http://science.china.com.cn/2014-07/04/content_32855578.htm。

② 详见 http://www.ebrun.com/20140903/109344.shtml。

更有能力，对平台内部的入驻者实现有效的监管。过去由企业外部的监管者对企业实行监管的思路，在这个非传统的平台型企业成为主流的年代，已然行不通。监管思路应该求变。监管部门由于技术、能力、人员的限制，无法实现对大型平台的众多入驻者的有效监管，退而求其次，通过对平台的监管来行使监管权力就成了可谓无奈却又是最佳的选择。平台再欲通过强调自身"平台"性质从而寻求"避风港原则"庇护，似乎显得不再那么理直气壮了。因而，众包平台理应成为有关部门对众包领域的监管重点。

此外，以"众"为核心的特质，决定了众包平台未来很可能发展成不同平台中涉及人数最广的一类。有关部门监管的目的不论是保证产品安全还是产品质量，究其原因是需要保障大众的财产安全和保证大众的消费体验。从这一点出发的话，众包平台甚至将受到比其他平台更大的监管压力。京东众包在这一点上走在了众包行业的最前面。刘强东在 2016 年京东集团年会上，开心见诚地指出京东的众包物流有 50 万名兼职员工，也就等同于认可了众包快递员在京东的兼职员工身份。京东方面的这一说法，为有关部门对京东众包进行监管提供了一定的理据。

对众包平台来说，无论它们选择扎根在哪个领域，它们都无法避免一个问题——它们在实质性地从事该领域的业务，即它们应该接受该领域相关部门的监管。新模式的出现，很可能会冲击原有的监管规则，但新模式的经营者应在新思维下与监管方进行积极的磋商，寻求达成最终的解决方案。实际上，有关部门会容许新模式一定程度的试错。但是，这通常都被人们忽略了，人们更愿意相信这是有关部门在监管上的缺失甚至是滞后。有关部门对于新模式的态度往往是坚守"人民群众财产安全"这一底线，将新模式的成败交由市场检验。只有当新模式出现了一定程度的安全隐患时，有关部门才会进行一定程度的干预，而这通常也是省市级部门的分别作为，极少出现国家有关部门将新模式一棍子打死的情况。以人人快递为例，虽然被多次叫停，但至今仍在大部分主要城市正常运营。众包平台的目标是在不断的试错中找到一条可行之路，有关部门的职责是确保众包平台在不触碰某些底线前提下健康发展。双方在适当的监管这一点上应当站在同一立场，共同推动新模式的规范化发展。技术的发展应该是双方确立共同立场的催化剂，更是润滑剂。双方可以通过技术的应用，规避传统上的很多监管难点。

还是以众包物流为例。有关部门对众包快递的监管重点，在于如何保障货件在不危害寄件人及收件人双方人身安全的前提下，安全、完整地送达。从这一点来看，监管对象更应该是众包快递员这一实际操作者。但由于有关部门只能对众包平台展开重点监管，所以具体到单一众包快递员的监管就交到了平台手上。平台对快递员的准入应当实施更严格的查验，并对快递员的日常绩效、可靠性进行持续的追踪。然而，不少众包物流平台仍处于起步阶段，资本、人员的不足，使它们很难做到这一点。笔者认为，这些平台目前可采用的一个解决方案是已获得显著成果的大数据征信及监管：平台接入第三方大数据征信系统，并直接以信用评分作为众包快递员的准入门槛。平台可将对已进驻快递员的监管也交托给大数据分析系统，通过分析，有效地剔除不可靠的快递员。

有关部门的监管在新模式和旧模式之间还起到了牵引的作用。有关部门对新模式一定程度上的试错容忍，必然会造成同行业内旧模式所受监管力度要比新模式大的情况。若新模式通过市场的检验，存活下来，那么就证明在一定程度上，新模式要比旧模式更优越。那么较小的监管力度背后更宽松的生存环境自然会将企业从旧模式拉向新模式，带动企业的转型。也就是说，若众包模式存活下来，有关部门对众包平台的合理监管会变相推动众包模式的进一步发展。目前，以区块链为代表的新一代技术已经得到充分重视，并在持续地飞速发展。未来，想必会有更多的新技术不断涌现。以技术解决监管难点的思路理应成为这个时代的主旋律。掌握技术的平台应该肩负更重要的责任，在监管这一链条中起到承上启下的作用，向上对监管部门负责，向下对平台内容和业务负责。